J. BOULANGER

GUIDE DU TOURISTE

AUX

ANTILLES FRANÇAISES

GUIDE DU TOURISTE

AUX

ANTILLES FRANÇAISES

PAR MM.

Charles LAISANT
RÉDACTEUR PRINCIPAL AU MINISTÈRE DES COLONIES

Adrien JUVANON
CHEF DE CABINET DU
GOUVERNEUR DE LA MARTINIQUE

Emm. BARRALIER
CHEF DU SERVICE
CARTOGRAPHIQUE AU MINISTÈRE
DES COLONIES

Avec la collaboration, pour la partie Guadeloupe

DE MM.

MARTIN
CHEF DU SERVICE DE L'IMPRIMERIE
OFFICIELLE DU GOUVERNEMENT
DE LA GUADELOUPE

SAINTE-LUCE BANCHELIN
PROFESSEUR AU LYCÉE CARNOT
A POINTE-A-PITRE

Préface de M. MARCEL DUBOIS

PARIS

ÉMILE LAROSE, LIBRAIRE-ÉDITEUR
11, rue Victor-Cousin, 11

1913

PRÉFACE

Mon cher Laisant,

Vous m'embarrassez fort et me faites beaucoup d'honneur en me demandant la préface du *Guide du Touriste aux Antilles*. Sauf la lecture instructive autant que charmante de votre manuscrit, je n'ai point fait encore de voyage dans nos vieilles colonies, si belles, si françaises, si dignes de recevoir des visiteurs nombreux dont la sympathie est acquise d'avance. Mais je m'engage bien volontiers à faire le premier essai de votre aimable érudition : je serai, sinon le premier, au moins l'un de vos premiers pèlerins .. j'allais dire « pénitents », car l'état d'esprit des Français qui n'ont pas encore fait le voyage des Antilles doit être le repentir.

Pourquoi traversons-nous si peu nombreux l'Atlantique ? Sa largeur ? Mais on le traverse dans des parages où il est fort clément, et des voyageurs novices, comme malheureusement la France en compte beaucoup, ne devraient craindre que les jours probables de mal de mer, au lieu des jours de traversée. C'est dès lors une question de peu d'importance.

J'ai peur que nombre de compatriotes aient dans l'esprit... ou dans l'oreille (car il s'agit de mots vides de sens) l'opposition rhétorique entre le « grand voyage » et les « petites îles ». Comment, Monsieur, un voyageur tel que vous s'inflige deux semaines de mer pour visiter un modeste archipel, et, tare plus grave pour les enragés « exotiques » que sont nos nomades de France, votre curiosité s'attache à des peuples qui sont Français comme vous, qui parlent français ! Je sais bien que, depuis la crise du français, nombre de nos compatriotes authentiques de la France européenne, parlent « créole », et même « petit nègre »... Mais ce ne sont pas ceux-là qui se dérangeront, et c'est fort heureux pour la réputation de la métropole, comme pour le plaisir des Français des Antilles, lesquels ont la coquetterie de parler de mieux en mieux notre belle langue à mesure qu'on la parle moins bien ici.

Oserai-je dire que le mérite d'un voyage de découverte (et le tourisme a ses découvertes comme l'exploration) se mesure plus à la grandeur de l'ignorance vaincue qu'au chiffre des milles et des kilomètres absorbés à toute vapeur ? Or ce n'est plus, hélas ! risquer un paradoxe que de signaler notre ignorance des Antilles. Nos compatriotes transatlantiques en ont conscience et en souffrent ; si nous en prenions conscience, ils cesseraient de souffrir.

Nos vieilles colonies ! nos petites colonies ! voilà qui est vite dit, voilà de doux oreillers aux têtes paresseuses. Nous ignorons les Antilles comme un bon Parisien ignore les monuments de Paris, et les beautés de ses environs ! N'aura-t-il pas toujours le temps d'aviser. Hélas ! il meurt dans cette impénitence finale de l'ignorance des lieux les plus chers et les plus proches, ayant fait dix voyages en Suisse, cinq en Italie, deux en Espagne, un en Grèce : mais il n'a vu ni Versailles, ni Saint-Denis, ni Notre-Dame, ni la Sainte-Chapelle, ni les Invalides... C'est l'affaire des « Anglais », n'est-ce pas ?

En revanche on parle de ces Antilles comme de nos environs et de nos monuments ignorés de la capitale ; on en parle comme on fait une exécution sommaire... méchamment dans de trop nombreuses circonstances... Oui, nous savons... le pays du sucre, du rhum, du café, des élections agitées et sanglantes. Eh bien, quand il y a, quelque part en France, de la souffrance et du trouble, les badauds... vont voir. Que ne sommes-nous badauds pour nos belles et chères Antilles? Que ces badauds seraient donc récompensés! On leur a parlé de bagarres, de querelles, de corruption électorale... misères que, semble-t-il, nous n'ignorons pas tellement en France. Ils découvriraient, au lieu et à côté de cela, du bon labeur, de la belle humeur très française, des mœurs douces et belles, une résignation admirable de paysans qui vendent mal leurs récoltes! Ils découvriraient d'adorables paysages, et feraient moisson de ces chers souvenirs de notre histoire commune qui foisonnent là-bas. Les mains, blanches ou noires, mais bien françaises, se tendraient aux visiteurs de France : et dans les amitiés nouées ainsi entre particuliers se retremperait l'union nécessaire de tous les fragments de la patrie, tous beaux, tous précieux, les petits comme les grands. Voilà, mon cher Laisant, le bien que je vous souhaite de faire, dans l'accomplissement duquel je voudrais vous avoir aidé de tout mon cœur,

Marcel DUBOIS.

Sèvres, 1er octobre 1912.

INTRODUCTION

L'un des auteurs de cet ouvrage se trouvait un matin
à son bureau, dans une administration assez connue,
mais dont le siège social est éloigné du centre des affaires
et de celui du tourisme.

L'huissier lui fit passer une carte de visite : M. H...,
maître de conférences à la Sorbonne.

Immédiatement introduit, le visiteur fit connaître
l'objet de sa démarche.

— Monsieur, dit-il, excusez-moi de vous déranger. Je
me présente à vous sous les auspices de M. L.., ancien
député, avec lequel vous êtes, paraît-il, en relations.

Voici venir l'époque des vacances et j'ai l'intention de
voyager. Je compte me rendre en Amérique, débarquer
à New-York, pousser quelques pointes dans le nouveau
continent, aller jusqu'à la Nouvelle-Orléans, m'embarquer
là pour la Havane, visiter Cuba, Haïti, Saint-Domingue,
puis terminer cette tournée par la Martinique, la Guadeloupe et revenir ensuite en France.

Avant d'entreprendre cette excursion, je me suis docu-
menté, tant au point de vue des curiosités à voir que des
renseignements d'ordre pratique, et je suis aujourd'hui
assez renseigné sur toutes les contrées que je désire par-
courir, sauf sur les Antilles françaises.

Je viens vous demander de vouloir bien me donner
quelques indications précises sur ces pays. Les différentes
recherches auxquelles je me suis livré ne m'ont pas
donné les résultats que j'espérais. Je n'ai rien pu trouver
dans l'ordre d'idées qui m'intéresse, ni à l'Office colonial,

ni dans les agences de voyage, ni au Touring Club, pourtant si bien outillé.

Je viens vous trouver, en désespoir de cause, espérant que vous pourriez me tirer d'embarras.

— Je suis très flatté, répondit l'auteur précité, de l'opinion favorable que vous vous faites de mes connaissances étendues. Mais je crains bien de ne pouvoir vous maintenir dans un état d'esprit aussi avantageux pour ma modeste personne. Je m'efforcerai de mon mieux de satisfaire à votre désir, mais ce sera, si vous le permettez, à titre privé, s. g. d. g. (sans garantie du gouvernement) et d'avance je ne saurais répondre de l'authenticité absolue de mes renseignements, ni de leur exactitude scrupuleuse. Je dois ajouter que je n'ai jamais été dans ces régions hospitalières, mais en ayant quelque peu entendu parler, je suis peut-être à même de vous fournir quelques indications utiles.

Les dites indications, en nombre assez limitées d'ailleurs, furent données.

De cette entrevue est née l'idée de résumer sous un faible volume les renseignements de toutes sortes nécessaires aux voyageurs, aux touristes, aux commerçants, de faire un *Guide du Touriste pour les Antilles françaises* ouvrage qui, croyons-nous, n'existait pas jusqu'à ce jour.

Au moment où le Touring Club de France vient de fonder un comité de tourisme colonial, à une époque où la perfection des moyens de communication favorise de plus en plus les déplacements, quand enfin le goût du tourisme se répand dans toutes les classes de la Société, il nous a semblé qu'il était bon de publier ce guide et de contribuer à faire connaître ces îles si florissantes, si captivantes, si poétiques, que nos pères appréciaient mieux que nous peut-être, car ils entendaient d'une oreille plus attentive les récits merveilleux des navigateurs qui leur rapportaient avec leurs visions de ces pays du soleil des liqueurs savoureuses, des bois rares et des oiseaux aux plumages éclatants.

Notre domaine colonial s'est étendu ; des fonctionnaires et des officiers l'ont exploré en tous sens, ont évoqué des souvenirs intéressants ; ils ont promené des auditoires nombreux à travers le monde entier ; les projections photographiques et le cinématographe ont transformé le plus simple bourgeois en un intrépide globe-trotter. Le voyage autour de notre chambre est devenu le voyage autour du monde, avec moins de fatigue, avec aussi moins d'efforts.

Nous sommes devenus les spectateurs immobiles du globe terrestre, et nous pouvons dans la même soirée assister aux scènes les plus diverses de l'ancien et du nouveau monde.

Ces nouvelles modes ont-elles lassé la curiosité publique ? ou l'ont-elles excitée ?

Si nous en jugeons par l'accroissement continu de la circulation, par le développement des compagnies de chemin de fer et de navigation, nous devons constater que loin de lasser la curiosité, les récits des explorateurs n'ont fait qu'accroître le désir de voir, d'apprendre, de s'instruire directement.

De grands courants de tourisme se sont formés.

Les Français qui se rendaient difficilement autrefois de Paris à Lyon vont aujourd'hui au Cap Nord ou à Constantinople avec la plus grande facilité. Ils en reviennent éblouis et y renvoient des amis et connaissances.

Nos colonies ont-elles profité de ce mouvement ?

Il faut malheureusement se rendre à l'évidence. Malgré des sites incomparables, malgré des attraits nombreux, malgré la présence de compatriotes aimables, elles n'ont pas pu, ou pas su encore, tirer parti de cette circulation, et tandis que la Suisse vit des étrangers, nous en sommes réduits à découvrir la Corse.

Ce n'est pas ici qu'il convient d'étudier les raisons profondes de cette stagnation.

Mais les auteurs de cet ouvrage ont pensé qu'il convenait de réagir contre un état d'esprit qui nous mènerait à la ruine si nous y persistions

Ils ont eu l'occasion de s'intéresser à nos vieilles colonies peut être un peu trop abandonnées aujourd'hui et ils ont cru faire œuvre utile en rappelant l'attention sur deux d'entre elles, et non des moins intéressantes.

Cet ouvrage s'adresse à deux catégories bien distinctes de personnes :

Aux amateurs de grand tourisme d'une part, c'est-à-dire aux Européens qui veulent agrandir le cycle de leurs pérégrinations, aux Américains qui désirent compléter la connaissance de leurs continents et de ses environs immédiats, aux fonctionnaires et aux officiers qui sont envoyés de France aux Antilles pour remplir les devoirs de leurs professions.

Mais il s'adresse aussi et surtout aux Antillais mêmes, à ces habitants si aimables, si langoureux, mais si indolents et dont les 9/10 ne connaissent que le bourg qu'ils habitent. Ils vivent dans les rayons du soleil sans chercher un bonheur éphémère ailleurs que dans leurs îles enchantées. Cette sagesse n'est plus de notre temps. Faut il s'en réjouir ? Faut il en pleurer ? La question n'est pas là. Il faut vivre avec son époque, courir, lutter, si la course et la lutte sont et deviennent des éléments vitaux.

Le canal de Panama va s'ouvrir ; nos îles sont merveilleusement placées, sur la route de toutes les grandes lignes de navigation. Les Antillais feront-ils les efforts nécessaires pour profiter de cette chance inespérée. C'est à souhaiter. Mais le premier de leur devoir est d'apprendre à connaître leur merveilleux pays, pour y guider l'étranger, pour le lui rendre hospitalier et confortable, pour y assurer son séjour et pour en tirer un profit légitime.

Il leur faudra pour cela construire quelques hôtels modernes, assurer des communications, organiser des services d'excursions.

Ils ont sous la main les plus riches éléments : une nature splendide, un climat agréable, des sites ravissants ; ils ont en outre les qualités voulues pour se rendre sympathiques, leur cordialité est proverbiale.

La France a importé chez eux sa cuisine qui est la première du monde, de l'avis même d'Edison.

Elle y importe aussi avec ses produits les plus appréciés : son esprit, sa philosophie, sa littérature, ses arts.

N'y a-t-il pas là plus d'éléments qu'il n'en faut pour attirer les étrangers et même les Français de France ?

Mais la première qualité pour bien servir son pays est de le bien connaître.

C'est à cette œuvre que nous convions nos amis des Antilles.

Et maintenant, entendons une parabole :

Deux sœurs, presque jumelles, aimaient également leur mère à laquelle elles avaient témoigné, à maintes reprises, un filial dévouement.

Leur mère les aimait bien aussi, mais donnait surtout ses soins et son attention à des enfants plus jeunes, qui avaient peut-être plus besoin qu'elles de la tutelle maternelle.

Ces deux sœurs étaient également belles, mais possédaient des charmes différents. Et comme cela se passe souvent dans les familles les plus unies, elles se jalousaient un peu l'une l'autre.

Parvenues à leur majorité, elles eurent en vue un prince riche et puissant qui devait bientôt naître, peu après le divorce de ses parents : les deux Amériques.

Ce prince moderne qui devait apporter une belle dot s'appelait le « Courant commercial du Canal de Panama ».

Vers laquelle des deux sœurs portera-t-il ses préférences? Voilà ce que nous ne voudrions pas décider dans la crainte de nous attirer l'animosité de la délaissée.

Nous souhaitons — est-ce bien moral? — qu'il leur accorde à toutes deux ses faveurs.

Les efforts qu'elles font pour l'attirer ne seront en tous cas pas perdus et la richesse de l'une accroîtra fatalement celle de l'autre.

Nous n'avons pas ici la prétention de découvrir la Guadeloupe et la Martinique, ni d'apporter des connaissances nouvelles à ceux qui les ont déjà parcourues.

Notre ambition est moindre. Nous avons simplement voulu condenser tous les renseignements utiles aux touristes.

Nous avons puisé ces renseignements à toutes les sources et nous ne croyons pas du tout être infaillibles. Il peut s'être glissé quelques erreurs dans notre texte. *Nous serons reconnaissants à nos lecteurs de vouloir bien nous les signaler.*

Nous espérons que tel qu'il est, sous sa modeste apparence, ce petit ouvrage pourra rendre service.

Si nous en acquérons la preuve, nous aurons atteint notre but.

PREMIÈRE PARTIE

ANTILLES

COURRIERS DES ANTILLES

Depuis le 17 avril 1912 un départ de France pour les Antilles a lieu tous les mercredis. Les départs de Saint-Nazaire et de Bordeaux ont lieu tous les 14 jours à tour de rôle. Un départ de Cherbourg (desservi par la Compagnie Royal Mail) a lieu tous les mercredis intermédiaires. De telle sorte qu'un alternat presque parfait est établi.

Les navires de la Royal Mail laissent à la Trinidad les voyageurs pour Sainte-Lucie. Un service annexe assure le transport pour cette île où un vapeur local est envoyé tous les 14 jours de la Martinique.

Pour 1913 les dates des départs et arrivées des courriers (aller et retour) sont donc résumées dans les tableaux suivants :

DÉPARTS DE			ARRIVÉES A			
Bordeaux C. G. T.	Saint-Nazaire C. G. T.	Cherbourg (Royal Mail)	Trinidad Royal Mail	Sainte-Lucie Royal Mail	Guadeloupe C. G. T	Martinique C. G. T.
merc 8 janv.		merc. 15 janv.	mardi 28 janv.	jeudi 30 janv.	Dim 19 janv.	Lundi 20 janv.
	merc. 22 janv.	— 29 janv.	— 11 fév.	— 13 fév.	— 2 fév.	— 3 fév.
— 5 fév.		— 12 fév.	— 25 fév.	— 27 fév.	— 16 fév.	— 17 fév.
	— 10 fév.	— 26 fév.	— 11 mars	— 13 mars	— 2 mars	— 3 mars
— 5 mars		— 12 mars	— 25 mars	— 27 mars	— 16 mars	— 17 mars
	— 19 mars	— 28 mars	— 8 avril	— 10 avril	— 30 mars	— 31 mars
— 2 avril		— 9 avril	— 22 avril	— 24 avril	— 13 avril	— 14 avril
	— 16 avril	— 23 avril	— 6 mai	— 8 mai	— 27 avril	— 28 avril
— 30 avril		— 7 mai	— 20 mai	— 22 mai	— 11 mai	— 12 mai
	— 14 mai	— 21 mai	— 3 juin	— 5 juin	— 25 mai	— 26 mai
— 28 mai		— 4 juin	— 17 juin	— 19 juin	— 8 juin	— 9 juin
	— 11 juin	— 18 juin	— 1er juill.	— 3 juill.	— 22 juin	— 23 juin
— 25 juin		— 2 juill.	— 15 juill.	— 17 juill.	— 6 juill.	— 7 juill.

| DÉPARTS DE | | | ARRIVÉES A | | | |
Bordeaux C. G. T.	Saint-Nazaire C. G. T.	Cherbourg (Royal Mail)	Trinidad Royal Mail	Sainte-Lucie Royal Mail	Guadeloupe C. G. T.	Martinique C. G. T.
	— 9 juillet	— 16 juill.	— 29 juill.	— 31 juill.	— 20 juill.	— 21 juill.
— 23 juillet		— 30 juill.	— 12 août	— 14 août	— 3 août	— 4 août
	— 6 août	— 13 août	— 26 août	— 28 août	— 17 août	— 18 août
— 20 août		— 27 août	— 9 sept.	— 11 sept.	— 31 août	— 1er sept.
	— 3 sept.	— 10 sept.	— 23 sept.	— 25 sept.	— 14 sept.	— 15 sept.
— 17 sept.		— 24 sept.	— 7 oct.	— 9 oct.	— 28 sept	— 29 sept.
	— 1er oct.	— 8 oct.	— 21 oct.	— 23 oct.	— 12 oct.	— 13 oct.
— 15 oct.		— 22 oct.	— 4 nov.	— 6 nov.	— 26 oct.	— 27 oct.
	— 29 oct.	— 5 nov.	— 18 nov.	— 20 nov.	— 9 nov.	— 10 nov.
— 12 nov.		— 19 nov.	— 2 déc.	— 4 déc.	— 23 nov.	— 24 nov.
	— 26 nov.	— 3 déc.	— 16 déc.	— 18 déc.	— 7 déc.	— 8 déc.
— 10 déc.		— 17 déc.	— 30 déc.	— 1er janv. 14	— 21 déc.	— 22 déc.
	— 24 déc.	— 31 déc.	— 13 janv. 14	— 15 janv. 14	— 4 janv. 14	— 5 janv. 14

| DÉPARTS DE | | | | ARRIVÉES A | | |
Martinique C. G. T.	Guadeloupe C. G. T. (Pointe-à-Pitre)	Sainte-Lucie Royal Mail	Trinidad Royal Mail	Cherbourg Royal Mail	Saint-Nazaire C. G. T.	Bordeaux C. G. T.
vend. 10 janv.	sam. 11 janv.					
sam. 25 janv.	lundi 27 janv.	dim. 19 janv.	mardi 21 janv.	lundi 3 février		mercr. 22 janv.
vend. 7 fév.	sam. 8 février	— 2 février	— 4 février	— 17 févr.	vend. 7 fév.	
sam. 22 fév.	lundi 24 fév	— 16 février	— 18 févr.	— 3 mars		— 19 févr.
vend. 7 mars	samedi 8 mars	— 2 mars	— 4 mars	— 17 mars	— 7 mars	
sam. 22 mars	lundi 24 mars	— 16 mars	— 18 mars	— 31 mars		— 19 mars
vend. 4 avril	samedi 5 avril	— 30 mars	— 1er avril	— 14 avril	— 4 avril	
sam. 19 avril	lundi 21 avril	— 13 avril	— 15 avril	— 28 avril		— 16 avril
vend. 2 mai	samedi 3 mai	— 27 avril	— 29 avril	— 12 mai	— 2 mai	
sam. 17 mai	lundi 19 mai	— 11 mai	— 13 mai	— 26 mai		— 14 mai
vend. 30 mai	samedi 31 mai	— 25 mai	— 27 mai	— 9 juin	— 30 mai	
samedi 14 juin	lundi 16 juin	— 8 juin	— 10 juin	— 23 juin		— 11 juin
vend. 27 juin	samedi 28 juin	— 22 juin	— 24 juin	— 7 juillet	— 27 juin	
		— 6 juillet	— 8 juillet	— 21 juill.		— 9 juillet

DÉPARTS DE				ARRIVÉES A		
Martinique C. G. T.	Guadeloupe C. G. T. (Pointe-à-Pître)	Sainte-Lucie Royal Mail	Trinidad Royal Mail	Cherbourg Royal Mail	Saint-Nazaire C. G. T.	Bordeaux C. G. T.
sam. 12 juillet	lundi 14 juillet	dim. 20 juillet	mardi 22 juill.	lundi 4 août	vend. 25 juill.	
vend. 25 juill.	sam. 26 juillet	— 3 août	— 5 août	— 18 août		mercr. 6 août
samedi 9 août	lundi 11 août	— 17 août	— 19 août	— 1er sept.	— 22 août	
vend. 22 août	samedi 23 août	— 31 août	— 2 sept.	— 15 sept.		— 3 sept.
samedi 6 sept.	lundi 8 sept.	— 14 sept.	— 16 sept.	— 29 sept.	— 19 sept	
vend. 19 sept	samedi 20 sept.	— 28 sept.	— 30 sept.	— 13 oct.		— 1er oct.
samedi 4 oct	lundi 6 octobre	— 12 oct.	— 14 oct.	— 27 oct.	— 17 oct.	
vend. 17 oct.	samedi 18 oct.	— 26 oct.	— 28 oct.	— 10 nov.		— 29 oct.
samedi 1er nov.	lundi 3 nov.	— 9 nov.	— 11 nov.	— 24 nov.	— 14 nov.	
vend. 14 nov.	sam. 15 nov.	— 23 nov.	— 25 nov.	— 8 déc.		— 26 nov.
sam. 29 nov.	lundi 1er déc.	— 7 déc.	— 9 déc.	— 22 déc.	— 13 déc.	
vend. 12 déc	sam. 13 déc.	— 21 déc.	— 23 déc.	— 5 janvier		— 24 déc.
samedi 27 déc	lundi 29 déc.				— 9 janv.	

Tarif des prix de passages de la Compagnie Générale Transatlantique

DE BORDEAUX ou SAINT-NAZAIRE ou *vice-versa*		Cabine de luxe pour 1 ou 2 passagers	Cabine de famille pour 1 ou 2 passagers	CABINES DE			Cabine de 4e classe par passager	Entrepont par passager
				1re catégorie par passager	2me catégorie par passager	3me catégorie par passager		
Martinique, Guadeloupe	Aller	fr. 2.400	fr. 2 000	fr. 900	fr. 800	fr. 750	fr. 600	fr. 400
	Aller et retour	3 120	2.600	1 170	1 040	975	850	»
Trinidad, Venezuela	Aller	2 600	2 200	950	850	750	625	400
	Aller et retour	3 900	3.300	1.425	1 275	1 125	900	»
Colombie, Port Limon	Aller	3 000	2.400	1 000	900	800	650	400
	Aller et retour	4 500	3.500	1.500	1.350	1 200	950	»
Ste-Lucie, Paramaribo, Surinam	Aller	2.800	2 200	900	800	750	625	400
	Aller et retour	3.900	3.300	1.350	1.2 0	1 125	900	»
Cayenne	Aller	3 000	2.400	1 000	900	800	675	400
	Aller et retour	4 500	3.600	1 500	1.350	1.200	975	»

Les prix ci-dessus sont payables en or. Les passagers, en outre des prix ci-dessus, auront à payer, soit à l'embarquement à Saint-Nazaire, soit pour le débarquement à Saint-Nazaire, une taxe de 9 francs en première classe, 6 francs en deuxième, 3 francs à l'entrepont et 1 franc pour les émigrants.

Tarifs des prix de passages de la Compagnie Générale Transatlantique

DE BORDEAUX à	Première Catégorie		Deuxième Catégorie		Entrepont
	Billets simples (1)	Aller et retour (1)	Billets simples (1)	Aller et retour. (1)	
Cap-Haïtien . . . . Jacmel . . . . . Mayaguez . . . . Ponce . . . . . Port-au-Prince . . . Porto-Plata . . . Saint-Jean (Porto-Rico) Saint-Thomas . . . Santo-Domingo . .	700 fr.	1.190 fr.	600 fr.	1.020 fr.	300 fr.

Les prix ci-dessus sont payables en or.

(1) *Au retour*, les frais de débarquement au Havre sont de **5** fr. par passager.

TARIFS INTERCOLONIAUX

PAYABLES EN OR

Lorsque les Lignes ne sont pas en coïncidence, *les frais de séjour au port de transbordement sont à la charge des passagers.* — Toutes les fois que les Lignes seront combinées pour l'accomplissement d'un trajet intercolonial, le prix total s'obtient en additionnant les prix partiels.

EXEMPLE : *Trajet de Saint-Thomas à Cayenne.* . . **400** fr.
Dont { Saint-Thomas à Fort-de-France. . . **150** fr.
{ Fort-de-France à Cayenne. . . . . **250** fr.

Les passagers intercoloniaux de chambre admis sur un grand paquebot ont droit à un lit dans une cabine de *Troisième catégorie.*

Des billets d'aller et retour valables pour trois mois sont délivrés aux passagers de chambre, pour les traversées intercoloniales, avec 15 0/0 de rabais.

Ligne annexe : Fort-de-France à Cayenne

BILLETS DE PORT A PORT.	CHAMBRE	ENTREPONT	PONT
	fr.	fr.	fr.
De Fort-de-France à { Sainte-Lucie ou *vice versa*.	40	30	20
Trinidad —	80	50	25
Demerari —	160	85	50
Surinam —	200	115	60
Cayenne —	250	170	100

Ligne de Fort-de-France à Cayenne

Départs de Fort-de-France	Arrivées à Cayenne	Départs de Cayenne	Arrivées à Fort-de-France
1912	**1913**	**1913**	**1913**
31 décembre.	6 janvier.	10 janvier.	17 janvier.
1913			
28 janvier.	3 février.	7 février.	14 février.
25 février.	3 mars.	7 mars.	14 mars.
25 mars.	31 —	4 avril.	11 avril.
22 avril.	28 avril.	2 mai.	9 mai.
20 mai.	26 mai.	30 —	6 juin.
17 juin.	23 juin.	27 juin.	4 juillet.
15 juillet.	21 juillet.	25 juil'et.	1er août.
12 août	18 août.	22 août.	22 —
9 septembre.	15 septembre.	19 septembre.	26 septembre.
7 octobre.	13 octobre.	17 octobre.	24 octobre
4 novembre.	10 novembre.	14 novembre	21 novembre
2 décembre.	8 décembre.	12 décembre	19 décembre.
30 décembre.	5 janv. 1914.	9 janv. 1914	16 janv. 1914.

Ligne de Fort-de-France à Port-au-Prince et escales

Départs de Fort-de-France	Retours à Fort-de-France
5 janvier.	25 janvier.
2 février.	22 février.
2 mars.	22 mars.
30 —	19 avril.
27 avril.	17 mai.
25 mai.	14 juin.
22 juin.	12 juillet.
20 juillet.	9 août.
17 août.	6 septembre.
14 septembre.	4 octobre.
12 octobre.	1er novembre.
9 novembre.	29 —
7 décembre	27 décembre.

Ligne : Saint-Nazaire-Colon
Ligne : Le Havre-Bordeaux Colon

BILLETS DE PORT A PORT		CHAMBRE	2ᵉ CLASSE	ENTREPONT	PONT
		fr.	fr.	fr.	fr.
De Point-à-Pitre à	Basse-Terre	20	15	10	5
	Fort-de-France	50	30	20	15
	Trinidad	100	50	40	25
	Carupano	110	75	60	35
	La Guayra	150	90	70	40
	Puerto-Cabello	200	110	80	50
	Porto-Colombia	300	150	130	80
	Carthagène	325	160	140	90
	Colon	350	180	165	110
	Port-Limon	425	210	180	125
De Basse-Terre à	Fort-de-France	40	25	20	10
	Trinidad	100	55	45	25
	Carupano	140	80	60	35
	La Guayra	150	90	70	40
	Puerto-Cabello	200	100	80	50
	Porto-Colombia	300	140	125	80
	Carthagène	325	145	130	90
	Colon	350	185	165	110
	Port-Limon	425	215	175	125
De Fort-de-France à	Trinidad	80	50	35	20
	Carupano	120	75	50	30
	La Guayra	150	85	65	40
	Puerto-Cabello	200	90	75	50
	Puerto-Colombia	300	130	115	80
	Carthagène	325	140	125	90
	Colon	350	175	160	110
	Port-Limon	425	210	170	125

ou vice versa.

Enfants

Les enfants *au-dessous de trois ans* sont transportés *gratuitement*; ceux de trois ans révolus à *huit* ans non révolus payent un quart de place: ceux de *huit à douze* ans non révolus payent demi-place ; à *douze ans et au-dessus*, les enfants payent place entière.

Il est accordé *un lit* pour *deux enfants* payant chacun demi-place,) et pour quatre enfants payant chacun quart de place.

Dans le cas où une famille comprendrait *plusieurs enfants* au-dessous de trois ans. la gratuité ne serait accordée *qu'à l'un d'eux* ; les *autres* enfants paieraient *chacun* quart de place.

Ligne annexe : Fort-de-France-Jacmel-Port-au-Prince

BILLETS DE PORT A PORT		CHAMBRE	ENTREPONT	PONT
		fr.	fr.	fr.
De Fort-de-France à	Point-à-Pitre ou vice versa .	40	20	10
	Basse-Terre —	50	25	13
	Saint-Thomas —	150	75	35
	Ponce —	190	95	45
	Mayaguez —	220	110	55
	Santo-Domingo —	270	135	70
	Jacmel —	330	165	90
	Les Cayes —	360	180	95
	Jeremie (aller)	380	190	105
	Port-au-Prince (aller). . . .	400	200	110
De Pointe-à-Pitre à	Basse-Terre ou vice versa .	20	10	5
	Saint-Thomas —	110	55	25
	Ponce —	150	75	35
	Mayaguez —	180	90	45
	Santo-Domingo —	230	115	60
	Jacmel —	290	145	80
	Les Cayes —	320	160	85
	Jeremie (aller)	340	175	95
	Port-au-Prince (aller). . . .	360	180	100
De Basse-Tere à	Saint-Thomas ou vice versa .	100	50	20
	Ponce —	140	70	30
	Mayaguez —	170	85	40
	Santo Domingo —	220	110	55
	Jacmel —	280	140	75
	Les Cayes —	310	150	80
	Jeremie (aller)	330	165	90
	Port-au-Prince (aller). . . .	350	175	95

Domestiques

Pour les destinations des lignes des Antilles, le prix de passage des domestiques (hommes et femmes) est fixé à 500 francs.

Il seront logés en 2e classe.

Bagages

La Compagnie se charge de l'enregistrement des bagages des passagers des lignes des Antilles. A l'aller : dans les ports d'embarquement ; au retour : à bord du paquebot.

Il est alloué à chaque passager, pour ses bagages, une franchise de 150 kilogrammes ou de $0^{m3},500$. Aux enfants payant demi-place, 75 kilogrammes ou $0^{m3},250$. Aux enfants payant quart de place, 40 kilogrammes ou $0^{m3},125$.

Les excédents de bagages seront taxés à raison de 3 fr. 50 c. par 25 décimètres cubes, ou 6 francs par fraction indivisible de 10 kilogrammes.

Pour les traversées intercoloniales, la perception des excédents de bagages se fera sur la base de 2 francs par fraction indivisible de 10 kilogrammes ou de 1 fr. 75 c. par 25 décimètres cubes, à l'option de la Compagnie.

VOIES POSTALES ÉTRANGÈRES

COMPAGNIES ANGLAISES

The Royal Mail Steam Packet Company,
18, Moorgate Street, London E. C.

Lignes des Antilles (postales)

De Southampton, le mercredi ; tous les quatorze jours (à compter du 11 janvier 1914) pour *Cherbourg*, Vigo, la Barbade, Trinidad, Puerto Colombia, Carthagène, Colon, Jamaïque et New-York (voir tableaux spéciaux en tête).

Lignes annexes (postales)

1º De Barbade, à l'arrivée du courrier pour Demerara (direct) chaque deux semaines et vice versa ;

2º De Barbade, à l'arrivée du courrier, pour La Grenade, Saint-Vincent, Sainte-Lucie, Dominique, Montserrat, Antigna, Nevis, Saint Kitts et vice versa.

« Direct » line of Stéamers
9, Gracechurch Street, London E. C.

De Londres aux Antilles

Service régulier tous les quatorze jours pour la Barbade, Grenade, Trinidad et Demerara ; par transbordement à la Barbade pour Saint-Vincent, Sainte-Lucie, la *Martinique* (*Fort-de-France*), Dominique, la Guadeloupe par transbordement à Demerara pour Surinam.

Service régulier tous les mois pour Sainte-Lucie, Dominique, Antigna, Montserrat, Saint-Kitts, Jamaïque, Limon, Colon et Carthagène (si le fret est suffisant).

COMPAGNIES AMÉRICAINES

**New-York and Demerara Steamship Line
106, Wall Street, New-York**

Départs de New-York environ toutes les trois semaines pour Saint-Kitts, la Guadeloupe, la *Martinique*, Barbade, Demerara.

**Québec Steam Ship Company Limited
Agency, 29, Bradway, New-York**

Lignes des Antilles

De New-York, chaque dix jours environ, pour Saint-Thomas, Sainte-Croix, Saint-Kitts, Antigua, Montserrat, la Guadeloupe, la Dominique, la *Martinique*, Sainte-Lucie, la Barbade et Demerara.

DEUXIÈME PARTIE

MARTINIQUE

CONDITIONS DE SÉJOUR

CLIMAT

Le climat de la Martinique, assez semblable à celui des autres Antilles, est chaud et humide. L'année se divise généralement en trois saisons, mais les limites de ces saisons sont la plupart du temps incertaines.

Nous indiquons ci-dessous la division adoptée dans la colonie :

La saison fraîche s'étend de décembre à mars ; elle prend le nom de « Carême » à partir de février. La température moyenne est à cette époque de 25° centigrades. Elle s'élève rarement au-dessus de 27° et elle peut s'abaisser parfois jusqu'à 16° sur la côte et dans les plaines. Il tombe durant cette période environ 475 millimètres d'eau (observations faites à l'hôpital militaire de Fort de-France de 1892 à 1908).

La saison chaude et sèche commence en avril et finit en juillet ; le thermomètre oscille alors entre 22° et 32°. Il s'est pourtant élevé le 19 avril 1903 à 34°5, mais ce dernier chiffre est tout à fait exceptionnel. La hauteur de pluie tombée pendant ce trimestre s'élève, d'après les les mêmes observations, à 581 millimètres. Cette saison est donc improprement appelée « sèche » puisqu'il y pleut aussi abondamment que durant la saison fraîche.

En juillet commence la saison chaude et pluvieuse qui se prolonge jusqu'en novembre. Les orages sont alors fréquents et les pluies torrentielles. La hauteur d'eau tombée atteint en moyenne 1.200 millimètres. C'est l'époque des ouragans et des cyclones. La température varie de 23° à 33°. La quantité de pluie reçue dans l'île est très inégalement répartie. La région montagneuse en reçoit plus que la plaine et les côtes, la région du Nord est beaucoup plus arrosée que celle du Sud. On peut attribuer ces différences au déboisement inconsidéré qui a, surtout dans le Sud, modifié l'aspect de cette région, jadis la plus fertile de la Martinique. Comme le déboisement s'accentue chaque année, entraînant avec lui la diminution du volume des rivières, il est permis de prévoir le moment prochain où, si les règlements forestiers ne sont pas rigoureusement appliqués, l'île entière sera frappée de stérilité. Les pluies ont sensiblement diminué à partir de 1904

Le vent du Nord souffle de novembre à février ; il rafraîchit la température d'une façon très appréciable.

Le vent de l'Est, moins fort, domine en mars, avril, mai et juin.

Les vents de l'Est et du Nord-Est sont désignés sous le nom d'alizés.

Le vent du Sud, chaud et humide, souffle rarement et irrégulièrement de juillet à octobre.

Les vents d'Ouest sont rares et ne se maintiennent pas.

L'état hygrométrique de l'air est toujours accentué.

CYCLONES

Un grand nombre d'ouragans ont ravagé la Martinique. Le plus terrible fut le cyclone du 10 octobre 1780 qui fit périr dans l'île 9.000 personnes. A Fort-de-France, la cathédrale, 7 églises et 140 maisons furent renversées, l'hôpital fut emporté et 1.500 malades et blessés ensevelis sous les décombres.

Au cours de ces dernières années on cite le cyclone qui survint dans la nuit du 4 au 5 septembre 1883, au cours duquel 20 navires, ancrés en rade de Saint-Pierre, furent jetés à la côte, et le cyclone du 18 août 1891 qui, en moins de 5 heures, ravagea l'île entièrement : 1.820 victimes, 420 tués et 1.400 blessés, un grand nombre de maisons détruites, presque toutes les toitures enlevées, les récoltes et les arbres fruitiers anéantis, tel fut le bilan de cette terrible journée.

Les 8 et 9 août 1903, un nouveau cyclone a traversé la colonie. n'occasionnant guère, heureusement, que des dégâts matériels.

TREMBLEMENTS DE TERRE

Pendant une période de 14 ans, de 1745 à 1758, on a relevé un grand nombre de tremblements de terre. Le plus violent que la Martinique ait subi dans le courant du xixᵉ siècle, survint dans la nuit du 10 au 11 janvier 1839.

A une date plus récente, le 16 février 1906, une violente secousse a ébranlé l'île. Les maisons construites en prévision de pareils événements résistèrent remarquablement. Néanmoins, malgré la solidité des immeubles, un grand nombre d'entre eux furent lézardés, à Fort-de-France surtout, et durent être reconstruits ou réparés.

Plus de cent secousses, moins sensibles toutefois que la première, furent ressenties à la Martinique durant cette même année.

ÉRUPTIONS VOLCANIQUES

L'île compte cinq volcans éteints et un volcan en activité, la Montagne Pelée, tristement célèbre par ses récentes éruptions.

Sa catastrophe du 8 mai 1902, dont il est parlé plus loin, anéantit en quelques minutes Saint-Pierre, ville de 28.000 habitants. Les éruptions des 20 et 26 mai, 5 juin, 9 juillet et 30 août détruisirent ensuite les communes du Prêcheur, de Grand Rivière, de l'Ajoupa Bouillon et du Morne Rouge.

Les effets destructifs furent produits, non par des laves, mais par des nuages formés de gaz à très haute température,. dont l'effet asphyxiant fut presque instantané.

M. Lacroix, de l'Institut, chargé de mission, a publié en 1904 un ouvrage des plus intéressants sur la Montagne Pelée et ses éruptions.

SALUBRITÉ

L'île, très saine dans les massifs montagneux du centre et, généralement, dans toutes les parties dont l'altitude dépasse 200 mètres, l'est moins sur le littoral et dans les plaines. Dans ces régions, la fièvre paludéenne continue à sévir bien qu'avec une moindre intensité qu'autrefois. En réalité, la colonie peut être classée parmi les plus salubres, mais l'Européen y doit pourtant redouter les affections du foie, la dysenterie et la fièvre jaune dont chaque année les manifestations sont constatées dans les îles voisines. La dernière épidémie de fièvre jaune dans la colonie a pris fin en 1909.

INSTITUT D'HYGIÈNE ET DE MICROBIOLOGIE

L'Institut d'hygiène et de microbiologie a pour objet :

1° Les recherches de microbiologie générale intéressant la Martinique ;

2° L'étude des maladies microbiennes et parasitaires concernant la pathologie humaine et animale ;

3° La prophylaxie spéciale des maladies pestilentielles (fièvre jaune, peste, choléra et variole) ainsi que du paludisme, de la lèpre, de la fièvre typhoïde, etc. ;

4° La préparation et la propagation du vaccin jennérien antivariolique ;

5° Les analyses bactériologiques et chimiques des eaux d'alimentation et des eaux résiduaires nécessitées par l'application de la loi.

A cet Institut est annexé un dispensaire où sont données des consultations aux personnes atteintes de maladies transmissibles ou de maladies justiciables d'un traitement par les méthodes pastoriennes.

L'Institut est placé sous la direction d'un médecin-major des troupes coloniales.

On a beaucoup exagéré les dangers courus par les Européens qui vont aux colonies au point de vue sanitaire.

Il est certain que des troupes qui font campagne, des ingénieurs qui remuent des terres, des jeunes gens qui se livrent à des excès, sont souvent victimes des circonstances, plus que du climat.

Mais on doit combattre cette idée, pourtant très enracinée en France, que nos colonies sont malsaines.

Elles le sont moins, pour la plupart, que les marais de la Sologne, ou que les embouchures de nos grands fleuves, que les faubourgs de nos métropoles.

Nous en donnons la preuve par l'extrait suivant du

rapport officiel de 1910 sur la morbidité et la mortalité à la Martinique.

Nous prions nos lecteurs en lisant ces chiffres de vouloir bien songer que la population de la Martinique s'élève à 184.000 âmes.

Ils pourront faire eux-mêmes le pourcentage et le comparer — s'il leur en prend la fantaisie — à celui de nos départements français.

Ils auront peut-être des surprises.

MORBIDITÉ ET MORTALITÉ

L'année 1910 peut être considérée comme une année normale et même un peu inférieure à la moyenne au point de vue de la morbidité générale.

Si, en effet, à l'examen du tableau ci-dessous qui résume les mouvements hospitaliers pendant les cinq dernières années, il semble, à première vue, que les totaux actuels sont supérieurs à ceux de 1908 et 1909 il ne faut pas oublier que pendant ces deux années, par suite d'une épidémie de fièvre jaune dont la plus grande partie des malades était soignée à l'hôpital on n'admettait autant que possible que des cas urgents et graves non justiciables d'un traitement à domicile. D'autre part, les troupes étant à Balata ou à Colson étaient traitées à l'infirmerie. Enfin, la plupart des fonctionnaires également sur les hauteurs ne devaient pas communiquer avec Fort-de-France.

Il faut donc se reporter à 1907 pour établir une juste comparaison, les effectifs militaires actuels étant sensiblement les mêmes qu'à cette époque tandis que pendant les années antérieures ils étaient de beaucoup plus élevés. Et de cette comparaison apparaît, comme il a été dit plus haut, que l'année écoulée est plutôt inférieure à la moyenne comme entrées et comme nombre de journées de traitement. Cette différence en moins porte sur

élément créole, les chiffres relatifs aux Européens étant
pour ainsi dire semblables.

Peut-être faut-il voir dans des envois plus fréquents
aux eaux de Moutte considérées comme sanatorium dans
les cas bénins justiciables seulement de repos et d'hygiène
une raison de la diminution constatée dans les hospita-
sations de créoles.

Les décès au nombre de 12, soit 3 Européens et 9
créoles, sont en notable augmentation et viennent à
appui de ce qui a été avancé plus haut touchant l'expli-
cation du nombre des entrées. Ils ont été causés chez les
Européens : 2 chez des sous officiers du *Duguay-Trouin*
et de la *Gloire* par suite de tuberculose pulmonaire et
d'infiltration urineuse; le troisième chez un canonnier
d'artillerie coloniale décédé d'une hémorragie cérébrale
au cours d'une crise de *delirium tremens*.

Les 9 décès de créoles sont imputables aux maladies
suivantes : cancer de l'estomac 1, tuberculose pulmonaire 3, mal de Bright 1, accès pernicieux paludéen 1,
mastoïdite 1, méningo-encéphalite 1, tumeur cérébrale
syphilitique 1.

Récapitulation générale

ANNÉES	Entrées à l'hôpital			Décès		
	Européens	Créoles	Total	Européens	Créoles	Total
1906. . . .	531	449	980	2	3	5
1907. . . .	503	359	862	3	4	7
1908. . . .	170	432	602	11	10	21
1909. . . .	249	336	585	3	3	10
1910. . . .	303	307	610	3	9	12

VÊTEMENTS

Le vêtement à choisir pour le voyage aux Antilles est celui adopté pour les pays tropicaux. Flanelle légère ou tussor, casque. ceinture de flanelle, souliers de toile, etc. On trouvera dans tous les guides des pays chauds des indications détaillées à ce sujet. Nous ne jugeons donc pas utile de les reproduire ici.

Ceux qui tenteraient de lancer des modes nouvelles, celles du boulevard ou des courses, seraient vivement déçus, car ils rencontreraient certains autochtones qui se promènent en chapeau haut de forme et en souliers vernis.

Pour adopter cette manière de se vêtir il faut avoir une longue habitude du pays; ceux qui ne l'ont pas risquent le fâcheux coup de soleil.

DOCTEURS-MÉDECINS, OFFICIERS DE SANTÉ, CHIRURGIENS-DENTISTES, DENTISTES, PHARMACIENS, SAGES-FEMMES

Docteurs-médecins

MM. Mathieu (Joseph), ✳,✿, Alingrin (Henri), Barbe (Michel-Maurice), Iman (Thomas-d'Aquin) ✿, Costet (Félix-Grégoire) ✿, Lamy, à *Fort-de-France ;* Baudin (Ange-Marie), à *Basse Pointe ;* Ferrier, au *Lorrain ;* Binet (Léonidas) ✿, à *Rivière-Pilote ;* De La Coste, à *Saint-Esprit :* Dartiguenave (Casimir), à *Trinité ;* Costet (Arthur), au *Gros-Morne ;* Gardié (Pierre-André), au *Lamentin ;* Clément (Homère✳, au *François ;* Boisseuil, au *Vauclin.*

Officiers de santé

MM. Deslandes (Henri), à *Saint-Joseph ;* Blaisemont (Louis), à *Sainte-Marie ;* Cyr, à *Fort-de-France.*

Chirurgiens-dentistes

MM. Blanchard de Laval (Benjamin-Guy), Cœffrel (P.-E.), Déjean, à *Fort-de-France.*

Pharmaciens civils

MM. Dufougeray (Louis), Lamy (Fernand), Jean-Charles (Sylvestre-Léon), Cléostrate (Gaston), Sifflet (Didier), Matillon (Yves-André), Dufougeray (Gabriel), Desportes-Maurille, Sifflet (Fernand), à *Fort-de-France ;* Cadoré (Emmanuel), à *Saint-Esprit ;* Nogig, au *Marin ;* Forbas (Emma), au *Lamentin ;* Bruère-Dawson (Joseph), à *Saint-Esprit ;* Néror, au *François ;* Jean-Charles (Nazaire), à *Rivière-Salée ;* Pignol, au *Marin ;* Thouin (Pierre), à *Sainte-Marie ;* Hardi (Pierre), au *Lorrain ;* Ricard, au *Robert ;* Dogué (Judes), au *Lamentin.*

Dépôts de médicaments

MM. Venerand Angélique, au *Marigot ;* Bucher, au *Gros-Morne ;* Gros Désormeaux, au *Vauclin ;* Poullet, à *Rivière-Pilote ;* Mlles Augusta Alcide, à *Sainte-Anne ;* Ida Jouanelle, au *Diamant ;* MM. B. Roussy, Polilat Duverné, à *Trois-Ilets ;* Mlles Délice Manette, A. Rosemont, au *Carbet ;* Mmes veuve Sébastien Simon, à *Ducos ;* Félix Davila, au *Morne-Rouge.*

Sages-femmes

Mmes veuve Blondel La Rougery, veuve Péters, Raynier, veuve Armand, à *Fort-de-France ;* Jean-Joseph-François Rodolphe, au *Prêcheur ;* Chérius Marie, à *Trinité.*

BIBLIOTHEQUE SCHOELCHER

La bibliothèque Schœlcher est ouverte :
Tous les jours de la semaine de 8 h. 30 du matin à 11 h. 30 ; de 2 h. 30 à 6 heures, excepté les samedis où elle n'est ouverte que de 2 h. 30 à 6 heures.

Le dimanche de 8 h. 30 à 11 heures du matin.

Elle est fermée le 1er janvier, le 14 juillet, les dimanches de Pâques et de la Pentecôte et les jours fériés suivants : Noël, Ascension, Assomption et Toussaint, ainsi que les autres jours de fermeture des bureaux des différentes administrations.

JOURNAUX ET PUBLICATIONS PERIODIQUES

A Fort-de-France

Le Journal officiel de la Martinique. Paraissant le samedi.

L'Union sociale, gérant : M. E. Marbot, Paraissant les mardi, jeudi et samedi.

La France coloniale, gérant : M. Desnel. Paraissant les mardi, jeudi et samedi.

Le Républicain, gérant : M. A. Ardin. Paraissant les mardi, jeudi et samedi.

Le Bloc, gérant : M. Sterne. Paraissant les lundi, mercredi et vendredi.

La Parole libre, gérant : M. Diant fils. Paraissant les mardi et vendredi.

Le Trait d'Union, gérant : M. Louis Popo. Paraissant deux fois par mois.

Cl. Office Colonial

FORT-DE-FRANCE. — Bibliothèque Schœlcher.

CERCLES

Fraternité des Ouvriers, à Fort-de-France.
Cercle de la Martinique.
Cercle de Fort-de-France.
Cercle martiniquais de la Ligue française de l'enseigne-
ment, *La Renaissance*.
Cercle artistique, Fort-de France.
L'Union artistique.
Cercle républicain de Fort-de-France.
Cercle démocratique.
Cercle de la Trinité.
Cercle de l Indépendance, Trinité.

Union des Ouvriers, à la Trinité.
Fraternité des Ouvriers, à Sainte-Marie.
Cercle du Robert.
Cercle démocratique du Lamentin.
Cercle des Ouvriers, François.

—

Loge maçonnique : *Droit et Justice.*

SOCIÉTÉ MUSICALE ORCHESTRE ET ORPHÉON

Société musicale *Fanfare marinoise.*
Harmonie ouvrière.
Orchestre et Orphéon, Rivière Pilote.

CONSULATS

Angleterre

M. H. J. Meagher, consul à Fort-de-France.

Espagne

M. J. Haller, vice-consul à Fort-de-France.

Etats-Unis d'Amérique

M. Thomas R. Wallace, consul à Fort-de-France.
J. D. Schnegg, vice-consul à Fort-de-France.

Italie

M. N..., consul à Fort-de-France.

Mexique

N..., vice-consul à Fort-de-France.

Pays-Bas

M. C. Van Romondt, consul à Fort-de-France.

Suède

M. Langellier-Bellevue, consul à Fort-de-France.

Norvège

M. H. J. Meagher, consul à Fort-de-France.

Venezuela

M. N..., consul à Fort-de-France.

Haïti

M. Landa, vice-consul à Fort-de France.

Républicaine Dominicaine

M. L. Meyer, consul à Fort-de-France.

Danemark

M. L. Meyer, consul à Fort-de-France.

Colombie

M. J. Haller, consul à Fort-de-France.

Belgique

M. Lougrée, consul, chargé du consulat général, domicilié à La Havane.
M. G. Plisonneau, consul à Fort-de-France.

Cuba

M. H. J. Meagher, consul à Fort-de-France.

République de Panama

M. H. J. Meagher, consul à Fort-de-France.

Délégué du Touring Club de France

M. Adrien Juvanon, chef de cabinet du gouverneur de la Martinique.

UTILISATION DE L'AUTOMOBILE

Pendant la saison sèche surtout, c'est-à-dire de novembre à avril, l'automobile peut être utilisée sur tout le parcours routier.

Les voitures doivent être d'excellente construction et nous conseillons des pneumatiques ferrés de premier choix.

Il est incontestable que la Martinique n'est pas le pays rêvé pour le sport de l'automobile L'île est trop petite pour donner place aux grandes randonnées et le réseau routier doit être sensiblement amélioré. Les tournants sont trop brusques et les pentes trop rudes.

De plus les frais d'embarquement et de débarquement d'un auto sont peu en rapport avec les services qu'on peut en attendre.

Plusieurs tentatives ont été faites dans le but de relier entre elles, par des services automobiles, les différentes localités de l'île. Ces tentatives ont échoué en raison des défectuosités signalées ci dessus.

Si en l'état actuel des choses, l'automobilisme, dangereux pour les voyageurs et dispendieux pour l'entrepreneur, n'a pas réussi, on peut cependant prédire que c'est le moyen le plus pratique et le plus économique pour l'avenir de l'île.

Il suffirait en effet de procéder à des rectifications de profils de route et à des corrections de leur rayon de courbure extrêmement faciles à réaliser pour rendre le pays praticable à cette nouvelle locomotion.

Il est à espérer que les pouvoirs publics locaux comprennent le parti que l'on peut tirer pour le tourisme, pour la poste, pour les transports à poids lourds de la traction mécanique — et que la colonie ne commette pas l'erreur déjà commise ailleurs — de construire des chemins de fer qui ne rapporteront jamais l'intérêt du capital consacré aux frais de premier établissement (1).

Un chemin de fer profite à quelques privilégiés. Des automobiles vont partout où les routes le leur permettent.

Beaucoup d'arguments que nous ne pouvons développer ici, militent en faveur de l'automobile, devenue la reine du tourisme.

UTILISATION DE LA BICYCLETTE

La Martinique entière, dont le réseau routier atteint plus de 480 kilomètres, peut être parcourue à bicyclette. Mais comme le terrain est très accidenté (1/3 est en plaines, le reste en montagnes), il est indispensable d'avoir une machine de route solide, à plusieurs développements, petit développement 2 m. 50, gros pneus, munie de freins sur jantes à l'avant et à l'arrière et de garde-boue.

Nous croyons devoir ajouter qu'il y a lieu de prendre en très sérieuse considération les conseils que nous donnons ici ; on nous a signalé des côtes de 13 à 14 0/0.

---

(1) Depuis que ces lignes ont été écrites il est question de la création d'un chemin de fer reliant les voies ferrées déjà existantes des usines. Nous n'avons pas à nous prononcer ici sur les avantages ou les inconvénients d'un tel projet. Nous pouvons dire toutefois qu'au point de vue tourisme — et c'est celui qui nous occupe — il ne nous paraît pas très intéressant.

Nous n'avons pu en faire le relevé topographique précis. Mais il suffit de se rendre compte, sur notre carte même, des dénivellations, pour constater le bien-fondé de nos recommandations.

Il est nécessaire de songer en outre que la Martinique est un pays chaud et que le fait de s'exposer à monter une côte à pied, ou de regonfler un pneu, même à l'ombre, n'a rien de bien réjouissant. Il faut donc se précautionner.

Buvons, mangeons, dormons, et faisons feu qui dure, comme dit l'autre.

Mécaniciens à Fort-de-France

Compagnie Générale Transatlantique.
Ateliers du bassin de radoub.
Bagoé et Cie.
Salleron et Marolet.

UTILISATION DU CANOT

Le canot à vapeur et le canot automobile non pontés peuvent être employés dans la baie de Fort-de-France et entre Fort-de-France et le Prêcheur, ainsi que sur la côte Sud jusqu'aux Anses d'Arlets.

Vu l'état de l'Océan et de la mer, seuls les canots pontés et d'un certain tonnage peuvent être utilisés sur la côte Nord et la plus grande partie de la côte Sud.

La Rivière Pilote et la Rivière Salée dont le cours varie entre 4 et 28 kilomètres sont les deux seuls cours d'eau navigables de la Martinique. Les autres cours d'eau sont à régime torrentueux.

Il existe en outre dans la colonie deux canaux principaux, ceux du Lamentin et de la Rivière Salée, qui font communiquer les communes du même nom avec la mer.

Ils sont navigables en toute saison pour les bateaux n'ayant pas un tirant d'eau supérieur à 2 mètres.

HOTELS

Les indications données ci-dessous étant publiées à titre de renseignement et non de réclame ne sauraient engager en rien ni les auteurs de ce guide, ni les hôteliers cités.

Il n'existe aucune auberge dans les bourgs.

On doit manger et coucher dans les mairies, où des chambres sont aménagés pour les hôtes de passage, ou dans les gendarmeries.

Pour celles-ci, un arrêté du gouverneur fixe le prix de la chambre et des repas.

Ces prix sont modiques. L'installation est simple mais propre. Quand on pourra le prévoir, on fera bien de prévenir télégraphiquement ou téléphoniquement.

Grand Hôtel de l'Europe. Fort-de-France. J. BÉDIAT et FILS, propriétaires. — Hôtel, café, restaurant, en face de la Savane de Fort-de-France, à proximité de la Compagnie des bateaux à vapeur, le mieux situé, le plus aéré, le plus confortable. Kiosque sur la Savane. Garage pour automobile et bicyclette. Éclairage électrique, sonneries électriques dans tous les appartements. Téléphone avec toute la colonie.

Prix du petit déjeuner, de 1 à 2 francs, selon nature.
Prix du déjeuner ou du dîner, 4 francs.
Chambre 1er étage, 4 fr. 25 ; 2e étage, 3 fr. 25.

Pension. — Prix à débattre selon la durée.

Voitures	à 2 places	à 3 places	à 4 places
Prix de l'heure en ville .	3 fr.	4 fr.	5 fr.
— de la course	3 fr.	3 fr.	4 fr.
— à la journée	25 fr.	30 fr.	35 fr.

W. C. — Système du tout à l'égout, installation absolument moderne.

Au café : toutes consommations de première marque au prix unique de 0 fr. 50.

(Hôtel recommandé par le T. C. F., 10 0/0).

Grand Hôtel. Fort-de-France, 72-74, rue du Gouvernement et place de la Savane. J. Ivanès, propriétaire. — Se habla espanol. English spoken. Kiosque sur la Savane. Eclairage électrique. Garage pour bicyclettes. Chambre noire pour photographie. Salle de bains. Douches.

Petit déjeuner (café au lait ou chocolat, beurre,
  pain) . . . .   1 fr.
Déjeuner (hors d'œuvres divers, quatre plats, fromage, fruits de la saison, confitures, café et
  rhum) . . . .   4 fr.
Diner (potage, 4 plats, fromage, fruits variés,
  confitures, café et rhum) . . . .   4 fr.

W. C. — A vasque en faïence, tinettes en zinc à nettoyage journalier au lait de chaux.

Voitures	à 2 places	à 4 places
Prix de l'heure en ville	3 fr.	5 fr.

Pour excursion, arrangement à l'amiable suivant la distance.

ÉTABLISSEMENT DE BAINS

Sainte-Rose. Fort de France (rue Amiral-de-Gueydon). Bain ou douche : prix unique, 1 franc.

BAINS DE MER

SOURCES THERMALES

Il existe actuellement trois sources d'eau minérale en cours d'exploitation sans compter celles de l' « Espé-

rance », de « Larcinty », du « Lamentin » et du « François » qui sont inexploitées, et celle de « la Fontaine
Chaude du Prêcheur », abandonnée depuis les éruptions
de la montagne Pelée. Les deux premières, les sources

Cl. Office Colonial.

Source thermale d'Absalon.

de Didier et d'Absalon, ont leur origine dans les Pitons
du Carbet. Celle d'Absalon est située à 12 kilomètres
environ au N.-O. de Fort-de-France. Sa température est
de 35° centigrades, ses eaux contiennent le tiers de leur
volume en acide carbonique et une faible quantité de fer.
La source Didier, à 8 kilomètres de Fort-de-France, est
d'un accès moins facile que la précédente ; sa température
est de 3° au-dessous de celle d'Absalon ; elle est à peu
près de même nature.

La Fontaine Moutte est située à 4 kilomètres dans le N.-O. de Fort-de-France. Ses eaux sont les plus riches en fer. Elles contiennent aussi une petite proportion de manganèse. La température de cette source est de 30° centigrades.

Photographes à Fort-de France

Le Boullenger.
Thomas.
Symphorien.

MONNAIE

Monnaie légale :
a) Monnaie nationale.
b) Monnaie fiduciaire : Billets de la Banque locale de 500, 100, 25 et 5 francs. Bons de caisse de nickel de 1 franc et 0 fr. 50.
Monnaies étrangères. — Comme en France.

CHASSE ET PÊCHE

La faune de la Martinique est, comme celle de toutes les îles volcaniques, peu riche en animaux terrestres ; aussi les disciples de Nemrod n'y sont-ils guère favorisés.

On rencontre, dans la partie Sud de l'île, quelques espèces de pigeons (*Columba*), les ramiers, les tourterelles et un pigeon appelé improprement perdrix, dont la chair est fort estimée.

Dans la plaine marécageuse du Lamentin, on trouve du gibier d'eau, et surtout du gibier d'eau de passage, en quelque abondance.

Quant aux mammifères, ils n'ont qu'un unique représentant susceptible d'être chassé, c'est le manicou, de l'ordre des marsupiaux, du genre sarigue. Il a le museau semblable à celui du sanglier, des jambes courtes, la queue longue et raide, le poil long et rude, la couleur

Cl. Office Colonial.

Martiniquaise.

gris fauve. Le manicou habite les bois, où il fait une
chasse assidue aux animaux de basse-cour et au gibier.

Le manicou femelle, comme tous les marsupiaux, possède une poche où les petits séjournent pendant cinquante jours après leur naissance.

La chair du manicou fournit un mets fort apprécié des créoles.

Il existait autrefois un saurien, l'iguane (*Lacerta iguana*), dont on mangeait la chair blanche et délicate ; mais sa rareté est devenue telle qu'il est presque impossible de s'en procurer.

La pêche est infiniment plus productive. Les Crustacés fournissent, dans l'ordre des Décapodes et dans la tribu des Bachyures, diverses variétés de crabes, le crabe commun (*Cancer mœnas*), le crabe tourteau (*Cancer pagurus*) dont la chair est recherchée par certaines personnes. Dans la tribu des Décapodes anomoures se rencontre le bernard l'hermite ou le soldat, petit crustacé qui loge dans la coquille vide de divers mollusques gastéropodes.

Les Décapodes macroures donnent la langouste commune (*Palinurus locusta*) qui atteint des dimensions considérables. La crevette (palamon) se trouve dans les rivières jusqu'à 500 à 600 mètres de hauteur près de leur source.

Parmi les Poissons, on doit citer d'abord, dans la famille des squales. le requin (*Carcharias verus*), la roussette ou chien de mer (*Scyllium canicula*) et la raie blanche (*Raia babis*) ; la famille des Mulles donne le rouget (*Mullus barbatus*), le mulet commun et le Surmulet (*Mullus surmuletus*). La famille des Scombéroïdes fournit le faux maquereau, le sarde, le bonite et le thon commun (*Scomber thumus*) ; ces deux derniers poissons ont une chair estimée.

La famille des Péroïdes donne la grande béenne ou sphyrène dont la chair n'occasionne d'accidents que si elle a perdu sa fraîcheur.

La famille des Murènes fournit l'anguille des rivières

(*Anguilla murena*) et l'anguille de mer ou congre (*Murena conger*).

Parmi les reptiles, on trouve dans l'ordre des Chéloniens une tortue de mer, le caret (*Chelonia imbricata*), dont la chair n'est pas très agréable, mais dont les œufs sont fort bons à manger. La carapace fournit la plus belle écaille que l'on puisse rencontrer dans le commerce.

METS LOCAUX

1. Potages

Patenpot. — Calalou. — Soupe habitants. — Soupe de tortue.

2. Entrées

Beignets de fruit à pain. — Beignets de choux caraïbes.

3. Poissons

Blaff de coulirous et maquereaux. — Court-bouillon pimenté. — Titiris à l'étouffée.

4. Premier service

Matoutou crabes au riz. — Migon choux aux tourlourous. — Omelettes de chadrons.

5. Entremets sucrés

Bananes frites. — Patates frites. — Daube de bananes.

6. Deuxième service

Court-bouillon mulâtre. — Fricassée de molocoyes. — Manicou à la martiniquaise.

7. Légumes

Tonton bananes. — Salade de choux palmistes.

8. Desserts

Compote de goyaves. — Patates. — Pommes Cythèse — Ananas. — Abricots. — Framboises. — Cerises. - Oranges. — Citrons. — Tamarins confits. — Gelée diverses. — Marmelade de goyaves.

CALALOU

Le calalou est une véritable soupe d'herbes dau laquelle il entre une certaine quantité de lard. Ses élé ments principaux se composent de sel et de poivre, d ciboule, de thym et persil en petite quantité (un bou quet), une gousse d'ail, une gousse de piment. Ces pre miers ingrédients sont mis au feu et on les fait bouilli quelques minutes. On y ajoute en grande quantité de feuilles coupées en petits morceaux d'une plante dénom mée à la Martinique *herbages*. Après un long bouillon on y met des *gombos* taillés en rondelles, environ u tiers pour deux tiers d'*herbages*. On continue la cuissor jusqu'au moment où « herbages » et « gombos » fon une sorte de purée. A ce moment le canari (faitout) es retiré de dessus le feu, puis on brasse la soupe avec u petit instrument en bois dit *lélé*.

Le calalou n'a pas un aspect très appétissant ; un des anciens gouverneurs de la Martinique l'appelait la « soupe nègre » ; la plupart de ceux qui en ont goûté s'y habituent pourtant et finissent par le trouver bon. Certains amateurs de bonne cuisine y ajoutent des crabes pour en relever le goût.

LE BLAFF

Mets très épicé à préparation simple et peu coûteuse qui ne peut servir cependant que pour certains poissons, tels le « coulirou », le « maquereau », le « balarou ».

Bien nettoyer le poisson d'abord, le faire mariner

30 minutes environ dans une sauce faite de piment écrasé, sel, poivre, ail.

Mettre chauffer de l'eau à laquelle on ajoute du sel, des grains de myrte (*vulgo*, bois d'Inde), de girofle, des oignons coupés en tranchettes, un bouquet de persil, thym et ciboule, un gros piment entier, une gousse d'ail écrasée. Faire bouillir et quand le jus est bien parfumé, y ajouter le poisson extrait de la marinade. Laisser sur le feu encore un quart d'heure, enlever et y ajouter un bon jus de citron.

Très goûté, ce plat est assez excitant ; il est à éviter pour les estomacs délicats.

TITIRIS A L'ÉTOUFFÉE

Les titiris sont de tout petits poissons, taille de 2 à 3 centimètres, grosseur d'un bois d'allumette ; on les ramasse à l'embouchure des rivières martiniquaises et à certaines périodes de l'année. On étend des draps au milieu du lit de la rivière et en relevant les quatre coins du drap on en pêche ainsi, à chaque coup, des quantités énormes.

Avant de cuire les titiris, on les nettoie dans de l'eau très pure et en les frottant doucement. On les lave une deuxième fois dans de l'eau citronnée, puis on les fait mariner comme le poisson cuit au blaff (voir « le blaff »). Mettre du beurre, de l'huile, un bouquet de persil, thym, ciboule et une gousse d'ail dans une casserole qui va sur le feu et faire revenir. On tire les titiris de leur jus, on les met dans la casserole avec un piment. Le tout est recouvert et laissé sur le feu pendant 5 minutes environ. Avoir soin d'agiter la casserole de temps à autre. En tirant du feu ajouter le jus d'un citron à la sauce bien chaude.

OMELETTE AUX CHADRONS

Chadrons est le mot créole employé pour désigner les oursins qui sont de deux sortes sur les rivages martiniquais : l'oursin blanc comestible et l'oursin noir inutilisable en cuisine.

Pour cette omelette, on fait fricasser d'abord les oursins, puis les œufs sont battus comme pour une omelette ordinaire, on y ajoute la fricassée d'oursins et on rebat pour bien lier le tout. On cuit à un feu vif dans la poéle.

MANICOU A LA MARTINIQUAISE

Le manicou est une petite sarigue qui vit dans les bois de l'île. Grand frugivore, sa chair est d'un haut fumet, mais n'est mangeable qu'à la condition d'être débarrassée des poches à musc qu'on trouve dans les quatre pattes au milieu des muscles et derrière les oreilles. On le tue d'abord d'un coup frappé derrière la tête (le coup du lapin), puis on le passe à un feu de paille pour lui griller les poils ; la peau est ensuite râclée et l'animal vidé avec soin. On le coupe en morceaux, puis il est lavé au citron à plusieurs reprises. La viande ainsi préparée est mise dans une marinade de citron, sel, poivre, ail, grains de bois d'Inde, piment écrasé ; on l'y laisse une heure environ.

Dans la casserole, on met du beurre, un oignon, on fait fondre au feu et on y jette le manicou tiré de la marinade. On ajoute de l'ail, du bois d'Inde, du girofle, du laurier, du poivre, un bouquet de thym, persil et ciboule, et on fait cuire la viande dans son jus.

Quand la viande ainsi cuite n'a plus de jus dans la casserole, on la fait revenir en l'arrosant avec de l'eau très citronnée et salée pour avoir la quantité de sauce nécessaire.

RÉSEAU ROUTIER

ROUTE N° 1

De Fort-de-France à Saint-Pierre (36 km. 490)

Montée presque régulière sur 9 kilomètres pour atteindre 450 mètres d'altitude.

Borne n° 5.— Jardin d'essai de Tivoli. 9 km. 500, camp militaire de Balata (450 mètres d'altitude).

Borne n° 11. — Jonction avec le chemin de l'établissement thermal d'Absalon (à 1 km. 200).

Bornes n°ˢ 14-15.— Trouée du Robert. Route longeant la crête de la colline donnant vue de l'océan Atlantique vers le Robert et vue de la mer des Antilles.

Camp militaire de Colson (altitude 550 mètres).

Borne n° 16. — Col Cadoré (510 mètres d'altitude).

Bornes n°ˢ 16-17.— Village de la Médaille (centre des sinistrés après la catastrophe de 1902).

Borne n° 18. — Refuge de l'Alma (17 km. 936). Traversée de la Rivière Blanche (cassis pavé) près d'un des pitons du Carbet. Région boisée (poste forestier).

Borne n° 22. — Abri des Deux-Choux (22 km. 046, 610 mètres d'altitude). Poste forestier.

De la borne n° 22 à la borne n° 30, descentes rapides avec nombreux tournants. La route longe la rive droite de la rivière du Carbet. Très beaux sites. Nombreuses cascades.

Jonction de la route n° 8 allant au Gros-Morne et vers Trinité.

Bornes n°ˢ 26-27.— Gros rochers. Falaise à pic sur la rive gauche de la rivière.

Borne n° 30.— Bourg de Fond-Saint-Denis (postes, téléphone, télégraphe (30 km., 1.241 hab.). Chemin d'accès à l'observatoire du Morne-des-Cadets. 30 minutes d'ascension. Vue magnifique sur la montagne Pelée, la mer des Antilles, les Pitons du Carbet, etc.

Borne n° 34. — Rhummerie des plantations Saint-James.

Borne n° 36. — Morne du Trouvaillant dominant les ruines de Saint-Pierre.

Saint-Pierre (postes, télégraphe, téléphone). — Rues déblayées : Victor-Hugo, de la Madeleine, Toraille de l'hôpital, Bouillé (en partie), Abbé Grégoire.

Hôtellerie.

La route n° 1 est en bon état de viabilité, très carrossable. Quelques éléments où la pente atteint 0 m. 10. Tournants dangereux entre les bornes 22 et 30. Empierrée sur presque tout son parcours, les portions non empierrées sont garnies de pouzolane et tuf formant une chaussée très roulante.

ROUTE N° 2

De Fort-de-France à Trinité (30 km. 497)

Borne n° 1. — Quartier Gerbault, de l'artillerie coloniale, à quelques centaines de mètres, le calvaire d'où l'on a une vue magnifique sur la ville et la baie de Fort-de-France, très joli panorama, horizon étendu.

Borne n° 4. — Quartier de la Redoute (poste, télégraphe, téléphone). Asile des vieillards et chapelle. La route est en pente régulière de Fort-de-France à la Redoute (altitude 210 mètres). Très beau panorama.

Bornes n°s 4, 5 et 6. — Tournants dangereux entre les bornes n°s 4 et 6.

Borne n° 7. — Rivière Monsieur.

Borne n° 8. — Rivière Jambette.

Borne n° 12. — Bourg de Saint-Joseph (postes, télégraphe, téléphone, gendarmerie, 12 km. 417, 8.045 hab., 240 mètres d'alti ude).

Bornes nos 13 et 14. — Jonction de la route allant au Lamentin.

Bornes nos 14 et 15.— Rhummerie de la Rivière-Blanche. Traversée de la Rivière-Blanche.

Bornes nos 15 et 16. — Ancienne agglomération de la Rosière (dite Chapelle sans croupion).

Borne n° 16. — Plantations et rhummerie Saint-Etienne. Traversée de la rivière « La Lézarde ».

Borne n° 22. — Bourg du Gros-Morne (poste, télégraphe, téléphone, gendarmerie, 21 km. 500, 8.757 hab., 240 mètres d'altitude. Jonction des routes nos 2,8 et 12).

Borne no 27. — Traversée de la rivière du Galion. Usine Bassignac. Route coloniale n° 27 allant rejoindre la route n° 8 au calvaire du Gros-Morne.

Bornes nos 29-30. — Agglomération du Brin d'Amour dominant la rade de Trinité. Allée de pommes roses. Jonction de la route n° 11 allant au Vert-Pré. Vue du rocher de la Caravelle.

Borne n° 31. — Jonction de la route n° 25 allant au Robert. Vue du bourg de la Trinité (Bourg de la Trinité, 6.087 hab.).

Belle route. Empierrée sur tout son parcours, quelques tournants dangereux à forte pente entre les bornes 19 et 22. Montée du Gros-Morne assez dure dans une région où la route est un peu argileuse. Descentes rapides du Gros-Morne au Galion.

ROUTE N° 3

De Fort-de-France au Petit-Bourg (23 km. 891)

Borne n° 3. — Rhummerie de la Dillon.

Borne n° 10,5. — Jonction de la route n° 10 allant vers Saint-Joseph.

Borne n° 12. — Bourg du Lamentin (postes, télégraphe, téléphone, gendarmerie, 11 km. 900, 10.273 hab.), Rivière du Lamentin.

Borne n° 14. — Usine Lareinty

Borne n° 18. — Bourg de Ducos (postes, télégraphe, téléphone, 11 km. 038, 5.130 hab.)

Borne n° 22,8. — Jonction de la route n° 5 allant vers Saint-Esprit.

Borne n° 23. — Jonction de la route n° 18 allant vers Rivière-Pilote, Petit-Bourg (23 km. 891).

Bonne route empierrée sur tout son parcours. Quelques tournants un peu brusques entre les bornes 6 et 10. Pente un peu forte pour la montée de Ducos.

ROUTE N° 4

Du Lamentin à la jonction des routes n°s 11 et 13
(4 km. 912)

Borne n° 1,6. — Jonction de la route n° 14 allant vers le François.

Borne n° 3,5. — Usine Soudon.

Route carrossable, empierrée sur tout son parcours.

ROUTE N° 5

De la route n° 3 (Borne 22,8) au François, par
Saint-Esprit (12 km. 336)

Borne n° 3. — Bourg du Saint-Esprit (postes, télégraphe, téléphone, gendarmerie, 3 km. 041, 7.596 hab.) et jonction de la route n° 17 allant vers le Vauclin.

Borne n° 12,3. — Bourg du François (postes, télégraphe, téléphone, gendarmerie, 12 km. 336, 13.233 h.). Usine.

Route carrossable empierrée sur tout son parcours.

ROUTE N° 6

De Saint-Pierre à la route n° 9 entre Basse-Pointe (5 km. 280) et Lorrain (6 km. 890) = 21 km. 468

Borne n° 1. — Ancien jardin botanique de Saint-Pierre.

Borne n° 1,5. — Jonction de la route n° 7 allant vers le Parnasse.

Bornes n°ˢ 2,3. — Quartier des Trois ponts. La route longe la rivière Roxelane.

Borne n° 6. — Bourg du Morne-Rouge (postes, télégraphe, téléphone) (6 km. 700, 1.407 habitants) Bourg entièrement détruit par l'éruption du 30 août 1902. Très joli site. Vue sur la mer des Antilles, le mont Pelé, les Pitons du Carbet, l'océan Atlantique du côté de Sainte-Marie et de Trinité. C'était le lieu de plaisance des habitants de Saint-Pierre qui y possédaient de jolis villas noyées dans la verdure. Ce bourg renaît rapidement, grâce à l'effort et à la ténacité des habitants échappés à la catastrophe de 1902. Montée constante de Saint-Pierre au Morne-Rouge.

Borne n° 17,5. — Bourg de l'Ajoupa-Bouillon (postes, télégraphe, téléphone, 17 km. 555, 835 hab.). Descente assez forte jusqu'à la rivière Falaise.

Borne n° 20. — Traverse à gué de la rivière Falaise, affluent de la rivière Capot.

Excellente route empierrée, très carrossable. Peu de tournants dangereux, très pittoresque sur tout son parcours. Nombreux ouvrages d'art presque toujours dans les tournants sur des rivières.

ROUTE Nº 7

*De la route nº 6 (borne 1) près de l'ancien
jardin botanique, au Parnasse (6 km. 801)*

Très forte montée sur 4 kilomètres. Deux tournants
très dangereux entre les premier et deuxième kilomètres. Bordée de bambous sur deux kilomètres avant d'arriver au Parnasse. Plantations de cannes et ancienne
rhummerie Littée.

La route permet l'accès du bourg du Morne-Rouge par
le chemin de Fonds-Marie-Reine. Aspect pittoresque.

Route et chemin empierrés et carrossables.

ROUTE Nº 8

*De la route nº 1 (poste des Deux-Choux) au Gros-Morne
(16 km. 567)*

Des Deux-Choux à la petite agglomération du Calvaire
(10 km. 384), la route est entièrement déserte en région
boisée. Elle passe à 4 kilomètres des Deux-Choux, à la
crête de Bellevue. Panorama sur le fonds Marie-Reine,
affluent de naissance de la rivière du Lorrain. Vue de la
partie Sud de l'île, sur les versants des affluents de la
rivière « Lézarde ».

Route carrossable. Empierrée. Tournants brusques
vers les Deux-Choux.

ROUTE Nº 9

De Trinité à Basse-Pointe (33 km. 130)

Bornes nᵒˢ 2 et 3. — Montée rapide avec tournants
très dangereux.

Borne nº 7,6. — Bourg de Sainte-Marie (7 km. 600,

10.505 hab., postes, télégraphe, téléphone, gendarmerie). Ilet-presqu'île de Sainte-Marie. Rivière de Sainte-Marie. Usine.

Borne n° 10,3. — Propriété Saint-Jacques. Montée du Charpentier. Ilet pain de sucre.

Borne n° 16,3. — Bourg du Marigot (postes, télégraphe, téléphone, 16 km. 380, 2.272 hab.). Usine.

Borne n° 20,9. — Bourg du Lorrain (postes, télégraphe, téléphone, gendarmerie, 20 km. 960, 6.774 hab.).

Borne n° 26. — Usine Vivé.

Borne n° 27. — Pont de la rivière Capot.

Borne n° 27,6. — Jonction de la route n° 6 allant à Saint-Pierre par l'Ajoupa-Bouillon et Morne-Rouge.

Borne n° 33. — Bourg de Basse-Pointe (poste, télégraphe, téléphone, gendarmerie, 33 km. 130, 3.034 hab.). Rivière de Basse-Pointe qui traverse le bourg. Apport de cendres et de roches dans le lit de la rivière exhaussé de près de 10 mètres. Une partie du bourg a été détruite par la rivière à la suite de la catastrophe de 1902.

Très bonne route empierrée Elle est située à quelques centaines de mètres du littoral sur tout son parcours. Plusieurs rivières (Saint-Jacques, Charpentier, Branche du Lorrain) sont traversées par gué pavé.

ROUTE N° 10

De la route n° 2 (borne 13) à 1 km. 5 de SaintJoseph à la route n° 3 (borne 10) à 1 km. 5 du Lamentin = = 5 km. 520.

Route carrossable empierrée sur tout son parcours.

ROUTE N° 11

De la jonction des routes n°ˢ 4 et 13 (habitation Kerfily)
à la route n° 2 (borne 29) = 13 km. 550

Borne n° 6,766. — Agglomération de Vert-Pré (postes). 310 mètres d'altitude. Traversée de la rivière du Gallion entre Vert-Pré et la Trinité.
Route carrossable, empierrée sur tout son parcours. Montée assez rapide près du Vert-Pré.

ROUTE N° 12

Du Gros-Morne au Robert (9 km. 597)

Bornes n°ˢ 4,5. — Agglomération du Vert-Pré (4 km. 552).
La route passe à proximité du jardin d'essai de la Tracée (ancien centre de sinistrés).
Route carrossable et empierrée sur tout son parcours. Forte-montée d'accès au Vert-Pré. Aux abords du Vert-Pré et jusqu'au Gros-Morne, la chaussée est faite dans un terrain argileux.

ROUTE N° 13

De la jonction des routes n°ˢ 4 et 11 (habitation Kerfily)
au Robert près duquel la route n° 15 se joint à elle.
(8 km. 842).

Borne n° 7,5. — Jonction de la route n° 15.
Borne n° 8,8. — Bourg du Robert (postes, télégraphe, téléphone, 8.594 hab.).
Route carrossable. Empierrée sur tout son parcours.

ROUTE N° 14

De la route n° 4 (borne 1) à la route n° 15, près du
François, (12 km. 820)

Quelques fortes pentes sur le parcours.
Route carrossable empierrée sur tout son parcours.

ROUTE N° 15

Du François à la route n° 13 au Robert (9 km. 600)
(Bourg du François, usine du François)

Borne n° 0,7. — Jonction de la route n° 14. Entre le
François et le Robert usine du Robert, au sud du
Havre de ce nom.
Borne n° 9,6. — Jonction de la route n° 13 (bourg du
Robert).
Route carrossable et empierrée.

ROUTE N° 16

Du Vauclin au François (14 km. 010)

Usine du Vauclin près du Bourg.
Route carrossable. Empierrée sur tout son parcours,
sauf un petit élément. Quelques caniveaux transversaux.

ROUTE N° 17

Du Saint-Esprit au Vauclin (16 km. 326)

Borne n° 11,9.— Jonction de la route n° 19 allant vers
Rivière-Pilote.
Borne n° 15,6. — Jonction de la route n° 16. Bourg

du Vauclin (postes, télégraphe, téléphone, gendarmerie
7.995 habitants). La route passe presque au pied de la
montagne du Vauclin. Près du bourg du Vauclin :
rhummerie Sigy.

Route carrossable. Empierrée. Bordée, dans les parties
basses par des champs de canne à sucre, dans les parties
hautes par des cacaoyères, des caféières et des cultures
vivrières.

ROUTE N° 18

Du Petit-Bourg au Marin (21 km. 710)

Borne n° 14. — Bourg de Rivière-Pilote (14 km. 092,
10.036 hab.).

Borne n° 16. — Jonction de la route n° 19.

Borne n° 21,7. — Bourg du Marin (postes, télégraphe,
téléphone, gendarmerie, 4.908 habitants). Bourg bien
situé au fond d'une jolie baie. Au milieu du parcours,
forte montée du Morne « La Régale ». Route en corniche,
pittoresque vers le Saint-Esprit. Entre le bourg de la
Rivière-Pilote et la jonction de la route n° 19, rochers en
tuf volcanique contre la route. Usine du Marin.

Route carrossable, empierrée sur tout son parcours.

ROUTE N° 19

De la route n° 17 à la route n° 18 (borne 16) près de Rivière-Pilote (7 km. 595)

La route longe la Rivière-Pilote sur plus de la moitié
de son parcours. Portions contiguës à la rivière assez
dangereuses.

Route pittoresque. Carrossable. Empierrée.

ROUTE N° 20

Du Marin au Vauclin (11 km.865)

Route carrossable, empierrée, quelques caniveaux transversaux sur la route. Avant d'arriver au Vauclin : habitation Pacquemart. Vastes champs de canne à sucre.

ROUTE N° 21

De Basse-Pointe à Grand'Rivière (15 km. 349)

Borne n° 5,5. — Bourg du Macouba (postes, télégraphe, téléphone, 5 km. 500, 1.370 hab.).

Borne n° 6,5. — Rivière du Macouba. Peu accessible aux voitures après le bourg du Macouba et pour la traversée de la rivière. Des travaux de remise en état sont prévus. Site très pittoresque à l'embouchure de la rivière.

Borne n° 15. — Bourg de Grand'Rivière (postes, télégraphe, téléphone, 15 km. 349, 1.168 hab.). Traversée de la Rivière par gué pavé avant d'arriver au bourg.

La route est empierrée sur tout son parcours. Très bonne viabilité de Basse-Pointe à Macouba. Forte rampe et route étroite à flanc de coteau près de la Grand'Rivière, au bas de l'habitation « Beauséjour ». Forte pente sur chaque versant de la Rivière Macouba. Chutes d'eau en cascades sur la falaise du littoral dans le bourg de Grand'-Rivière. Atterrissement par apports volcaniques, à l'embouchure de la Rivière Basse-Pointe.

ROUTE N° 22

La route n° 22 n'existe pas. Projetée entre le Marigot et Saint-Pierre, elle est restée à l'état de projet par suite de la catastrophe de 1902.

ROUTE N° 23

De Fort-de-France vers Saint-Pierre par le Carbet et Case-Pilote (29 km. 461)

Borne n° 1.— Hôtel de Bellevue. Résidence du gouverneur (téléphone).

Borne n° 4,6. — Bourg de Schœlcher (postes, télégraphe, téléphone, 4 km. 610, 3.603 hab). Quartier de l'Anse-Madame. Rivière de Case-Navire.

Borne n° 7,8. — Fond Lahaye (postes, télégraphe, téléphone), centre de sinistrés.

Borne n° 10. — *Point où la route n'est plus carrossable.*

Borne n° 11. — Bourg de Case-Pilote (postes, télégraphe, téléphone, 12 km., 2.687 hab.). Hameaux de Bellefontaine et du Fond-Capot sur le littoral.

Borne n° 25. — Bourg du Carbet (poste, télégraphe, téléphone, 25 km. 305, 6.638 habitants).

Borne n° 29. – Saint-Pierre. *La route est à nouveau carrossable du Carbet à Saint-Pierre.*

Route bonne et empierrée jusqu'à la borne n° 10. De là au Carbet, la route n'est accessible qu'aux piétons et aux cavaliers. La route longe presque constamment le littoral.

ROUTE N° 24

De Saint-Pierre à Grand'Rivière (31 km. 498)

Route détruite, ravinée et remblayée par les cendres, de Saint-Pierre au Prêcheur (8 km. 242) et aux Abymes. Chemin muletier.

Des Abymes à Grand'Rivière, la route abandonnée depuis la catastrophe de 1902 a presque disparu ; ravinée par les eaux et envahie par la végétation. Chemin muletier.

ROUTE No 25

De Trinité au Robert (9 km. 871)

Borne n° 0,7. — Jonction avec la route n° 26. Assez
forte montée au Morne-Pothuau. La route est en palier
et longe le bord de la mer sur 1 km. dans la baie du
Galion.

Route carrossable. Chaussée empierrée.

ROUTE No 26

De Trinité (route n° 25) à l'agglomération de Tartane et au Phare (presqu'île de la Caravelle) (11 km. 251)

Route carrossable jusqu'à Tartane. Montées rapides.
Quelques éléments non empierrés. Chaussée taillée dans
le tuf. Près de Tartane, sur un kilomètre, la chaussée est
établie sur le sable. De Tartane au pied du phare, chemin d'accès difficile, montées rapides, tournants très
dangereux, chaussée mauvaise, de largeur très réduite.

ROUTE No 27

Du Calvaire au Gros-Morne à la route n° 2 près de l'usine Bassignac (8 km. 840)

Route en région boisée sur la moitié de son parcours
à partir du Calvaire. Empierrée et carrossable. Passage
à gué pavé sur la rivière du Galion près de l'usine Bassignac.

ROUTE No 28

De la route n° 20 (près du Marin, borne 1,5) à Sainte-Anne (7 km. 375)

Route carrossable empierrée. Bourg Saint - Anne
(3.329 hab.).

L'accès à la partie méridionale de l'île, Pointe des Salines, ne peut se faire qu'avec une monture. Site pittoresque au cul-de-sac des Anglais et à la Pointe d'Enfer. Savane des pétrifications.

ROUTE N° 29

De Rivière-Pilote aux Anses-d'Arlets (35 km 595)

Borne n° 9. — Bourg de Sainte-Luce (postes, télégraphe, téléphone, 9 km. 187, 2.123 hab).

Borne n° 19,6. — Jonction de la route n° 31.

Borne n° 26,6. — Bourg du Diamant (postes, télégraphe, téléphone, 26 km. 645, 2.566 hab.). En face en mer le rocher du Diamant. Ilot curieux où est enterré un général anglais.

Borne n° 34,7. — Jonction de la route n° 30. Bourg des Anses-d'Arlets (postes, télégraphe, téléphone, 35 km. 585, 3.211 hab.).

Route carrossable, empierrée sur presque tout son parcours. Rampes assez fortes vers le bourg des Anses d'Arlets (entre Sainte-Luce et la jonction de la route n° 31, usines des Trois-Rivières).

ROUTE N° 30

Du Petit-Bourg à la route n° 29, près des Anses-d'Arlets
(23 km. 242)

Borne n° 3. — Bourg de la Rivière-Salée (3 km., 8.085 hab.). Région montagneuse.

Borne n° 3,6. — Jonction de la route n° 31.

Borne n° 8. — Agglomération de la Poterie (postes, télégraphe, téléphone).

Borne n° 10,6. — Bourg des Trois-Ilets (postes, télégraphe, téléphone, 10 km. 613, 4.017 hab.). Lieu de naissance de l'impératrice Joséphine. Tombeau de sa mère, dans l'église.

Borne n° 23,2. — Jonction de la route n° 29.

Route carrossable, empierrée sur presque tout son parcours. Dans la région du Morne « La Plaine », la route est gazonnée. Site pittoresque, avant d'arriver à la Grand'Anse d'Arlets. Descente un peu rapide.

ROUTE N° 31

De la route n° 30 (borne 3 1/2) à la route n° 29
(2 km. 900)

Carrossable; empierrée sur tout son parcours.

ROUTE N° 32

De la route n° 23 (Carbet) au Morne-Vert
(5 km. 030)

Carrossable. Empierrée. Montée régulière jusqu'au Morne-Vert avec forte pente.

ROUTE N° 33

Du bourg de Rivière-Salée (postes, télégraphe, téléphone)
(route n° 30) au canal de ce nom (1 km.)

Cette route longe en palier un ancien canal. Carrossable.

ROUTE N° 34

De Fort-de-France (route n° 3) à l'établissement
thermal de Moutte (4 km. 020)

Carrossable, empierrée sur tout son parcours.

Carte routière de la Martinique.

PL. 2

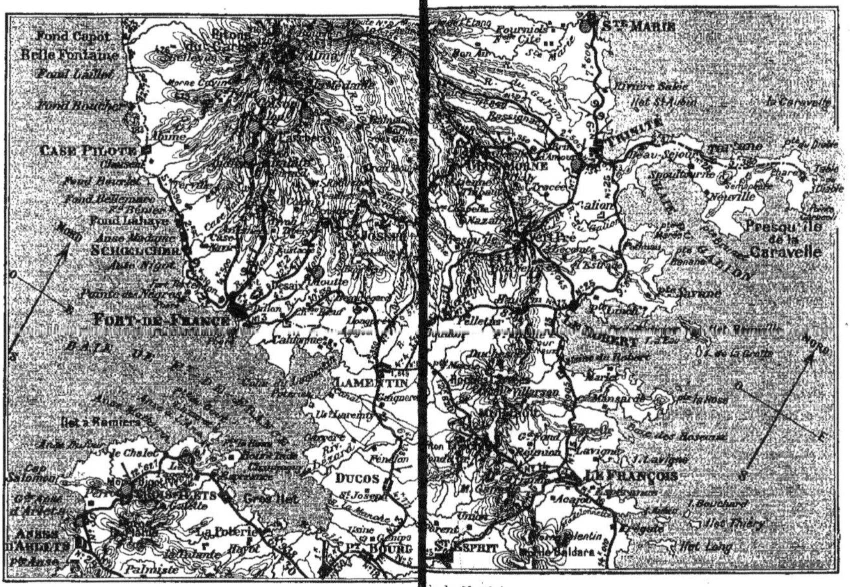

Carte routière de la Martinique.

Pl. 3

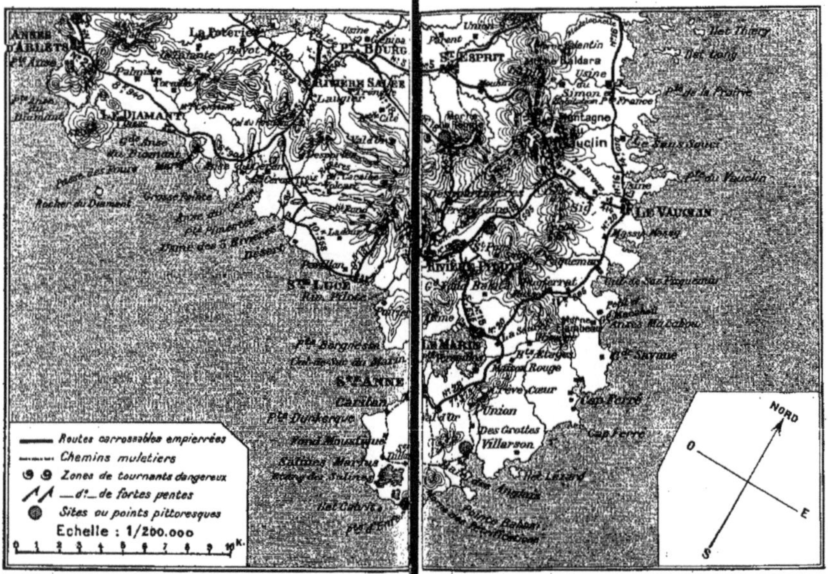

Routes carrossables empierrées
Chemins muletiers
Zones de tournants dangereux
d°. de fortes pentes
Sites ou points pittoresques
Echelle : 1/200.000
0 1 2 3 4 5 6 7 8 9 10 K.

Carte routière de la Martinique.

BATEAUX A VAPEUR

Société anonyme « Les Messageries Antillaises »

De Fort-de-France au Marin. — Départ de Fort-de-France : mercredi et samedi de chaque semaine. Retour : jeudi et lundi.

Aller. .	Départ Fort-de-France. . .	8 h. matin.
	Arrivée Anses d'Arlets . . .	9 h. 15.
	— Diamant.	10 h.
	— Rivière-Pilote . . .	11 h.
	— Sainte-Anne . . .	11 h. 45.
	— Marin	Midi.
Retour.	Départ du Marin	8 h. matin.
	Arrivée Sainte-Anne . . .	8 h. 45.
	— Rivière-Pilote . . .	9 h. 30.
	— Diamant.	10 h. 15.
	— Anses-d'Arlets . . .	11 h.
	— Fort-de-France. . .	Midi.

PRIX DES PASSAGES

			1re cl.		2e cl.
De Fort-de-France à	Anses-d'Arlets . . . Fr.	2	»		1,50
	Diamant	3	»		2
	Rivière Pilote	4	»		2
	Sainte-Anne	4	»		2
	Marin	4	»		2

De Fort-de-France à Trinité. — Les mardi de chaque semaine avec escale au Prêcheur, Grand'Rivière, Macouba, Basse-Pointe, Marigot et Sainte Marie.

Mardi . .	Départ de Fort-de-France .	6 h. matin.
	Arrivée à Trinité	Midi.
Mercredi.	Départ de Trinité	6 h. matin.
	Arrivée à Fort-de-France. .	Midi.

PRIX DES PASSAGES

		1re cl.	2e cl.
Grand'Rivière . . . Fr.		3 »	1,50
Macouba.		3 »	1,50
Basse-Pointe		3 »	1,50
Lorrain		3,50	1,75
Marigot		3 »	1,75
Sainte-Marie		4 »	2 »
Trinité		4 »	2 »

De Fort-de-France à : Grand'Rivière, Macouba, Basse-Pointe, Lorrain, Marigot, Sainte-Marie, Trinité.

De Fort-de-France au François. — Les vendredis de chaque semaine avec escale au Prêcheur, Grand'Rivière, Macouba, Basse-Pointe, Marigot, Sainte-Marie, Trinité, Robert.

Vendredi.	Départ de Fort-de-France .	6 h. matin.
	Arrivée au François . . .	6 h. soir.
Samedi .	Départ du François . . .	6 h. matin.
	Arrivée à Fort-de-France. .	6 h. soir.

PRIX DES PASSAGES

		1re cl.	2e cl.
Grand'Rivière . . . Fr.		3 »	1,50
Macouba.		3 »	1,50
Basse-Pointe		3 »	1,50
Lorrain		3.50	1,75
Marigot		3 »	1,75
Sainte-Marie		4 »	2 »
Trinité		4 »	2 »
Robert		4 »	2 »
François.		4 »	2 »

De Fort-de-France à : Grand'Rivière, Macouba, Basse-Pointe, Lorrain, Marigot, Sainte-Marie, Trinité, Robert, François.

De Fort-de-France au Carbet. — Escale à Case-Pilote et Bellefontaine les lundi, mercredi, jeudi, samedi et dimanche de chaque semaine (1).

(1) Les voyageurs trouvent à l'arrivée au Carbet un canot

DEUX VOYAGES PAR JOUR

Aller . . { Départ de Fort-de-France . . . 6 h. m. et 2 h. 30 s.
{ Arrivée Carbet . . 8 h. m. et 3 h. 45 s.

Retour . { Départ du Carbet . 8 h. 15 m. et 4 h. s.
{ Arrivée Fort-de-France . . . 9 h. 30 m. et 5 h. 50 s.

PRIX DES PASSAGES

	1re cl.	2e cl.
De Fort-de-France à Case-Pilote. Fr. .	1,50	1 »
— au Carbet	2 »	1,50

De Fort-de-France à Saint-Pierre, avec escale au Carbet.

Mardi vendredi et dimanche { Départ de Fort de-France . . . 6 h. m. et 2 h. s.
{ Arrivée à Saint-Pierre . . . 7 h. 30 m. et 3 h. 30 s.
{ Départ de Saint-Pierre. . . . 8 h. m. et 4 h. s.
{ Arrivée à Fort-de-France . . . 9 h. 30 m. et 5 h. 30 s.

PRIX DES PASSAGES

1re classe. . . 3 »
2e — . . 2 »

Nota bene. — Transport des enfants et des bagages sur les lignes de la Société anonyme des bateaux à vapeur.

Enfants. — Enfants jusqu'à 7 ans (accompagnés de leurs parents). passage gratuit. — Écoliers, à partir de 7 ans. demiplace. — Enfants à partir de 7 ans et jusqu'à 14 ans, demiplace.

Bagages. — Les passagers des deux classes ont droit au trans-

qui fait le service de Saint-Pierre et qui correspond avec l'arrivée du bateau de Fort-de-France.

port gratuit de 50 kilogrammes de bagages. Sont compris dans les bagages : les paniers et les trays de vivres frais (fruits, légumes et racines). Les bagages en excédent sont payés conformément au tarif du fret du concessionnaire. — Les passagers ont la faculté d'employer les barques qui transportent les marchandises.

Compagnie Salleron-Marotel

De Fort-de-France au Lamentin. — Service bi-quotidien, dimanches et jours fériés compris.

Aller. .	{ Départ du Lamentin.	6 h. 30 m. et 2 h. s.
	{ Arrivée Fort - de - France	7 h. 30 m. et 3 h. s.
Retour.	{ Départ de Fort - de - France	8 h. 30 m. et 4 h. 30 s.
	{ Arrivée Lamentin .	9 h. 45 m. et 5 h. 45 s.

PRIX DES PASSAGES

1re classe . . . . . 1 »
2e — . . . . . » 50

Du Petit-Bourg à Fort-de-France. — Service bi-quotidien, dimanches et jours fériés compris.

Aller .	{ Départ du Petit-Bourg	6 h. matin et midi 30.
	{ Arrivée Fort - de - France	7 h. 45 m. et 2 h. 15 s.
Retour.	{ Départ de Fort-de-France	8 h. 30 m. et 4 h. 15 s.
	{ Arrivée Petit-Bourg .	10 h. 45 m. et 6 h. 30 s.

PRIX DES PASSAGES

1re classe 1,50
2e — . . . . . 1 »

Nota bene. — Transport des enfants et bagages sur les lignes de la Compagnie Salleron-Marotel.
Enfants. — Les enfants jusqu'à 7 ans sont transportés gratuitement ; de 7 à 14 ans, ils paient demi-place.
Bagages. — Les passagers des deux classes ont droit au transport gratuit de 25 kilos de bagages (malles, valises, etc.).

VOITURES A CHEVAUX

*De Fort-de-France à Sainte-Marie par Saint-Joseph,
Gros-Morne et Trinité* (service quotidien).

Aller .	Départ Fort-de-France . .	6 h. matin.
	Arrivée Sainte-Marie . . .	11 h. m.
Retour.	Départ Sainte-Marie . . .	12 h. 30 soir.
	Arrivée Fort-de-France . .	6 h. s.

Prix

Fort-de-France à Saint-Joseph .	2	»
Gros-Morne à Trinité	2	»
Trinité à Sainte Marie . . .	2	»
Fort-de-France à Sainte-Marie.	8	»

1° *Du Petit-Bourg au François*, tous les jours, par
Saint-Espit.

Départ du François . . .	4 h. m. et 9 h. 25 m.
Arrivée au Petit-Bourg . .	6 h. m. et 11 h. 15 m.
Départ du Petit-Bourg . .	11 h. 30 m et 6 h. 15 s.
Arrivée au François . . .	1 h. 30 s. et 8 h. 15 s.

Prix

Petit-Bourg au Saint-Esprit .	1,50
Saint Esprit au François . .	1,50
Petit-Bourg au François . .	2 »

2° *Du Vauclin au François* (dimanche, mardi, jeudi).

Départ du Vauclin. . . .	7 h. matin.
Arrivée au François . .	9 h. m.
Départ du François . .	1 h. 45.
Arrivée au Vauclin. . .	3 h. 45 s.

De Saint-Pierre à Basse-Pointe, par Morne-Rouge et Ajoupa-Bouillon (les mardi et vendredi).

    Départ de Saint-Pierre . . .   8 h. 10 m.
    Arrivée à Basse-Pointe . . .   12 h.
    Départ de Basse-Pointe. . .   12 h. 15
    Arrivée à Saint-Pierre . . .   4 h. » s.

De Saint-Pierre à Marigot, par Morne-Rouge, Ajoupa-Bouillon et Lorrain (les dimanche et mercredi).

    Départ de Saint-Pierre . . .   8 h. 10 m.
    Arrivée à Marigot.   . . .   2 h.
    Départ de Marigot . . . .   10 h.
    Arrivée à Sainte-Luce . . .   4 h. » s.

Du Petit-Bourg au Marin par Rivière-Pilote. — Départ : mardi et vendredi de chaque semaine.

Aller :   Départ du Marin . . . . .   7 h. » m.
          Arrivée au Petit-Bourg . . .   10 h. 30
Retour : Départ du Petit-Bourg . . .   11 h. 20 m.
          Arrivée au Marin . . . . .   4 h. » s.

PRIX

    Petit-Bourg à Rivière-Pilote . .   3 »
    Rivière-Pilote au Marin . . .   1 50
    Petit-Bourg au Marin . . . .   4 »

Du Lamentin au Robert (service quotidien).

Aller :   Départ du Lamentin . . . .   10 h. m.
          Arrivée au Robert. . . . .   11 h. 30
Retour : Départ du Robert . . . . .   12 h.
          Arrivée au Lamentin. . . .   1 h. 30 s.

PRIX

    Lamentin au Robert 2 50

SERVICES POSTAUX TÉLÉGRAPHIQUES ET TÉLÉPHONIQUES

SERVICE POSTAL INTÉRIEUR

Bureaux de poste

Absalon. — Ajoupa-Bouillon. — Alma. — Anses-d'Arlets. — Balata. — Basse-Pointe. — Bellefontaine. — Carbet. — Case-Pilote. — Céron. —Colson. — Croix-Rivaille. — Diamant. — Ducos. — Fonds-Bouché. — Fonds-Lahaye. — Fonds-Saint-Denis. — Fort-de-France. — François. — Grand-Boucan. — Grand-Rivière. — Gros-Morne. — La Chapelle. — Lamentin. — Le Pelletier. — Lorrain. — Macouba. — Marigot. — Marin. — Montagne-du-Vauclin. — Morne des-Esses. — Morne-Rouge. — Morne-Vert. — Parnasse. — Petit-Bourg. — Poterie. — Prêcheur. — Préfontaine. — Redoute. — Rivière-Pilote. — Rivière-Salée. — Robert. — Sainte-Anne. — Saint-Esprit. — Saint-Joseph. — Sainte-Luce. — Sainte-Marie. — Saint-Pierre. — Schœlcher. — Terrier. — Tivoli. — Tracée. — Trinité. — Trois-Hets. — Vauclin. — Vert-Pré. — Vivé.

Les tarifs postaux applicables aux lettres, journaux et écrits périodiques sont identiques à ceux appliqués en France.

COURRIERS PAR PIÉTONS

DE FORT-DE-FRANCE A SCHŒLCHER ET FONDS-LAHAYE
(Service quotidien)

Aller : Départ de Fonds-Lahaye. . .   6 h. » m.
       Arrivée à Schœlcher . . . .   6 h. 30
       Départ de Schœlcher. . . .   6 h. 30
       Arrivée à Fort-de-France . .   7 h. 30
Retour : Départ de Fort-de-France . .   8 h. 30 m.
       Arrivée à Schœlcher . . . .   9 h. 30
       Départ de Schœlcher . . . .   9 h. 35
       Arrivée à Fonds Lahaye. . .   10 h. »

DE FORT-DE-FRANCE, TIVOLI, BALATA, ABSALON, COLSON ET ALMA
Mardi, jeudi et samedi

Départ de Fort-de-France . .   6 h. » m.
Arrivée à l'Alma . . . . .   11 h. 30
Départ de l'Alma . . . . .   12 h. 30
Retour à Fort-de-France. . . .   6 h. » s.

DE FORT-DE-FRANCE A TIVOLI
Les dimanche, lundi, mercredi et vendredi

Aller : Départ de Fort de-France . .   6 h. » m.
       Arrivée à Tivoli. . . . . .   7 h. »
Retour : Départ de Tivoli . . . . .   7 h. 05 m.
       Arrivée à Fort-de-France . .   8 h. »

(1) Ces indications sont particulièrement utiles aux bons marcheurs, elles leur fournissent une évaluation maximum des temps nécessaires.

DU MORNE-VERT AU CARBET

Aller :   Départ du Morne-Vert. . . .   6 h. » m.
          Arrivée au Carbet . . . .   7 h. 15
Retour : Départ du Carbet . . .   8 h. 30 m.
          Arrivée au Morne-Vert . . .   10 h. »

DU CARBET AU FONDS-SAINT-DENIS

PAR SAINT-JAMES. FESSAI, MORNE-DES-CADETS, BOUT-DE-BOIS
ET QUARTIER-MONSIEUR

(Service quotidien)

Aller :   Départ du Carbet . . . .   8 h. 30 m.
          Arrivée à Fonds-Saint-Denis .   12 h. »
Retour : Départ de Fonds-Saint-Denis .   12 h. » m.
          Arrivée au Carbet . . . .   3 h. 30 s.

DU PRÊCHEUR A SAINT-PIERRE

AVEC CORRESPONDANCE PAR CARBET

Dimanche, lundi et jeudi

Aller :   Départ du Prêcheur . . .   6 h. 30 m.
          Arrivée à Saint-Pierre . .   9 h. »
Retour : Départ de Saint-Pierre . .   9 h. 15 m.
          Arrivée au Prêcheur . . .   11 h. 30

DU CARBET AU MORNE-ROUGE (1)

PAR SAINT-PIERRE ET PARNASSE

(Service quotidien)

Aller :   Départ du Carbet . . . .   8 h. 30 m.
          Arrivée à Saint-Pierre. . .   9 h. 30
          Arrivée au Parnasse . . .   10 h. 15
          Arrivée au Morne-Rouge . .   12 h. 30

(1) Ce service a dû être supprimé, nous l'avons laissé figurer à titre d'indication.

Retour : Départ du Morne-Rouge . . . 12 h. » s.
   Arrivée à Saint-Pierre . . . 2 h. 30
   Arrivée au Carbet . . . . . 3 h. 30

DU PETIT-BOURG AU MARIN
PAR LA TERRIER ET PRÉFONTAINE
Lundi, mercredi, jeudi, samedi et dimanche
de chaque semaine

Aller : Départ du Marin . . . . . 6 h. » m.
   Arrivée au Petit-Bourg . . . 10 h. 40
Retour : Départ du Petit-Bourg . . . 12 h. 20 m.
   Arrivée au Marin . . . . . 5 h. » s.

DU LAMENTIN A DUCOS
PAR LAREINTY
(Service quotidien)

Aller : Départ du Lamentin . . . . 10 h. » m.
   Arrivée à Ducos . . . . . 11 h. »
Retour : Départ de Ducos . . . . . 12 h. 20 m.
   Arrivée au Lamentin . . . 1 h. 10 s.

DU GRAND-BOURG AUX ANSES-D'ARLETS
PAR DIAMANT
(Service quotidien)

Aller : Départ des Anses-d'Arlets . . 5 h. 30 m.
   Arrivée au Diamant . . . . 6 h. 45
   Départ du Diamant . . . . 7 h. 30
   Arrivée au Grand-Bourg . . . 9 h. 30
Retour : Départ du Grand-Bourg . . . 1 h. 40 s.
   Arrivée au Diamant . . . . 4 h. »
   Départ du Diamant . . . . 4 h. 15
   Arrivée aux Anses-d'Arlets . . 6 h. »

DE RIVIÈRE-PILOTE A SAINTE-LUCE
(*Service quotidien*)

Aller :   Départ de Sainte-Luce . . .   6 h. » m.
            Arrivée à Rivière-Pilote . . .   7 h. 30
Retour :   Départ de Rivière-Pilote . . .   2 h. » s.
            Arrivée à Sainte-Luce . . .   4 h. 15

DU VAUCLIN AU SAINT-ESPRIT
PAR MONTAGNE DU VAUCLIN ET GRAND-BOUCAN
Lundi, mercredi et vendredi

Aller :   Départ du Vauclin. . . . .   6 h. 30 m,
            Arrivée au Saint-Esprit . . .   10 h. »
Retour :   Départ du Saint-Esprit . . .   12 h. » m.
            Arrivée au Vauclin . . . .   4 h. 30 s.

DU FRANÇOIS AU SAINT-ESPRIT (1)
Lundi, mercredi et vendredi

Aller :   Départ du François . . .   8 h. 30 m.
            Arrivée au Saint-Esprit . . .   11 h »
Retour :   Départ du Saint-Esprit . . .   11 h 30 m.
            Arrivée au François . . . .   2 h. » s.

DU ROBERT AU GROS-MORNE
PAR VERT-PRÉ
(*Service quotidien*)

Aller :   Départ du Robert . . . . .   5 h. 30 m.
            Arrivée au Gros-Morne . . .   8 h.
Retour :   Départ du Gros-Morne . . .   3 h. » s.
            Arrivée au Robert . . . .   6 h. »

(1) Supprimé. Figure à titre d'indication.

DU GROS-MORNE A LA TRACÉE
(*Service quotidien*)

Départ de la Tracée	6 h. 30 m.
Arrivée au Gros-Morne . . .	10 h. »
Retour à la Tracée	10 h. 30

DE SAINTE-MARIE AU MORNE-DES-ESSES
(*Service quotidien*)

Aller :	Départ du Morne-des-Esses . .	10 h. » m.
	Arrivée à Sainte Marie . . .	11 h. 30
Retour :	Départ de Sainte-Marie . . .	12 h. 45
	Arrivée au Morne-des-Esses . .	2 h. » s.

DE SAINTE-MARIE A BASSE POINTE
PAR MARIGOT, LORRAIN, VIVÉ
(*Service quotidien*)

Aller :	Départ de Sainte-Marie . . .	12 h. » m.
	Arrivée à Marigot	2 h. 15 s.
	— à Lorrain	3 h. »
	— à Vivé	4 h. 30
	— à Basse-Pointe . . .	6 h. »
Retour :	Départ de Basse-Pointe . .	4 h. 45 m.
	Arrivée à Vivé	6 h. »
	— à Lorrain	7 h. 30
	Départ de Lorrain	7 h. 45
	Arrivée à Marigot	9 h. »
	— à Sainte-Marie . . .	12 h. 30

DE BASSE-POINTE A GRAND-RIVIÈRE
(*Mardi et vendredi*)

Départ de Basse-Pointe . . .	12 h. 30 s.
Arrivée à Macouba	1 h. 15
— à Grand-Rivière . . .	2 h. 45

Départ de Grand-Rivière . . .   9 h. » m.
Arrivée de Macouba . . . .   10 h. 30
—   de Basse-Pointe . . .   11 h. 45

DE L'AJOUPA-BOUILLON A GRAND-RIVIÈRE
PAR BASSE-POINTE ET MACOUBA
(Dimanche et mercredi)

Départ de Ajoupa-Bouillon . .   11 h. » m,
Arrivée à Basse-Pointe . . .   1 h. » s.
—   à Macouba . . . .   2 h. 30
—   à Grand-Rivière . . .   4 h. »
Départ de Grand-Rivière . . .   8 h. » m.
Arrivée à Macouba . . . .   9 h. 30
—   à Basse-Pointe . . .   10 h. 50
—   à Ajoupa-Bouillon . .   1 h. » s.

DE SAINT-PIERRE A GRAND-RIVIÈRE
PAR AJOUPA-BOUILLON, BASSE-POINTE, MACOUBA
(Lundi, jeudi, samedi)

Départ de Saint-Pierre . . .   8 h. 10 m.
Arrivée au Morne-Rouge . .   10 h. »
—   à Ajoupa-Bouillon . .   12 h. »
—   à Basse-Pointe . . .   2 h. » s.
—   à Macouba . . . .   3 h. 30
—   à Grand-Rivière . . .   5 h. »
Départ de Grand Rivière . . .   6 h. 30 m.
Arrivée à Macouba . . . .   8 h. »
—   à Basse-Pointe . . .   9 h. 15
—   à Ajoupa-Bouillon . .   11 h. 15
—   au Morne Rouge . . .   1 h. 30
—   à Saint-Pierre . . .   3 h. 45

COURRIERS PAR CANOTS A VOILES

De Fort-de-France aux Trois-Ilets (service quotidien).

Aller :   Départ des Trois Ilets. . . .   6 h. » m.
          Arrivée à Fort-de France . .   7 h. 30

Retour : Départ de Fort-de-France . .   4 h. 30 s.
          Arrivée aux Trois-Ilets . . .   6 h.

De Fort-de-France à la Poterie (service quotidien).

Aller :   Départ de la Poterie . . . .   7 h. 30 m.
          Arrivée à Fort-de-France . .   10 h.

Retour : Départ de Fort-de-France . .   4 h. » s.
          Arrivée à la Poterie . . . .   5 h. 30

De Sainte-Anne au Marin (service quotidien).

Aller :   Départ de Sainte-Anne . . .   5 h. » m.
          Arrivée au Marin . . . . .   6 h. »

Retour : Départ du Marin . . . . .   5 h. 15 s.
          Arrivée à Sainte-Anne . . .   6 h. 30

SERVICE TÉLÉGRAPHIQUE

ENTRE LA FRANCE ET LA MARTINIQUE

Les télégrammes avec collationnement (TC), avec accusé de réception télégraphique (PC), postal (PCP), avec réponse payée de dix mots (RP), avec indication du nombre de mots de la réponse (RPx), à remettre à la poste comme lettres ordinaires (Poste) ou comme lettres recommandées (PR), en langage secret sont acceptés pour la destination de la Martinique.

Les lettres ou mots entre parenthèses dans le paragra-phe ci-dessus donnent les indications éventuelles taxées à inscrire en tête de l'adresse.

Lorsqu'elles sont formulées sous la forme abrégée indi-quée entre parenthèses, elles comptent chacune pour un mot.

TÉLÉGRAMMES-LETTRES

Les télégrammes à destination de la Martinique peu-vent être expédiés par l'envoi combiné des voies postales et télégraphiques

Ces télégrammes-lettres sont transmis par fil jusqu'à Saint-Nazaire, Bordeaux ou Calais. En ces ports, ils sont traités comme des lettres ordinaires ou recommandées, suivant le désir de l'expéditeur.

A Fort-de-France, ils sont remis au fonctionnaire chargé du service, qui les transmet électriquement au lieu de destination si le destinataire réside dans une localité dotée d'un bureau télégraphique, ou dans le cas contraire, au bureau le plus rapproché du lieu de destination.

La taxe à percevoir pour les télégrammes-lettres à des-tination des bureaux de la Martinique, autres que celui de Fort-de-France, est de 0 fr. 10 par mot, plus la taxe d'affranchissement postal, le minimum de perception restant fixé à 1 franc.

SERVICE TÉLÉGRAPHIQUE ENTRE LA FRANCE ET LA MARTINIQUE

TAXE PAR MOT

Voies du Nord

Désignation	Voie New-York Haïti	Voie Bermudes Jamaïque Porto-Rico	Voie Key West Haïti ou Jamaïque
	francs	francs	francs
de France à la Martinique	6,45	10,95	6,45

Voies du Sud

Désignation	Voie Ténériffe Noronha par				Voie Madère par			
	l'Espagne	Barcelone	l'Angleterre	Malte	l'Espagne	Barcelone	l'Angleterre	Malte
	francs	francs	francs	francs	francs	francs	francs	francs
De France à la Martinique	8,475	8,775	9,25	9,30	8,475	8,775	9,25	9,30

COMPAGNIE FRANÇAISE DES CABLES TÉLÉGRAPHIQUES

Tarif par mot, par voie normale, à partir de Fort-de-France

Cuba	Santiago de Cuba	4f 10
	Guantanamo-Caimanera	4 10
	Autres bureaux	4 30
Haïti	Port-au-Prince Cap-Haïtien Môle Saint-Nicolas	5 »
	Autres bureaux	7 50
Saint-Domingue		4 50
Curaçao		5 40
Venezuela		4 50
Colon		5 60
Panama		5 80
Colombie		7 75
Guadeloupe	avec un minimum de perception de dix mots	0 30
Les Saintes		0 40
Marie-Galante		0 45
Guyane hollandaise		2 10
Guyane française	Cayenne	2 10
	Autres bureaux	2 30
Guyane anglaise	Georgetown	7 80
	Autres bureaux	7 90
Brésil (tous bureaux sauf Amazone)		5 35
Amazone	1re Zone	6 60
	2e Zone	8 10
Antigoa		4 65
Barbade		5 15
Dominique		4 45
Grenade		5 05
Jamaïque		5 75

Saint-Christophe (Saint-Kitts)		5 05
Sainte-Croix		5 70
Sainte-Lucie		4 85
Saint-Thomas		5 40
Saint-Vincent		4 90
Trinidad.		5 50
Porto-Rico . .	Saint-Juan-Ponse. . . .	4 35
	Autres bureaux	4 55
France, Angleterre, Allemagne, Belgique, Pays-Bas.		6 35
Autriche-Hongrie		6 70
Italie.		6 65
Iles Baléares		7 10
Espagne.		7 »
Portugal.		7 05
Norvège		6 85
Suède.		7 »
Saint-Pierre-et-Miquelon		5 90
Etats-Unis . .	E. du Mississipi	5 10
	O. du Mississipi	5 35
Algérie, Tunisie		6 70
Mauritanie, Sénégal, Soudan		8 10
Madagascar.		9 60
Cochinchine		11 25
Tonkin		11 75
Nouvelle-Calédonie		9 15

SERVICE TÉLÉGRAPHIQUE A L'INTÉRIEUR

Bureaux ouverts au service télégraphique

Absalon. — Ajoupa-Bouillon. — Anses-d'Arlets. — Balata. — Basse-Pointe. — Bellefontaine. — Carbet. — Case-Pilote. — Colson. — Diamant. — Ducos. — Fonds-Lahaye. — Fonds-Saint-Denis. — Fontaine-Didier. — Fort-de-France. — François. — Grand-Rivière. — Gros-

Morne. — Lamentin. — Lazaret. — Lorrain. — Ma-
couba. — Marigot. — Marin. — Morne-des-Cadets. —
Morne-Rouge. — Morne-Vert. — Petit-Bourg. — Poterie.
— Prêcheur. — Redoute. — Rivière-Pilote. — Rivière
Salée. — Robert. — Sainte-Anne. — Saint-Esprit. —
Saint-Joseph. — Sainte-Luce. — Sainte-Marie. — Saint-
Pierre. — Schœlcher. — Tivoli. — Tracée. — Trinité.
— Trois-Ilets. — Vauclin.

Taxe par mot

0 fr. 50 par télégramme de 15 mots.
0 fr. 05 par mot en sus de 15 mots.

SERVICE TÉLÉPHONIQUE

Bureaux ouverts au service

Absalon. — Ajoupa-Bouillon. — Alma. — Anses-
d'Arlets. — Balata. — Basse-Pointe. — Bellefontaine.
— Carbet. — Case-Pilote. — Colson. — Diamant. —
Ducos. — Fonds-Lahaye. — Fonds-Saint-Denis. —
Fort-de-France. — François. — Grand-Rivière. — Gros-
Morne. — Lamentin — Lazaret. — Lorrain. — Macouba.
— Marigot. — Marin. — Morne-des-Cadets. — Morne-
Rouge. — Morne-Vert. — Petit-Bourg. — Poterie. —
Prêcheur. — Redoute. — Rivière-Pilote — Rivière-
Salée. — Robert. — Sainte-Anne. — Saint-Esprit. —
Saint-Joseph. — Sainte-Luce. — Sainte-Marie. — Saint-
Pierre. — Schœlcher. — Tivoli. — Trinité. — Tracée.
— Trois Ilets. — Vauclin.

Taxe des conversations

Urbaines. . . . . }
Dans le ressort d'un canton . . . . } par 3 minutes.
Entre bureaux de deux cantons. . . }

Cl. Juvanon.

BELLEVUE. — Hôtel du Gouverneur.

RENSEIGNEMENTS GÉOGRAPHIQUES

L'île de la Martinique fait partie du groupe des Antilles dont les îles se développent en arc de cercle depuis le Yucatan jusqu'à la côte Nord-Ouest du Venezuela. Elle se trouve par 14°24' et 14°53' de latitude Nord et par 63°9' et 63°35' de longitude Ouest du méridien de Paris. La Martinique est comprise parmi les Iles du Vent, elle est située entre la Dominique au Nord et Sainte-Lucie au Sud ; 22 milles la séparent de la première et environ 17 de la seconde. Elle est éloignée de 440 kilomètres seulement du continent américain et de 1.270 lieues marines de Brest. Sa plus grande longueur, du cap Saint-Martin à la Pointe des Salines, est de 66 kilomètres, sa largeur moyenne est de 30 kilomètres.

Mais, vers le Sud, l'île est presque disjointe par des baies qui s'avancent profondément dans les terres : à l'Ouest, la baie de Fort-de-France ; à l'Est, les havres du Robert et du François. Dans cette partie, sa largeur n'est plus que de 12 kilomètres. Sa superficie est légèrement inférieure à 988 kilomètres carrés (exactement 98.782 hectares), soit à peu près le double du département de la Seine.

La population de la Martinique est de 184.004 habitants (recensement du 20 octobre 1910), répartis en 31 communes. Le chef-lieu, Fort-de-France, est peuplé de 27.019 habitants.

Nature du sol

La géologie de l'île est trop peu connue, malgré les travaux de Moreau de Jonnès en 1814, Sainte-Claire Deville en 1843, Octave Hayot en 1880, etc., pour qu'il soit possible de traiter ce sujet avec une certitude suffisante.

Il faut attendre, pour pouvoir aborder la géologie détaillée de la Martinique, le résultat des recherches faites sur place, de 1902 à 1905, par M. Giraud qui doit consacrer une étude spéciale à cette importante question.

La seule affirmation que l'on puisse émettre à l'heure actuelle, c'est que la Martinique est d'origine essentiellement volcanique et que les éruptions les plus anciennes se sont manifestées dans la partie orientale de l'île. Les produits de ces anciennes éruptions ont formé la chaîne des mornes s'étendant de la Pointe des Salines au Gros-Morne et au Lorrain ainsi que les ramifications de cette chaîne passant par le Marin, le Vauclin, le Vert-Pré et la Caravelle.

Relief

La Martinique est de forme régulière ; elle offre l'aspect de deux péninsules unies par l'isthme qui est entre la baie du François et la baie de Fort-de-France ; le terrain s'élève graduellement depuis le littoral jusqu'au centre, où sont les montagnes.

Il est certain que son relief a subi, depuis son émersion des modifications très profondes à diverses époques, soit par suite des mouvements sismiques, soit surtout par l'action des éruptions volcaniques.

L'île est traversée dans le sens de son plus grand axe par une chaîne de montagnes qui forme deux massifs bien distincts : celui du Carbet au centre, celui de la montagne Pelée à l'extrême Nord. La région placée à l'Est de cette chaîne, quoique d'élévation moindre que les massifs du Carbet et de la montagne Pelée, présente encore des altitudes assez considérables. La montagne du Vauclin (505 mètres) en est le point culminant. De cette montagne rayonnent sur un parcours de quelques kilomètres plusieurs chaînons qui ont une altitude moyenne de 300 mètres. Cependant, la montagne du Diamant, à l'extrémité d'une de ces ramifications, domine la mer d'une hauteur de 478 mètres.

Les hauts sommets, les Pitons du Carbet, ont respectivement 1.207 et 1.161 mètres. Avant l'éruption de 1902, la montagne Pelée s'élevait à 1.351 mètres, sa hauteur actuelle est de 1.370 mètres. On compte dans l'île cinq volcans éteints et un en activité, tristement célèbre, la montagne Pelée.

Configuration des côtes

Les côtes de la Martinique sont pauvres en accidents topographiques, si l'on en excepte cependant la côte Est. Cette partie de la côte, incessamment assaillie par la mer que poussent contre elle les violentes brises du Nord-Est, se creuse et s'effrite sous l'action des vagues qui y ont découpé des criques et des baies hérissées de promontoires aigus. Cette côte, bordée d'îlots et d'écueils est, en outre, garnie de récifs coralliens qui en rendent l'accès difficile en temps ordinaire, et dangereux lorsque le vent souffle avec force du large. La presqu'île de la Caravelle qui la partage s'avance jusqu'à douze kilomètres en mer; une langue de terre d'un kilomètre à peine la rattache à la terre ferme A partir de la Caravelle, jusqu'à la pointe du Vauclin, la côte est extrêmement découpée; on rencontre d'abord le havre du Robert, puis le cul-de-sac du François et enfin la baie du Vauclin. Des bancs de coraux appelés « Cayes ou Loups », disséminés dans ces parages à plusieurs kilomètres au large, rendent la navigation très dangereuse.

Au Sud-Est, on remarque une profonde échancrure de la côte qui forme la baie du Marin. Enfin, après avoir doublé le cap du Diamant et le cap Salomon, on pénètre dans la grande baie de Fort-de-France, la plus belle des Antilles.

FORT-DE-FRANCE.

« Nous sommes à Fort-de-France, la résidence offi-
« cielle du gouverneur et le siège du gouvernement de
« la Martinique.

« Jetons d'abord un coup d'œil sur le paysage qui
« certes en vaut la peine.

« L'horizon est découpé par des mornes et des pitons
« d'un vert intense. Entre parenthèse, un morne, c'est
« une haute colline, presque une montagne; un piton
« c'est un morne en pyramide ou en pain de sucre.

« Au pied des mornes, et descendant d'étage en étage,
« des carrés plantés de cannes, ici d'un vert éclatant, là
« de nuances de moins en moins vives, selon leur degré
« de maturité; des villas blanches et roses au milieu
« de bocages touffus; tout au bord de la mer une
« savane, autrement dit une prairie, ombragée par
« l'épais feuillage des manguiers et des sabliers; au
« milieu la blanche statue de l'impératrice Joséphine,

« entourée de hauts palmiers, droits comme des I, cou-
« ronnés de leurs superbes panaches ; aux abords de la
« savane, une ville paisible et proprette, dont les rues
« sont tirées au cordeau, et qui doit à l'un de ses gou-

Cl. Juvanon.

Vue générale de Fort-de-France.

« verneurs, l'amiral de Gueydon, l'avantage inappré-
« ciable sous les tropiques d'avoir de l'eau en abondance
« en toute saison et tous les jours, à l'exception du jeudi
« matin, réservé au curage. Bref, une ville bâtie à la
« française au pied d'un immense parc anglais, voilà
« Fort-de-France.

« Nous allons faire la première excursion que recom-
« manderait un Guide des touristes, s'il y avait un
« Guide des touristes à la Martinique, une visite au
« camp de Balata et à la fontaine Absalon.

« Le camp de Balata s'élève sur la côte qui mène aux
« pitons, et d'où part la « Trace », route pittoresque de
« Fort-de-France à Saint-Pierre.

« C'est le sanatorium de la garnison. La fontaine
« Absalon est une source d'eau thermale.

« Nous avions visité la Jamaïque et l'isthme de Panama
« et nous venions de la côte de Venezuela ; eh bien !
« avant d'être descendu à la fontaine Absalon, nous ne
« nous faisions pas la moindre idée de la puissance de la
« végétation des tropiques. Il y avait là des bambous
« hauts comme des peupliers et des fougères arbores-
« centes dont les feuilles finement découpées auraient
« recouvert les larges panaches des palmiers.

« Une merveille qui vaudrait à elle seule le voyage
« des Antilles ! » (1).

* *

Fort-de-France — autrefois Fort Royal — tire son
nom du fort qui domine la ville et.en défend l'approche.

Située par 14°36'7" de latitude N. et 63°24'24" de longitude O., la ville s'élève au fond d'une baie profonde et
vaste qui constitue une rade magnifique et d'un accès
facile, au pied des mornes Bellevue, Cartouche et Garnier,
ce dernier couronné par le fort Desaix, ancien fort
Bourbon.

Cette position très favorable l'a fait désigner comme
point d'appui de la flotte ; la rade peut offrir un abri sûr
à de nombreuses escadres.

Fort-de-France, qui est le chef-lieu de la Martinique,
depuis 1680, est donc avant tout un port : port de commerce et port de guerre.

Mais c'est aussi une jolie ville, plaisante à l'œil et sédui-
sante. Les rues sont larges et régulières ; les maisons,

(1) *A Panama*, par G. de Molinari, correspondant du *Journal
des débats*. 1 vol. 1886. Ed. Guillaumin.

élégantes, sont d'une architecture qui rappelle celle des constructions des petites villes bretonnes ou normandes et ont fort peu le caractère colonial qu'on s'attendrait à y rencontrer. On sent ici, comme du reste on le sentait à

Mairie de Fort-de-France.

Saint-Pierre, l'influence des marins, premiers occupants européens.

Les fenêtres éclairant ces maisons sont dépourvues de vitres et ne sont généralement closes que par des jalousies en bois, laissant libre circulation à l'air et à la brise de mer.

La ville, chef-lieu du gouvernement, d'un arrondissement et d'un canton, comptait 27.019 habitants au dernier recensement.

Un désastreux incendie en détruisit les trois quarts en 1890 ; aussi paraît-elle neuve.

Elle bénéficia dans une certaine mesure de la disparition de Saint-Pierre en 1902, car si Fort-de-France était la capitale, Saint-Pierre était le chef-lieu commercial de l'île.

De jolies maisons et de charmantes villas ont escaladé déjà les mornes Bellevue et Cartouche et des constructions nouvelles, dont le nombre va chaque jour croissant, peuplent la plaine de la Dillon, depuis la baie du Carénage jusqu'à la rivière Monsieur.

Fort-de-France offre au nouveau venu le spectacle le plus animé et le plus pittoresque.

Le matin, son marché bruissant comme une ruche, le soir la grande place de la ville « la Savane » remplie de promeneurs paisibles venant jouir d'une fraîcheur relative ; ses habitants aux types variés, depuis le blanc le plus pâle jusqu'au nègre le plus noir, donnent une sensation d'activité, de travail et de bien-être général.

On peut jouir de la vue d'ensemble de la ville en montant au Calvaire ou à Bellevue.

Le coup d'œil embrasse la rade, et l'on domine la ville dont on aperçoit les principaux monuments.

Au nombre de ceux-ci sont l'Eglise, les hôpitaux civils et militaires, la Bibliothèque Schœlcher, l'Hôtel de Ville, le Palais de Justice, les Ecoles, l'Arsenal, etc.

Deux statues sont à voir, celle de l'Impératrice Joséphine (sur la Savane) dont le regard est orienté vers la commune des Trois-Ilets, où elle naquit, et celle de Victor Schlœcher (place Barré, en face du Palais de Justice) sur le socle de laquelle sont gravés ces mots :

« Aucune terre française ne peut plus porter d'esclaves » (1).

(1) La statue de l'Impératrice Joséphine est de Vital Debray, celle de Schœlcher est de Marquet de Vasselot.

Fort-de-France est le centre d'excursions obligatoire —
et fort agréable d'ailleurs — de tout touriste désireux de
connaître la Martinique.

Au retour de ses randonnées plus ou moins pénibles,

Cl. Juvanon.

FORT-DE-FRANCE. — Statue de Schœlcher.

Le voyageur y trouvera la vie, l'animation, les coutumes
françaises, des hôtels confortables, des cafés luxueux, des
promenades où la musique se fait entendre.

Il n'y manque pour être comparée à nos stations esti-
vales les plus réputées qu'un syndicat d'initiative.

Schœlcher, 3.603 habitants (poste, télégraphe, téléphone), à 5 kilomètres de Fort-de-France. Bourg habité
par des pêcheurs. Culture de canne à sucre et de cacaoyers.
Lieu de villégiature des habitants de Fort-de-France.
Bains de mer.

Saint Pierre, ancien chef lieu d'arrondissement et de deux cantons. La reine des Antilles, peuplée en 1901 de 25.792 habitants, a été anéantie en 1902, par l'éruption de la montagne Pelée.

Considérée comme un volcan éteint, la montagne Pelée, dont les derniers phénomènes d'activité remontaient à 1792 et à 1851 et n'avaient consisté qu'en manifestations insignifiantes, qui n'avaient soulevé aucune émotion, s'éveilla soudainement et en quelques secondes, le 8 mai 1902, Saint-Pierre, ville d'affaires et de plaisir, la plus riche, la plus commerçante, la plus peuplée des Antilles françaises, qui excitait l'enthousiasme de tous ceux qui la visitaient, ne fut qu'un amas de ruines et de débris embrasés, au milieu desquels, spectacle terrifiant d'horreur, crispés, recroquevillés, grillés, apparaissaient çà et là les cadavres de ceux-là qui, hier encore, regardaient fumer la montagne, sans trop d'inquiétude.

La lecture d'une partie du discours prononcé à la séance publique annuelle de l'Institut de France de 1908, par M. H. Lacroix, l'éminent savant que l'Académie des sciences avait envoyé étudier l'éruption de la Martinique, retracera mieux que nous ne pourrions le faire, cette épouvantable catastrophe, l'une des plus tragiques de l'histoire du monde.

« Au début d'avril, dit-il, des signes précurseurs d'ac-
« tivité se manifestent dans le vieux cratère de l'Etang
« Sec ; des projections de cendres fines ne tardent pas à
« se produire ; elles deviennent bientôt plus intenses.
« D'objet de curiosité qu'il était tout d'abord, le réveil
« du volcan commence à se transformer en sujet d'in-
« quiétude ; des symptômes plus graves se précipitent.
« Nous sommes à la veille de la catastrophe.

« Le soir du 8 mai, un navire étrange entrait dans le
« port de Sainte-Lucie, petite île située au Sud de la Mar-
« tinique ; c'était une coque de fer, dépouillée de ses
« mâts, fumant de toutes parts, bien que paraissant

« revêtue d'un manteau de neige. Sur son pont, encom-
« bré de débris, se traînaient avec peine quelques loques
« humaines.

— « Qui êtes-vous et d'où venez-vous ? cria-t-on de la
« foule anxieuse, amassée sur les quais.

— « Ne nous reconnaissez-vous pas ? répondit une

Cl. Juvanon.

Vue des ruines de Saint-Pierre.

« voix angoissée, sortant de ce vaisseau-fantôme. Nous
« venons des portes de l'Enfer. Vous pouvez télégraphier
« au monde que Saint-Pierre n'existe plus !

« Ce n'est point là un conte d'Edgar Poe, c'est une
« histoire véridique, celle du commandant du *Roraima*,
« ramenant du port de Saint-Pierre son équipage réduit
« à quelques mourants, derniers témoins d'un drame
« invraisemblable, mais cependant vrai.

« Le matin de ce même jour, vers huit heures, alors
« qu'une haute colonne de vapeurs et de cendres s'élevait
« dans un ciel pur, un formidable grondement s'était
« fait subitement entendre, et du cratère était parti dans
« la direction de la plaine une masse énorme, grise, à
« aspect moutonné, sillonnée d'éclairs. Elle bondit sur
« la ville ; sous son choc, tous les navires en rade furent
« coulés ou donnèrent de la bande ; puis ce fut une obs-
« curité brûlante. Cette étrange nuée balaya la ville de
« son souffle embrasé pour s'arrêter à quelques kilo-
« mètres plus loin, repoussée par un violent vent de
« retour.

« On a raconté qu'un matelot précipité à la mer, après
« avoir plongé à plusieurs reprises pour échapper aux
« brûlures de la cendre, constata avec stupeur, une fois
« revenu à lui, que la ville n'existait plus. Ce récit est à
« peine exagéré.

« La nuée n'avait pas mis une minute pour effectuer
« sa course et exercer ses ravages ; la majeure partie de
« la cité, la plus rapprochée du volcan, avait complète-
« ment disparu ; elle était transformée en une plaine
« ondulée, couverte de débris volcaniques. Le reste de
« Saint-Pierre était en ruines et ne formait plus qu'un
« vaste brasier.

« 28.000 cadavres, ceux de la population tout entière,
« étaient couchés sous les décombres, ou achevaient de
« se consumer à la surface. Si bien délimitée avait été
« l'action de la nuée destructrice et si mortelle son
« étreinte, qu'à peine 160 blessés ont été recueillis sur
« sa lisière et deux seulement dans la ville même !

« La nuée avait laissé sa trace enregistrée dans les
« décombres, en respectant en partie les murs parallèles
« à sa trajectoire. Celles des infortunées victimes, qui
« n'avaient pas été écrasées ou mutilées, avaient été
« asphyxiées sur l'heure par les vapeurs et les cendres
« brûlantes.

« Ce terrifiant phénomène, nouveau pour le volca-
« nisme ou plutôt pour la première fois constaté, devait
« rester énigmatique jusqu'à ce que, quelques mois plus
« tard, sa réapparition m'eût permis d'en faire une étude
« approfondie.

« Je ne puis, à six ans de distance, me souvenir sans
« émotion d'un épisode, parmi beaucoup d'autres, de
« cette campagne si riche en spectacles tragiques et en
« impressions violentes. C'était à la tombée du jour, un
« soir de janvier ; le dôme de lave, qui s'édifiait lente-
« ment dans le cratère, présentait des signes d'activité
« plus grande ; sa haute aiguille en voie d'ascension,
« semblable à un clocher de cathédrale, commençait à
« rougeoyer, se transformant ainsi en un phare aux pro-
« portions gigantesques. Monté sur le toit de la casemate
« qui devait nous servir de refuge en cas de danger,
« nous étions, Mme Lacroix, mon collaborateur, le capi-
« taine Perney et moi, attentifs à tout ce qui se passait
« au volcan. Brusquement, d'un point du dôme, bien
« connu de nous, nous vîmes surgir un globe moutonné,
« grisâtre, qui se précipita sur les pentes avec une prodi-
« gieuse rapidité. Paraissant d'abord aussi compact que
« de la pierre, il se gonfla aussitôt ; les volutes serrées
« dont il était formé, roulant les unes sur les autres à la
« surface du sol, se dilataient dans tous les sens. Une
« minute à peine s'était écoulée et le globe minuscule
« était devenu une muraille, marchant avec la vitesse
« d'un train rapide, une muraille de plus de 3 000 mètres
« de hauteur, qui s'allongeait et s'élevait toujours, pre-
« nant dans l'obscurité naissante des contours fantasti-
« ques, jusqu'à ce que, arrivée sur la mer, à plus de
« sept kilomètres de son point de départ, elle fut entamée
« par le vent, lentement dissociée et transformée en une
« vague chute de cendres, bientôt confondue avec la
« nuit.

« C'était une nuée ardente, une de ces nuées, que nous

« connaissions bien pour en avoir vu beaucoup déjà et
« souvent de fort près. Nous savions ce que renfermaient
« ses flancs : de la vapeur d'eau, des gaz. de la cendre,
« des pierres menues et des blocs cyclopéens ; nous con-
« naissions sa haute température, les actions mécaniques
« dont elle est capable et nous mesurions sa vitesse.
« Nous étions loin de son atteinte, et cependant, comme
« si tout cela était nouveau pour nous, étreints par la
« même impression, nous restions silencieux dans le
« silence qui nous enveloppait, silence seulement inter-
« rompu par les lointains hurlements de terreur de
« quelques nègres, revenus dans la campagne désertée.
« Nous ne pouvions arracher nos regards et notre pensée
« à la fois de la plaine grise de Saint-Pierre s'étendant
« à nos pieds, et de cette nuée qui, dans sa marche
« majestueuse, synthétisait pour nous l'image de la mort
« implacable et portait en elle la solution définitive du
« redoutable problème dont l'étude m'attachait à la Mar-
« tinique. »

ANCIEN CANTON DE SAINT-PIERRE (FORT)

Le Prêcheur, 1.456 habitants (poste, télégraphe, téléphone, bateaux).

Enseveli sous la cendre et sous la lave de la montagne
Pelée, ce bourg qui avait une certaine importance lorsque Saint-Pierre existait, n'est plus à l'heure présente
qu'un embryon de bourg qui revivra de sa vie d'autrefois, si Saint-Pierre renaît.

Tout proche, le village des Abymes.

On y observe les coulées de lave et les amas de cendres
de la montagne Pelée.

Morne-Rouge, 1.407 habitants (poste, télégraphe, téléphone).

(1) Les cantons de Saint-Pierre ont été supprimés et rattachés
à celui du Carbet.

Comme le Prêcheur, le bourg du Morne-Rouge, qui
était le lieu de plaisance des habitants de Saint-Pierre, a
été entièrement détruit par une des éruptions de la montagne Pelée, en 1902. Admirablement situé sur les hau-

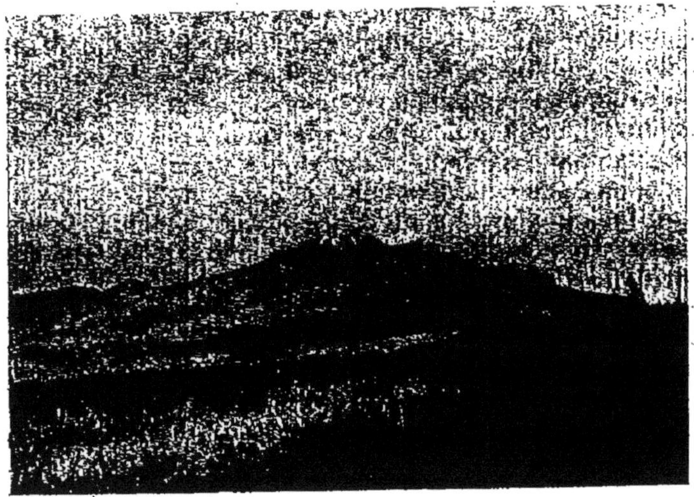

Cl. Juvanon.

Mont Pelé.

teurs qui dominent Saint Pierre, il renaît rapidement
et dans quelques années des villas semblables à celles
d'autrefois, noyées comme leurs aînées dans les roses et
la verdure, en feront de nouveau un délicieux séjour.

CANTON DE SAINT-PIERRE (MOUILLAGE)

Le Carbet, 6.638 habitants (poste, télégraphe, téléphone, gendarmerie, bateaux).

Certains auteurs veulent que Christophe Colomb ait

débarqué en ce lieu le 11 novembre 1493, mais il semble établi aujourd'hui que c'est seulement le 15 juin 1502 qu'il y aborda. C'est encore là, près de l'embouchure de la rivière du même nom que débarquèrent, en 1635, les premiers colons français conduits par d'Esnambuc.

Ce bourg, qui est appelé à devenir incessamment le chef-lieu d'un canton qui remplacera ceux de Saint-Pierre-Mouillage et Saint-Pierre-Fort, avait été évacué à la suite de l'éruption de la montagne Pelée en 1902, depuis, il a non seulement repris son activité d'autrefois, mais a vu s'accroître son importance par suite de la disparition de Saint-Pierre.

Il fut autrefois un centre de commerce d'exportation de bois pour la construction et pour la marine. On citait les forêts du Carbet qui avaient 24 kilomètres de longueur, comme les plus belles de l'île. Les plus grands et les plus beaux arbres dont elles se composaient étaient les gommiers, les balatas, les fromagers gigantesques, les figuiers sauvages et les courbarils Hélas, tout cela a disparu non seulement sous le souffle brûlant de la montagne Pelée, mais sous la hache meurtrière que, sans pitié, meut la main imprévoyante des hommes qui feront un jour de la Martinique un sol incapable de les nourrir.

Fonds-Saint-Denis, 1.241 habitants (poste, télégraphe, téléphone).

Ce bourg est bâti dans un site riant, en même temps que très pittoresque. Fort éprouvé par la catastrophe de 1902, il renaît et les cultures vivrières qui l'environnent donnent l'illusion d'un immense jardin.

Tout proche, l'observatoire du Morne-des-Cadets (519 mètres d'altitude).

Case-Pilote, 2.687 habitants (poste, télégraphe, téléphone, bateaux).

Construit au bord de la côte qui s'étend de Fort-de-France à Saint-Pierre, ce petit bourg est peuplé de pêcheurs. Aux alentours, à part la canne à sucre, on cultive le maïs, le manioc et les patates.

CANTON DU LAMENTIN

Le *Lamentin* (C.), 10.273 habitants (poste, télégraphe, téléphone, gendarmerie, bateaux). Bourg situé à 12 kilomètres de Fort-de-France sur la rivière à laquelle il a donné son nom et qui se jette dans la baie de Fort-de-France.

Important par ses marchés : on y vend surtout des végétaux, des fruits, tels que bananes, ananas, ignames, etc...

Centre usinier de premier ordre, on y fabrique du sucre, du rhum, du tafia et de la chaux.

Saint-Joseph, 8.045 habitants (poste, télégraphe, téléphone, gendarmerie), à 12 km. 417 de Fort-de-France (240 m. d'altitude). Culture de la canne à sucre et fabrique de rhum.

CANTON DU SAINT-ESPRIT

Le *Saint-Esprit* (C), 7.596 habitants (poste, télégraphe, téléphone, gendarmerie), à 25 kilomètres S.-E. de Fort-de France. Canton agricole et commercial important dont dépendent :

1o *Ducos*, 5.130 habitants (poste, télégraphe, téléphone), à 19 kilomètres de Fort-de-France. Centre de culture de canne à sucre et d'élevage de bovidés ;

2o *François*, 13.233 habitants (poste, télégraphe, téléphone, bateaux), à 9 km. 295 N.-E. du Saint-Esprit et à 26 km. 309 de Fort-de-France. Centre usinier et port de commerce dont le développement continu augmente constamment la population. Plantations de canne à sucre. Fabriques de sucre et de chaux ;

3° *Rivière-Salée*, 8.685 habitants (poste, télégraphe, téléphone, bateaux), à 7 km. 500 du Saint-Esprit. A 4 kilomètres S.-E. de la baie de Fort-de-France à laquelle il est relié par un canal de 5 kilomètres.

Le bourg se divise en Grand-Bourg et Petit-Bourg. Il possède de très importantes plantations de canne à sucre qui alimentent des distilleries et des fabriques de sucre.

CANTON DU DIAMANT

Le *Diamant* (C.), 2.566 habitants (poste, télégraphe, téléphone, gendarmerie, bateaux), à 38 kilomètres Sud de Fort-de-France. Petit port situé dans la baie de ce nom et fréquenté par les navires de commerce qui vont y prendre des chargements.

En face se trouve l'original rocher du Diamant qui semble avoir surgi brusquement des eaux : îlot aride aux parois presque partout verticales, il sert d'habitat à tout un peuple d'oiseaux de mer qui y pondent quantités d'œufs consommés par les habitants de la côte ferme et y laissent un guano, jusqu'à ce jour inutilisé.

Les Anglais occupèrent jadis ce bloc énorme qu'ils baptisèrent Corvette et qui figura sur les registres de l'Amirauté sous le nom de H. M. S. Diamond Rook. Ils y hissèrent canons, munitions et vivres, le transformant en véritable petit fortin destiné à commander l'entrée du canal de Sainte-Lucie. Ils en furent chassés par les Français (voir Sidney Daney, *Histoire de la Martinique,* 1846). Un officier anglais y fût enseveli et on y montre encore sa tombe.

Anses d'Arlets, 3.211 habitants (poste, télégraphe, téléphone, bateaux). Petit port noyé dans la verdure près duquel se trouvent de jolies plages où il fut question d'installer des bains de mer. Pêcheries. Elevage de bovidés.

Trois-Ilets, 4.017 habitants (poste, télégraphe, téléphone, bateaux). Lieu de naissance de l'impératrice Joséphine. Dans l'église du bourg, on remarque le tombeau de sa mère.

A proximité : La Poterie, fabrique de briques, tuiles et poteries vernissées, appartenant à M. Gabriel Hayot, descendant d'une vieille famille de colons européens Cette fabrique et l'exploitation agricole de M. Hayot font vivre la population entière des Trois-Ilets.

Sainte-Luce, 2.123 habitants (poste, télégraphe, téléphone). Petit port de pêche.

CANTON DU MARIN

Le *Marin* (C.), 4.908 habitants (poste, télégraphe, téléphone, gendarmerie, bateaux), à 45 kilomètres. S. E. de Fort-de-France. Petit port de commerce situé au fond d'une assez jolie baie qui porte son nom. Plantations de canne à sucre et fabrique de sucre.

Tout près, à 7 km. 375, presque à l'entrée de la baie du Marin, on trouve le petit port de :

Sainte-Anne, 3.329 habitants (poste, télégraphe, téléphone, bateaux), où vit une population de pêcheurs. On y fait l'élevage de moutons dits « Prés Salés ».

A proximité de ce bourg il existe des gisements assez importants de concrétions calcaires appelées dans le pays « roches à ravets ». A quelques kilomètres au sud, se trouve une assez vaste étendue de terrain dénommée « Savane des pétrifications » où l'on recueille quantité de fossiles et de bois fossilisés.

Rivière-Pilote, 10.036 habitants, à 8 km. du Marin (poste, télégraphe, téléphone, gendarmerie). Bourg pittoresque, proche de la mer. Cultures de cannes aux environs.

Vauclin, 7.995 habitants (poste, télégraphe, téléphone, gendarmerie, bateaux), à 12 kilomètres du Marin. Centre usinier. Vastes champs de canne à sucre. Fabrique de sucre et de rhum.

CANTON DE BASSE-POINTE

La *Basse-Pointe* (C.), 3.034 habitants (poste, télégraphe, téléphone, gendarmerie, bateau). Ce bourg est situé dans la partie de l'île la plus belle et la plus pittoresque. Le territoire qui l'entoure est d'une grande fertilité et d'une non moins grande salubrité.

On y cultive des vivres du pays, la canne à sucre, le cacao et le café.

On y fabrique du sucre et du rhum.

Avant 1902, le port de Basse-Pointe avait une jetée qui permettait aux petites embarcations de se mettre à l'abri pour effectuer leurs opérations de chargement et de déchargement, mais les laves de la montagne Pelée et les apports de la rivière de Basse-Pointe ont comblé le débarcadère et détruit la jetée.

Le *Macouba*, bourg de 1.370 habitants (poste, télégraphe, téléphone). Autrefois centre de culture d'un tabac très apprécié. Il est situé sur la partie rocailleuse de l'île et la rivière qui porte son nom est des plus pittoresques.

Grand'Rivière, 1.178 habitants (poste, télégraphe, téléphone, bateaux). Ce bourg qui se trouve à l'extrême Nord de l'île eut non seulement à souffrir de l'éruption de la montagne Pelée, mais aussi de la rivière dont il porte le nom et qui se jette dans l'Océan après l'avoir traversé ; à maintes reprises cette rivière a tout renversé sur son passage, sortant de son lit ou en changeant suivant le volume et l'impétuosité de ses eaux.

Les hauteurs qui dominent Grand'Rivière, dont les environs sont d'un pittoresque remarquable, sont couvertes de belles plantations de cacaoyer.

Ajoupa-Bouillon, 835 habitants (poste, télégraphe, téléphone). Détruit complètement par l'éruption du Mont Pelé, ce petit bourg tend à renaître.

Lorrain, 6.774 habitants (poste, télégraphe, téléphone, gendarmerie). Situé au bord du rivage où déferlent impétueusement les vagues de l'Océan. Ce bourg n'est pas proprement dit un port. C'est le centre de cul-

Cl. Juvanon.

Vue de Sainte-Marie.

tures très fertiles et d'importantes plantations de cacaoyers.

Marigot, 2.272 habitants (poste, télégraphe, téléphone, bateaux). Ce bourg est étagé au fond d'un petit cul-de-sac où l'on atterrit plus ou moins facilement suivant l'état de l'Océan.

CANTON DE TRINITÉ

La *Trinité* (C.), 6.087 habitants (poste, télégraphe, téléphone, gendarmerie, bateaux).

Situé sur la côte orientale de l'île, au fond de la baie du même nom formée par la presqu'île de la Caravelle; ce bourg possède un bon port qui pourrait être amélioré par des dragages appropriés, mais dont les abords sont malheureusement difficiles et même dangereux parce que toute la côte orientale martiniquaise est très escarpée et bordée de rochers madréporiques.

La Trinité a connu la prospérité avec la navigation à voile. Après la disparition de Saint-Pierre, on a bien songé à faire d'elle le centre commercial de l'île, mais les efforts ont été vains. En effet, seul Fort-de-France, avec sa rade sûre où peuvent entrer de nuit comme de jour les navires de fort tonnage, peut être le centre commercial.

Ville bien bâtie, dont les principaux établissements industriels sont des entreprises de transports, des fabriques de sucre et de rhum.

La Compagnie Générale Transatlantique y a installé un dock flottant qui sert à l'embarquement et au débarquement des marchandises.

A proximité, on remarque la Caravelle, rocher ressemblant au bateau dont il porte le nom.

Sainte Marie, 10.505 habitants (poste, télégraphe, téléphone, gendarmerie, bateaux). Bourg à l'air modeste, mais propret, situé au N.-N.-E. de l'embouchure de la rivière du même nom. Les habitations ne sont pas agglomérées mais disséminées : elles portent soit le nom de leur propriétaire, soit celui des grands établissements industriels, sucreries, distilleries, formes.

Point assez pittoresque. En face, l'îlot de Sainte-Marie

Le *Robert*, 8.594 habitants (poste, télégraphe, téléphone, bateaux). Pittoresquement situé sur les bords d'une petite baie, ce bourg voit se développer sa prospérité, qui ne fait qu'augmenter grâce à son bon port qu'il serait indispensable d'améliorer par de sérieux dragages. A proximité sont installées des rhummeries considérables.

Le Gros-Morne, 8.757 habitants (poste, télégraphe, téléphone, gendarmerie).

Construit sur un point culminant, ce bourg domine le versant N.-E. de l'île du côté de Trinité. Ventilé, il est

Cl. Juvanon.

Vue de Trinité.

par son altitude (240 mètres) un des points les plus sains de l'île. Sur le territoire qui l'entoure se trouvent de nombreuses plantations de canne à sucre et des cultures vivrières.

EXCURSIONS

De Fort-de-France à Saint-Pierre par Balata, l'Alma, les Deux-Choux, Fonds-Saint-Denis (route n° 1) et retour par mer.

Première excursion

Durée du trajet et arrêts principaux :
Départ de Fort-de-France 5 h 1/2 (mardi, vendredi et dimanche) :

A 7 heures. Camp de Balata ;
A 7 h. 1/2. Etablissement thermal d'Absalon ;
8 h. 1/2. Camp de Colson ;
9 heures. Refuge de l'Alma. Petit déjeuner au refuge sur le bord de la rivière ;
10 heures. Deux-Choux. Refuge.
11 heures. Fonds-Saint-Denis ;
11 h. 1/2. Observatoire du Morne-des-Cadets ;
1 heure. Saint-Pierre. Déjeuner. Hôtel restaurant. Visite de l'ancienne ville.
4 heures. Départ pour Fort-de-France par mer.
Arrivée à 6 heures.

A 9 km. 500. Camp militaire de Balata. Vue magnifique sur Fort-de-France et sa rade et sur la partie Sud de l'île.

Après avoir quitté le camp, la route est en palier sur 2 kilomètres. Au 11ᵉ kilomètre quitter la route n° 1 et prendre sur la gauche le chemin qui conduit à l'établissement thermal d'Absalon (1 km. 200), 350 mètres d'altitude. L'eau, dont la température est de 37 degrés centigrades, peut être rangée parmi les eaux acidulées bicarbonatées mixtes et ferrugineuses ; elle se rapproche assez des eaux minérales du Mont-Dore, elle est recommandée aux malades atteints d'anémie, de cachexie palu-

déenne, et de rhumatismes. Cascade d'Absalon. Puis
revenir à la route n° 1, qui monte dans une vallée très
pittoresque où une végétation luxuriante faite de fougè-

Cl. Juvanon.

Poste de l'Alma

res arborescentes gigantesques, de bambous prodigieux, etc... excite l'admiration.

Entre les bornes 14 et 15 : Trouée du Robert. A droite,
vue sur l'Océan Atlantique vers le Robert ; à gauche,
vue sur la mer des Antilles par la vallée de Didier.

Camp militaire de Colson.

On se rapproche des pitons du Carbet, au pied desquels la route s'allonge en serpentant depuis Colson jusque après le refuge de l'Alma.

Borne 16. Col Cadoré (510 mètres d'altitude), forte

descente en traversant le village de la Médaille (centre de sinistrés).

A la borne 18, le refuge de l'Alma et la rivière Blanche qui descend des Pitons du Carbet dont la masse imposante s'élève à 1.207 mètres d'altitude. Cassis pavé et passage à gué de la rivière.

De la borne 22, abri des Deux-Choux, la route descend assez rapidement en longeant la rivière du Carbet qui gronde au fond d'un ravin d'une grande profondeur ; sur les flancs de la montagne de chaque côté de la route, de nombreuses et belles cascades ajoutent au pittoresque des sites merveilleux environnants.

A la borne 30, village de Fonds-Saint-Denis dont les alentours cultivés font songer à un immense jardin. De ce point on peut atteindre, soit à pied, soit à cheval, l'Observatoire du Morne-des-Cadets (30 minutes d'ascension) d'où la vue s'étend sur la montagne Pelée, la mer des Antilles, les Pitons du Carbet, le Morne-Vert... spectacle magnifique.

Borne 34. Plantations Saint-James.

A la borne 36, le morne du Trouvaillant qui domine les ruines de Saint-Pierre. Vue générale sur l'ancienne reine des Antilles. Quelques toitures rouges qui émergent de l'amas de pierres et de débris de toutes sortes recouverts de broussailles et les principales artères déblayées donnent l'impression très nette que de la nécropole d'aujourd'hui renaîtra tôt ou tard l'enchanteresse d'hier. Visite des ruines de Saint-Pierre et retour à Fort-de-France par mer.

Nous recommandons tout spécialement cette excursion qui peut s'effectuer en voiture, en automobile, à bicyclette.

Cl. Juvanon.

Pitons du Carbet.

De Fort de-France au Gros-Morne (route n° 2), du Gros-Morne au Deux Choux (route n° 8) et retour par l'Alma et Balata (route n° 1).

Excursion n° 2

Départ de Fort-de-France :
6 heures du matin ;
6 h. 1/4. Fort-Desaix ;
7 heures. Redoute ;
8 heures. Saint-Joseph ;
9 h. 1/2. Gros Morne. Petit déjeuner. Gendarmerie ;
11 h. 1/2. Deux-Choux. Déjeuner froid au refuge ;
2 h. 1/2. Alma. Refuge des ponts et chaussées ;
3 heures. Colson ;
3 h. 1/2. Balata ;
4 h. 1/2. Fort de-France.

De Fort de-France au Gros-Morne, la route s'élève en serpentant sur 4 kilomètres jusqu'à la Chapelle de la Redoute (210 mètres d'altitude).

Après la borne n° 1, lorsqu'on a dépassé le Quartier Gerbault de l'artillerie coloniale, quitter la route et monter au Fort Desaix (ancien fort Bourbon) d'où l'on a une vue magnifique sur la ville et la baie de Fort-de-France. Horizon très étendu.

De la redoute au bourg de Saint-Joseph, traversée des rivières Monsieur et Jambette. Aspect curieux de l'église.

Entre Saint-Joseph et le Gros-Morne, route accidentée, nombreuses descentes et montées assez dures, traversée de la rivière Blanche et de la Lézarde.

Du Gros-Morne (altitude 240 mètres), point d'où l'on domine le N.-E. de la Martinique et d'où la vue s'étend du côté de l'Atlantique, aux Deux-Choux, la route n° 8, l'une des plus élevées de la colonie, traverse une petite agglomération dite du « Calvaire ». Montée permanente jusqu'au Morne Bellevue (altitude 740 mètres).

La route est des plus pittoresques, coup d'œil magnifique sur la partie sud de l'île, sur les versants des affluents de la rivière Lézarde. Panorama sur le Fonds-Marie-Reine, affluent de naissance de la rivière du Lorrain. Crête de Bellevue (710 mètres d'altitude).

De l'agglomération du Calvaire aux Deux-Choux, route déserte en région boisée.

Refuge des Deux-Choux à la croisée des routes n° 8 et n° 1 et situé au pied et au Sud du Piton Gelé.

(Des Deux-Choux à Fort-de-France, v. l'Exc. préc.).

De Fort-de France à Grand'Rivière par Saint-Pierre (voie de mer), Morne-Rouge, Ajoupa-Bouillon (route n° 6), Basse-Pointe, Macouba (route n° 9) et retour.

Excursion n° 3

Départ de Fort-de-France à 6 heures du matin par mer (mardi, vendredi et dimanche) :

8 heures. Saint-Pierre. Petit déjeuner à l'hôtel ;
9 h. 1/2. Morne-Rouge ;
11 h. 1/4. Ajoupa-Bouillon ;
12 h. 1/2. Basse-Pointe. Déjeuner gendarmerie ;

Cl. Juvanon.

Grand'Rivière.

Départ 1 h. 1/2 :
2 h. 1/2. Macouba ;
3 h. 3/4. Grand'Rivière ;
5 h. 1/2. Macouba ;
6 h. 1/2. Basse-Pointe. Dîner, coucher.

Vers Trinité.
Départ de Basse-Pointe à 6 heures ;

6 h. 1/2. Rivière-Capot ;
8 heures. Lorrain ;
8 h. 1/2. Marigot ;
9 h. 1/2. Sainte-Marie ;
10 h. 1/2. Trinité. Déjeuner :

Retour à Fort de-France en voiture, à 3 h. 1/2, par Gros-Morne et Saint-Joseph ou le samedi par bateau du Nord (emporter déjeuner froid).

De Fort-de-France à Saint-Pierre par mer.

De Saint Pierre au Morne Rouge, la route nᵒ 6 longe la rivière et s'élève en serpentant jusqu'au Morne-Rouge pendant 6 km. 700. Sur la gauche domine de ses 1.350 mètres, la montagne Pelée, dont les flancs du cône sont couvertes de fumerolles. Le Morne-Rouge (altitude 410 mètres) était le lieu de plaisance des habitants de Saint-Pierre qui y possédaient de très jolies et luxueuses villas, noyées dans la verdure et les roses. Détruit par l'éruption du 30 août 1902, il renaît rapidement. Très joli site. Vue sur la mer des Antilles, le mont Pelé, dont on peut faire l'ascension, les Pitons du Carbet, l'océan Atlantique, etc...

Après l'Ajoupa Bouillon, la route, d'ailleurs très pittoresque sur tout son parcours, descend assez fortement jusqu'à un affluent de la rivière Capot, la rivière Falaise, que l'on traverse à gué, puis elle fait sa jonction avec la route nᵒ 9 (Trinité à Basse-Pointe) où l'on s'engage pour se diriger sur Grand'Rivière.

A la borne 33, le bourg de Basse-Pointe, qui se trouve dans la région la plus accidentée et la plus pittoresque de l'île, Rivière de Basse-Pointe : apports de cendres et de rochers dans son lit exhaussé de ce fait de près de 10 mètres.

A 5 kilomètres de Basse-Pointe, on traverse le bourg du Macouba, puis à gué la rivière du Macouba et l'on atteint Grand'Rivière, après avoir franchi également à gué la rivière de ce nom. La route est très accidentée de

Macouba à Grand'Rivière et le paysage est de toute
beauté,

De Grand'Rivière, il faut revenir à Basse-Pointe, d'où
l'on peut faire l'ascension de la montage Pelée.

De Basse-Pointe on peut se diriger sur Sainte-Marie
(remarquer l'îlot de Sainte-Marie) et Trinité (curieux
rocher de la Caravelle) et rentrer à Fort-de-France par
mer, ou par le Gros-Morne (route n° 2).

(Excursion actuellement impossible en automobile à
cause du passage des rivières et des rampes d'accès
Falaise, Basse-Pointe, Macouba, Saint-Pierre).

**De Fort-de-France à Sainte-Anne par le Lamentin, Ducos,
Petit-Bourg (route n° 3), Rivière-Pilote (route n° 18) et
le Marin (route n° 28).**

Excursion n° 4

Départ de Fort-de-France à 6 heures matin :
7 h. 1/2. Lamentin ;
8 heures. Ducos ;
8 h. 1/2. Petit-Bourg ;
10 h. 1/2. Rivière-Pilote ;
11 h. 1/2. Marin. Déjeuner gendarmerie ou maison
particulière ;
2 h. 1/2. Sainte-Anne ;
4 à 5 heures. Savane des pétrifications. Cul-de-sac des
Anglais ;
6 h. 1/2. Sainte-Anne ;
7 h. 1/2. Marin. Dîner, coucher.

Jusqu'à Petit-Bourg, la route n° 3 se déroule au milieu
des champs de cannes montant et descendant légèrement. A Petit-Bourg on prend la route n° 18, plus accidentée et en corniche, au milieu du parcours de laquelle
est la forte montée de la Régale (point pittoresque) ;
entre le bourg de Rivière-Pilote et la jonction de la route

nº 19, rochers en tuf volcanique dominant la route qui
passe à leur pied.

On traverse le Marin, bourg situé au fond d'une jolie
baie, et on atteint Sainte-Anne par la route nº 28.

De Sainte-Anne, aller à cheval à la Pointe des Salines,
au cul-de-sac des Anglais, à la Pointe d'Enfer, et à la
Savane des Pétrifications.

Retour le lendemain par mer à 7 heures du matin les
jeudi et lundi. Arrivée à Fort-de-France à 11 h. 1/2.

De Fort-de-France, Petit Bourg, Saint-Esprit, François, Marin, Rivière-Pilote

Excursion nº 5

Départ de Fort-de-France à 8 heures du matin par
mer. Bateau à vapeur.

PREMIÈRE JOURNÉE

10 heures. Petit-Bourg (usine) ;
10 h. 1/2. Saint Esprit ;
11 h. 1/2. François (usine). Déjeuner gendarmerie;
3 h. 1/2. Vauclin ;
4 h. 1/2. Marin. Dîner, coucher gendarmerie.

DEUXIÈME JOURNÉE

Départ du Marin à 6 heures matin.
7 heures. Rivière-Pilote (usine) ;
9 h. 1/2. Petit-Bourg. Déjeuner ;
12 heures. Départ du bateau pour Fort-de-France.
Arrivée à 2 heures.

On peut aller aussi : 1º de Fort-de-France à Trois-
Ilets où l'on remarque la maison natale de l'impératrice
Joséphine, et dans l'église du bourg, le tombeau de sa
mère

Fort-de-France aux Trois Ilets

Excursion nº 6

Par canot ou embarcation à vapeur de Fort-de France
au bourg des Trois Ilets. 1 heure de traversée.

Du bourg à l'habitation « La Pagerie »; 3/4 d'heure
de cheval.

L'excursion peut se faire dans une matinée avec retour
à Fort de-France.

De Fort-de-France aux Anses d'Arlets et au Diamant
(excursion au rocher du Diamant)

Excursion nº 7

Fort-de-France aux Anses-d'Arlet et Diamant.

Par mer jusqu'aux Anses d'Arlets en partant le mercredi ou le samedi, par vapeur, à 8 heures du matin de
Fort-de-France. En voiture ou à cheval jusqu'au Diamant.

Retour le jeudi ou le lundi à 9 h. 1/2 par mer avec le
bateau venant du Marin.

De Fort-de-France à l'établissement thermal de Didier
(à cheval ou à pied à 8 km. 600, 200 m. alt.)

Excursion nº 8

Cet établissement est situé dans une vallée profonde,
les environs en sont très pittoresques.

En voiture jusqu'au Tunnel (4 km. 600) ; à pied jusqu'à l'établissement thermal (4 kilomètres). Excursion
pouvant être faite à cheval. Une demi-journée.

La source de Didier qui comme celle d'Absalon sort du
massif des Pitons du Carbet, est plus rapprochée de Fort-
de-France dont elle est séparée de 8 km. 600. Son eau,
dont la température est de 35 degrés 1/2, diffère de celle

d'Absalon par l'infériorité de thermalité, l'absence d'iode, la plus grande quantité de chlorure sodique et de sulfate de potasse. Elle est recommandée contre l'anémie, la cachexie paludéenne et les rhumatismes.

De Fort-de-France à l'établissement thermal de Moutte
(50 m. alt., route nᵒ 34)

Excursion nᵒ 9

Route carossable sur tout son parcours (4 km. 020. Une demi-journée). La température de l'eau de Moutte est de 30 degrés. C'est une eau ferrugineuse, bicarbonatée manganésienne. Comme eau ferrugineuse elle est d'une richesse peu commune et se rapproche des eaux de Spa et d'Orezza et convient aux anémiés et aux convalescents.

Visites aux principales usines

Basse-Pointe avec l'excursion nᵒ 3.
Sainte-Marie avec l'excursion nᵒ 3.
François avec l'excursion nᵒ 6.
Lareinty avec l'excursion nᵒ 4.
Petit-Bourg avec l'excursion nᵒ 6.

GRANDE EXCURSION DU NORD

Fort-de-France, Saint-Joseph, Gros-Morne, Trinité, Sainte-Marie, Marigot, Lorrain, Basse-Pointe, Macouba, Grand'Rivière, Ajoupa-Bouillon, Morne-Rouge, Saint-Pierre.

PREMIÈRE JOURNÉE

Fort-de-France, Saint-Joseph, Gros-Morne, Trinité (déjeuner), Sainte-Marie, Marigot, Lorrain, Basse-Pointe (dîner, coucher).

DEUXIÈME JOURNÉE

Basse-Pointe, Macouba, Grand'Rivière (déjeuner).
Retour à Basse-Pointe (dîner, coucher).

TROISIÈME JOURNÉE

Basse-Pointe, Ajoupa-Bouillon, Morne-Rouge, Saint-
Pierre (déjeuner). Retour à Fort de-France à 4 heures
par bateau (les mardi, vendredi, dimanche). Arrivée à
Fort-de France à 6 heures.

GRANDE EXCURSION DU SUD

Fort de-France, Lamentin, Ducos, Petit-Bourg, Saint-
Esprit, Vauclin, Marin, Sainte-Anne, Rivière Pilote,
Sainte Luce, Diamant, Anses-d'Arlets, Trois-Ilets, Grand-
Bourg (Retour à Fort-de-France par mer).

PREMIÈRE JOURNÉE

Fort-de France, Lamentin, Ducos, Petit Bourg, Saint-
Esprit (déjeuner), Saint-Esprit, Vauclin, Marin, Sainte-
Anne, Marin (dîner, coucher).

DEUXIÈME JOURNÉE

Marin, Rivière-Pilote, Sainte-Luce, Diamant (déjeuner), Anses-d'Arlets, Trois-Ilets (dîner-coucher).

TROISIÈME JOURNÉE

Trois-Ilets, Rivière-Salée, Petit-Bourg (déjeuner). Rentrée à Fort-de-France à 12 heures par mer. Arrivée à
2 heures.

EXCURSION DU CENTRE

Fort de-France, Lamentin, François. Robert, Trinité, Gros-Morne, Vert-Pré, Lamentin, Fort de France.

PREMIÈRE JOURNÉE

Fort de-France, Lamentin, François (déjeuner), François, Robert-Trinité, Gros-Morne (dîner, coucher).

DEUXIÈME JOURNÉE

Gros-Morne, Vert-Pré, Lamentin (déjeuner). Retour par Fort de-France par mer à 2 heures. Arrivée à 3 heures.

Visite des ruines de Saint-Pierre et ascension de la montagne Pelée

Départ de Fort-de-France les mardi, vendredi et dimanche par vapeur à 6 heures du matin.

Arrivée à Saint-Pierre à 8 heures.

Hôtel restaurant sur le quai Bertin a proximité de l'appontement.

Départ l'après-midi à 4 heures par vapeur.

Arrivée à Fort-de France à 6 heures.

L'ascension de la montagne Pelée peut se faire par la rivière Blanche (versant de Saint Pierre) ou par les crêtes des versants de la rivière Falaise.

Par la rivière Blanche l'ascension se fait à pied, elle est difficile et dangereuse par suite de la forte inclinaison du versant et des nombreux blocs ératiques qui en roulant peuvent produire des avalanches.

Par les crêtes de la rivière Falaise (côté N.-E.) on peut aller au pied du volcan, à 1 kilomètre environ du cratère, avec des montures ; le dernier élément se fait facilement à pied.

On peut partir de la jonction des routes 6 et 9 près de l'usine Vivé.

La durée de l'ascension est d'environ 3 h. 1/2 pour la montée et 3 heures pour la descente.

GRANDE EXCURSION DU NORD

PREMIÈRE JOURNÉE

Départ de Fort-de-France :
De Fort de France à Saint-Joseph : 13 km., 6 heures matin.

6 h. 1/4. Fort-Desaix.

7 heures. Redoute.

De Saint-Joseph au Gros-Morne : 11 km. 8 heures. Saint-Joseph.

9 h. 1/2. Gros-Morne.

Petit déjeuner à la gendarmerie.

Du Gros Morne à Trinité : 9 kilomètres, 11 h. 1/2. Trinité.

Déjeuner à la gendarmerie.

De Trinité à Sainte-Marie : 7 km. 6. 3 h. 1/2. Sainte-Marie.

De Sainte-Marie au Marigot : 8 km. 8. 4 h. 1/4. Marigot.

Du Marigot au Lorrain : 4 km. 6. 5 heures. Lorrain.

Du Lorrain à Basse-Pointe : 12 km. 2. 6 h. 1/2. Basse-Pointe.

Dîner et coucher.

En ce qui concerne le parcours de Fort-de-France au Gros Morne, voir l'excursion n° 2.

Du Gros-Morne à Trinité, on continue à suivre la route n° 2 qui descend rapidement jusqu'à la rivière du Galion (27 kilomètres de Fort-de-France) que l'on traverse, et auprès de laquelle on remarque l'usine Bassignac

(M. Mathieu, administrateur) et la route coloniale n° 27, qui va rejoindre la route n° 8 au Calvaire du Gros-Morne.

Entre les kilomètres 29 et 30, se trouve l'agglomération de Brin d'Amour dominant la jolie baie de Trinité. La route n° 11 allant au Vert-Pré fait sa jonction avec la route n° 2. Au loin, on aperçoit le rocher de la Caravelle. Au kilomètre 31, jonction de la route n° 25 allant au Robert avec la route n° 2. Vue panoramique du bourg de la Trinité et de sa baie (voir renseignements sur ce bourg à la description des cantons et des communes).

Pendant le séjour à Trinité, on peut, par la route n° 26, se rendre à l'agglomération de Tartane (presqu'île de la Caravelle, 11 km. 251).

La route est carrossable jusqu'à Tartane. On y trouve des montées assez rapides et quelques éléments non empierrés ; la chaussée est taillée dans le tuf.

Près de Tartane, sur 1 kilomètre, la chaussée est établie sur le sable. De Tartane au pied du phare, le chemin est d'accès difficile, les montées sont rapides, les tournants sont dangereux, la chaussée est mauvaise et de largeur très réduite. On voit d'assez près le curieux rocher de la Caravelle.

De Trinité à Basse-Pointe (33 km. 130) entre les bornes 2 et 3, la route n° 9 monte rapidement ; on y trouve des tournants très dangereux.

A la borne 7.6, le bourg de Sainte-Marie (voir canton de Trinité pour description), à remarquer l'îlot dit de Sainte-Marie, la rivière du même nom et l'usine de M. Despointes.

Près de la borne 10.3, la propriété Saint-Jacques ; la route s'élève par la montée dite de Charpentier. Derrière soi, l'îlot Pain de sucre.

La route se déroule à peu de distance du littoral sur tout son parcours, plusieurs rivières sont traversées à gué pavé (Saint-Jacques-Branche-du-Lorrain-Charpentier).

A la borne 16.3, on atteint le bourg du Marigot (voir description canton de Basse-Pointe) étagé au fond d'un petit cul-de-sac d'accès plus ou moins facile par mer.

Cl. Juvanon.

Rivière Capot.

Tout proche, l'usine de M. de Pompignan. Puis, à la borne 20.9, on traverse le bourg du Lorrain, centre de cultures très fertiles et de belles plantations de cacaoyers. A 5 kilomètres du bourg, l'usine Vivé (M. Joseph Clerc) auprès de laquelle on traverse sur un pont métallique la torrentueuse rivière Capot.

A la borne 27.6, jonction de la route n° 6 allant à Saint-Pierre par l'Ajoupa-Bouillon et Morne-Rouge.

Enfin, à la borne 33, le bourg de Basse-Pointe (voir description du canton de ce nom.

DEUXIÈME JOURNÉE

Départ de Basse-Pointe à 7 h. 1/2 du matin.
De Basse Pointe à Macouba : 5 km. 5. 8 heures.
Macouba.
De Macouba à Grand'Rivière : 9 km. 8. 11 heures.
Grand'Rivière. Déjeuner mairie. Départ à 2 heures.
De Grand'Rivière à Basse-Pointe : 15 km. 3. 4 h. 1/2.
Basse-Pointe.
Dîner et coucher gendarmerie.

La route n° 21 qu'on suit de Basse-Pointe à Grand'-
Rivière est empierrée sur tout son parcours. Elle est
d'une très bonne viabilité de Basse-Pointe à Macouba
(5 km. 500) dont le nom rappelle l'excellent tabac qu'on
y récoltait autrefois et qu'on y récoltera encore bientôt après quelques efforts encouragés par l'Administration.

A la borne 6.5, la rivière du Macouba que l'on traverse à gué. Site très pittoresque actuellement peu
accessible aux voitures. Des travaux de remise en état
sont prévus. Fortes pentes sur chaque versant de la
rivière.

A la borne 15 le bourg de Grand'Rivière (15 km. 349)
que l'on atteint après avoir franchi à gué la rivière qui
lui a donné son nom (voir description canton de Basse-
Pointe).

La route de Macouba à Grand'Rivière est très accidentée ; le paysage est de toute beauté ; c'est en vérité la
région la plus pittoresque de la colonie
On rentre à Basse-Pointe par la même route.

TROISIÈME JOURNÉE

Départ de Basse-Pointe à 6 heures du matin.
De Basse-Pointe à Ajoupa-Bouillon : 9 km. 200.
7 h. 1/2. Ajoupa-Bouillon.

D'Ajoupa-Bouillon au Morne-Rouge : 10 km. 800.
9 h. 1/2. Morne-Rouge.

Du Morne-Rouge à Saint-Pierre : 6 km. 700. 11 h.
Saint-Pierre.

Déjeuner à l'hôtel.

Retour à Fort-de-France à 4 heures par bateau, les
mardi, vendredi, dimanche.

(Voir excursion n° 3, première journée).

GRANDE EXCURSION DU CENTRE

PREMIÈRE JOURNÉE

Départ de Fort-de-France à 7 heures matin.

De Fort-de-France au Lamentin : 11 km. 9. Lamentin, 8 h. 1/4.

Du Lamentin au François : 14 kilomètres. François.
9 h. 3/4. Déjeuner à la gendarmerie.

Du François au Robert : 10 kilomètres. Robert.
2 h. 3/4.

Du Robert à Trinité : 9 km. 871.

De la Trinité au Gros-Morne : 9 kilomètres. Trinité.
Gros-Morne. Diner et coucher.

DEUXIÈME JOURNÉE

Départ du Gros-Morne.

Du Gros-Morne au Vert Pré : 4 km. 552 Vert-Pré.

Du Vert-Pré au Lamentin : 11 km. 678. Lamentin.
Déjeuner.

Retour à Fort-de-France par mer à 2 heures.

Arrivée à 3 heures.

De Fort-de-France au Lamentin (voir Grande excursion du Sud), on quitte la route n° 3 au Lamentin et
l'on s'engage sur la route n° 4 jusqu'à la borne 1.6 où
l'on prend à droite la route n° 14, que l'on suit sur tout

son parcours jusqu'au François. Cette route empierrée est très carrossable. On y trouve quelques fortes pentes. Le paysage environnant est agréable. Bourg du François (voir canton du Saint-Esprit).

Du François au Robert : 10 kilomètres.

En quittant le François à la borne 0.7 de la route n° 14, on s'engage sur la route n° 15 pour la quitter à 100 mètres du Robert où l'on rencontre la route n° 13.

En partant du François, la route s'élève en pente douce, on domine derrière soi le François et son havre, puis on dévale jusqu'au Sud du havre du Robert, près de l'usine de ce nom, on longe alors la mer et l'on atteint le Robert construit sur un petit Morne (voir description du Robert au canton de la Trinité). On se rend du Robert à Trinité par la route n° 25 et la route n° 26 que l'on joint à 800 mètres avant d'atteindre Trinité. La vue s'étend à droite sur l'Atlantique, alors qu'à gauche on est dominé par les mornes du Vert-Pré et du Gros-Morne. La route est en palier et longe le bord de la mer sur 1 kilomètre au fond de la baie du Galion.

Bourg de Trinité (voir description du canton de Trinité).

De Trinité au Gros-Morne (route n° 8). Voir grande excursion du Nord.

Du Gros-Morne au Vert-Pré par la route n° 12 qui va au Robert que l'on parcourt sur 4 km. 552. Jusqu'au Vert-Pré, rampe très forte, chaussée faite dans un terrain argileux. On passe à proximité du Jardin d'essai de la Tracée.

Du Vert-Pré (310 mètres d'altitude), la route n° 11 descend assez rapidement sur 6 km. 966, rejoint la route n° 4, puis la route n° 13 à l'habitation Kerfily. A la borne 3.4 de la route n° 4, l'usine Soudon.

On atteint le Lamentin d'où l'on rentre à Fort-de-France par la rivière du Lamentin et par mer.

GRANDE EXCURSION DU SUD

PREMIÈRE JOURNÉE

Départ de Fort-de-France à 6 h. 1/2 matin.

De Fort-de-France au Lamentin : 11 km. 9. Lamentin, 7 h. 3/4.

Du Lamentin à Ducos : 6 km. 2. Ducos, 8 heures.

De Ducos à Petit-Bourg : 5 km. 8. Petit-Bourg, 9 heures.

De Petit Bourg à Saint-Esprit : 4 kilomètres. Saint-Esprit, 10 h. 1/2. Déjeuner.

De Saint-Esprit au Vauclin : 16 km. 3. Vauclin, 3 heures.

Du Vauclin au Marin : 11 kilomètres. Marin, 4 heures.

Du Marin à Sainte-Anne : 7 km. 4. Sainte-Anne, 5 heures.

De Sainte-Anne au Marin : 7 km, 4.

Dès qu'on a quitté Fort-de-France (route n⁰ 3 empierrée sur tout son parcours) à la borne 3, on remarque, sur la gauche, la rhumerie de la Dillon que domine la colline de Moutte au pied de laquelle s'étend une vallée des plus fertiles plantée de cannes à sucre au milieu desquelles serpente la rivière Monsieur.

La route se déroule au milieu de champs de canne à sucre, montant et descendant, avec des tournants un peu brusques entre les bornes 6 et 10. A la borne 10.5, jonction de la route n⁰ 10 allant vers Saint-Joseph.

Au 12ᵉ kilomètre, on traverse la rivière et le bourg du Lamentin (voir description du canton de ce nom).

A la borne 14, l'usine Lareinty (F. Clerc, administrateur). Avant d'atteindre le bourg de Ducos (voir description du canton du Saint-Esprit), 18 km. 038, on gravit une pente assez rude.

Au 22.3, jonction de la route n° 5 allant vers Saint-Esprit.

Au 23.6, jonction de la route n° 18 allant vers Rivière-Pilote.

On arrive à Petit-Bourg (23 km. 891).

Pour gagner Saint-Esprit, il faut revenir sur ses pas, jusqu'à la jonction de la route n° 3 avec la route n° 5, qui va au François et que l'on suit jusqu'au Saint-Esprit (voir canton du Saint-Esprit).

Au Saint-Esprit on quitte la route n° 5 pour prendre la route n° 17 qui se dirige sur le Vauclin, qu'on atteint après avoir laissé sur sa droite, à la borne n° 9, la route 19 allant vers Rivière-Pilote, et la route n° 16 (borne 15.6) allant du François au Vauclin, et l'on franchit un petit col situé au pied de la montagne du Vauclin. La route est carrossable, empierrée, bordée dans les parties basses par des champs de canne à sucre, dans les parties hautes, par des cacaoyères, des caféières et des cultures vivrières, parmi lesquelles pointent des toits de chaume ou des toits de tuiles rouges qui animent le paysage.

Au Vauclin, on peut visiter les usines de M. Asselin.

Laissant la route n° 17, on prend la route n° 20 qui longe en partie l'Océan. La route est carrossable, empierrée, coupée de quelques caniveaux assez désagréables. Sur la gauche, l'habitation Pacquemart ; à gauche et à droite, de vastes champs de cannes à sucre.

On laisse le Marin (14 km. 865 du Vauclin) à 1 km. 1/2 sur la droite, pour se rendre à Sainte-Anne (voir description canton du Marin), qu'on atteint par la route n° 28 et l'on regagne le Marin (voir description canton de ce nom) par la même voie.

DEUXIÈME JOURNÉE

Du Marin à Rivière-Pilote : 7 km. 8. Départ du Marin, 7 heures.

Cl. Juvanon.

FORT-DE-FRANCE.

Statue de l'Impératrice Joséphine.

Rivière-Pilote, 8 heures.

De Rivière-Pilote à Sainte-Luce : 9 km. 2. Sainte-Luce, 9 h 1/2.

De Sainte Luce au Diamant : 17 km. 4. Diamant, 11 h. 1/4. Déjeuner gendarmerie.

Du Diamant aux Anses-d'Arlets : 8 km. 9. Anses-d'Arlets, 4 heures..

Des Anses-d'Arlets à Trois Ilets : 12 km. 6. Trois-Ilets, 5 h. 1/2

Dîner, coucher.

La route n° 18 conduit du Marin à la route n° 19 qui longe la Rivière-Pilote sur plus de la moitié de son parcours. Portions contiguës à la rivière assez dangereuses. Entre la jonction de la route n° 19 et Rivière-Pilote, on remarque des rochers en tuf qui s'élèvent à pic en bordure de la route.

De Rivière-Pilote (7 km. 643 du Marin — voir description du canton de ce nom —) on s'élève par une pente des plus fortes et l'on domine tout le bourg et ses environs.

A la borne 9, le bourg de Saint-Luce peuplé de pêcheurs. Plus loin on remarque, sur la gauche, l'usine des Trois-Rivières. La jonction de la route n° 31 s'effectue à la borne 29.6, puis à la borne 26.6 on atteint l'îlot dit le Diamant. Rocher du Diamant (voir description du canton de ce nom).

A la borne 34.7, jonction de la route n° 30, et l'on arrive au bourg des Anses-d'Arlets après avoir gravi une colline d'où l'on dévale vers le bourg.

Des Anses-d'Arlets on s'élève au milieu d'un site pittoresque auquel fait suite celui non moins beau du morne Laplaine, qui s'étend jusque dans la vallée d'où l'on gagne Trois-Ilets, lieu de naissance de l'impératrice Joséphine (voir description du canton du Diamant).

TROISIÈME JOURNÉE

Départ des Trois Ilets.   8 heures.
Rivière-Salée . . .   9   —
Petit-Bourg . . .   10   —
Rentrée Fort-de-France bateau, 2 heures.

Borne 8. Agglomération de la Poterie appartenant à l'un des descendants d'une vieille famille de colons, M. Gabriel Hayot, estimé de toute la population martiniquaise.

Fabrique de poterie vernissée qui fournit toutes les Antilles.

M. Gabriel Hayot prépare aussi un excellent vin de kola.

Borne 3.6. Jonction de la route n° 31 ; à la borne 3, bourg de la Rivière-Salée, au dessus duquel s'élèvent des collines plantées de cacaoyers.

On atteint Petit-Bourg d'où l'on regagne Fort-de-France par mer.

A LA MARTINIQUE

L'ARRIVÉE

Comme une Néréide, au soleil, engourdie
Sur l'onde, en s'enivrant de la brise attiédie,
Sous le ciel pur, dans le flot clair
De l'immense Atlantique,
A l'abri des frissons d'hiver
S'étend la Martinique,
Fraîche oasis de mer.

C'est ainsi que le poète martiniquais Victor Duquesnay chante cette île exhubérante et fleurie qui s'étend, sous

une lumière éclatante, entre l'immense et grondeur
Atlantique et la souriante mer des Antilles qu'aucun
souffle glacé ne balaie jamais. Et il le fait avec toute
l'âme d'un poète, toute la chaleur d'un cœur qui adore
son pays.

Lorsqu'après avoir navigué pendant douze journées
qui paraissent relativement courtes, après avoir touché à
la Guadeloupe et côtoyé l'île de la Dominique on aperçoit la pointe Nord de la Martinique que dominent de
toute leur hauteur les 1.350 mètres de la montagne Pelée
sur les pentes de laquelle fusent de nombreuses fumerolles, on ne peut s'empêcher de songer à l'illustre naviga-
teur qui, en l'an 1502, découvrit cette terre privilégiée
— devenue un instant « terre d'épouvante » — que les
Caraïbes avaient baptisé « Madinina », d'où Martinique.
De nombreuses années nous séparent de l'époque où
Christophe Colomb et ses compagnons débarquèrent à
l'endroit où s'élève actuellement le bourg du Carbet
(15 juin 1502), et il nous plaît d'établir un parallèle entre
la chétive Caravelle qui transporta les hardis navigateurs
d'antan et le superbe paquebot *Pérou* de la Compagnie
Générale Transatlantique, véritable maison flottante où
nous venons de vivre près d'un demi-mois durant.

Ceux-là qui confiaient leur existence à la Caravelle
de 1502 avaient vraiment un courage qui manque parfois, hélas, aux passagers de première classe de notre
époque !

Bientôt apparaissent les villages des Abymes et du
Prêcheur, ce dernier enseveli encore presqu'en entier
sous la cendre du volcan. Au-dessus d'eux, les flancs
plissés et replissés de la montagne Pelée, d'où descend la
rivière du Prêcheur, véritable torrent, parfois bouillonnant souvent presque à sec, dont le lit est encombré de
blocs erratiques. Puis voici la rivière Blanche qui, lors
de l'éruption de 1902, vit ses eaux se transformer en flots
boueux; et la rivière Sèche qui mérite tout à fait son nom

à l'heure présente, mais qui, hélas, sema l'épouvante et la mort il y a dix ans.

Enfin s'étendent, sous les regards attentifs, les ruines

FORT-DE-FRANCE. — Darse de la Cie Gle Transatlantique.

de celle qui fut la reine des Antilles, celle dont M. Giraud d'Agay a dit :

> Du Paradis perdu, c'est le divin mirage,
> Rien ne peut exprimer le charme du climat,
> Tout est doux souvenir pour le cœur qui l'aima,
> Tout est beau, rayonnant sur ce charmant rivage.

On éprouve alors une douloureuse émotion car on se souvient de la terrifiante nouvelle qui parvint à Paris dans la nuit du 8 mai 1902 et qui fut portée de suite aux quatre coins de France et du monde : « Saint-Pierre de la Martinique a disparu avec ses 30.000 habitants sous le souffle brûlant de la montagne Pelée ».

Qu'il nous soit permis d'ouvrir ici une parenthèse afin de donner au lecteur quelques détails sur l'éruption qui anéantit Saint-Pierre en moins de temps qu'il nous en faut pour écrire ces lignes.

Considérée comme un volcan éteint, la montagne Pelée, dont les derniers phénomènes d'activité remontaient à 1792 et à 1852 et n'avaient consisté qu'en manifestations insignifiantes qui n'avaient soulevé aucune émotion, s'éveilla soudainement et, en quelques secondes, le 8 mai 1902, Saint-Pierre ville d'affaires et de plaisir, la plus riche, la plus commerçante, la plus peuplée des Antilles françaises qui excitait l'enthousiasme de tous ceux qui la visitaient, ne fut qu'un amas de ruines et de débris embrasés au milieu desquels, spectacle terrifiant d'horreur, crispés, recroquevillés, grillés, apparaissaient çà et là les cadavres de ceux-là qui, hier encore, regardaient fumer la montagne sans trop d'inquiétude (Voir Saint-Pierre. Description).

Saint-Pierre, devenue cité des morts, était restée depuis lors, ensevelie sous son linceul de cendres, mais déjà ses principales rues déblayées et quelques maisons qui émergent de l'amas de broussailles donnent l'impression très nette qu'au silence de la nécropole, va succéder bientôt l'animation enfantine de la vie créole. L'enchanteresse d'hier renaîtra de ses cendres !

Dès qu'on a quitté Saint-Pierre, on remarque le bourg du Carbet, sur l'emplacement duquel ainsi que nous l'avons dit plus haut, Christophe Colomb débarqua le 15 juin 1502. Gaîment situé le long de la côte, abrité par un magnifique rideau de cocotiers il voit s'élever au-dessus de lui le plateau du Morne-Vert dominé lui-même par la masse imposante des « pitons du Carbet » dont les trois principaux pics dressent leurs 1.400 mètres jusqu'aux nuages.

Enfin, après avoir admiré les verdoyantes échancrures
du Fond-Capot, de Bellefontaine, de Fond-Layette, Fond-
Boucher, salué le bourg de Case-Pilote, le village de
Fonds-Lahaye et le bourg de Schoelcher, on pénètre dans

Cl. Juvanon.

FORT-DE-FRANCE. — Bassin de radoub.

la baie de Fort-de-France à l'entrée de laquelle se trouve
le sémaphore de la pointe des Nègres.

De trois stridents coups de sirène le paquebot, dont
l'approche a été annoncée déjà téléphoniquement du
Prêcheur, fait connaître son arrivée.

En attendant que le service de santé ait accosté le long
du bord et donné la libre pratique, nous pouvons admirer
à notre aise la magnifique rade où est mouillée notre
navire.

Sur la gauche, nous apercevons le Morne-Bellevue où

flotte le pavillon tricolore qui indique la résidence du Gouverneur, dominée presqu'immédiatement par le fort Tartenson, à peine perceptible ; puis, toujours à gauche en avant du Morne, sur les flancs duquel s'échelonnent, noyées dans la verdure, des maisonnettes aux toits rouges ou noirs, aux coquettes vérandahs, s'étend paresseusement la ville de Fort-de-France, autrefois Fort-Royal, au-dessus de laquelle, véritable forteresse imprenable, le fort Desaix (ancien fort Bourbon) semble dire « Je suis là ». Devant nous, barrant la baie des Flamands, le vieux fort Royal, qui avait donné son nom à la ville et qui se nomme aujourd'hui fort Saint-Louis. Tout au fond de la baie, là-bas, au second plan, la plaine du Lamentin et de Rivière-Salée où fument les cheminées des usines à sucre et à rhum de Lareinty et de Génipa ; dans le lointain la montagne du Vauclin et les hauteurs du Saint-Esprit ; un peu sur la droite, au pied des monts du Rateau, la Poterie et les Trois-Ilets ; enfin, tout à droite, le Lazaret de la Pointe du Bout et l'Ilet à Ramiers, au-dessus desquels s'élèvent le morne Bigot et le Morne la Plaine, qui s'incline au Nord pour former le cap Salomon.

On ne nous a point trompé, la baie de Fort-de-France est bien le plus beau port des Antilles où des flottes nombreuses peuvent en tout temps mouiller sans danger.

Et c'est d'ailleurs pourquoi la Compagnie Générale Transatlantique a choisi ce port comme escale de ses paquebots des lignes Le Havre-Bordeaux-Colon et Saint-Nazaire-Colon et comme tête de ligne de ses annexes Fort-de-France-Cayenne et Fort-de-France-Jacmel-Port-au-Prince.

C'est aussi l'escale des Compagnies New-York and Demarara Steamship Line et Quebec Steamship Company Limited.

La « santé » a terminé son office. Le paquebot lève l'ancre, de nouveau son hélice bat les flots d'un bleu

d'azur légèrement moutonnés par une délicieuse brise
d'Est, il se rend à la darse de la Compagnie où il mouille
à quai, après avoir doublé le fort Saint-Louis et fait une
entrée majestueuse dans la baie du Carénage.

Avant de descendre à terre, ce qui nous presse car nous
avons hâte de nous dégourdir les jambes, nous avons le
temps de juger de l'installation bien comprise de la Compagnie Générale Transatlantique dont les bureaux, ateliers et magasins sont noyés dans une luxuriante verdure
et au-dessus desquels de nombreux filaos courbent har-
monieusement leurs cimes sous la caresse de la brise.

Environs de Fort-de-France

En dehors des longues et intéressantes excursions qui
s'offrent aux touristes pouvant séjourner plusieurs jours
à la Martinique, il est pour ceux-là qui ne disposent que
d'une journée d'intéressantes et faciles promenades aux
environs de Fort-de-France. C'est vers elles que nous
allons diriger nos lecteurs, avec l'espoir de leur être
utile et partant agréable.

*De Fort-de-France à l'établissement thermal de Didier
(à cheval ou à pied ou mi-partie en voiture, mi-partie
à pied), 8 km. 600.*

Quittant Fort-de-France par la route qui conduit vers
les hauteurs de Balata, nous trouvons aussitôt à notre
gauche, celle qui s'amorce sur elle par le pont Damas et
qui conduit à Schœlcher, petit bourg peuplé de pêcheurs
situé à 4 kilomètres du chef-lieu, nous franchissons la
rivière Madame et nous commençons à gravir le morne
Bellevue, sur les pentes duquel s'élèvent, noyées dans la
verdure, de nombreuses villas et maisonnettes, dont les
toits aux tuiles rouges jettent une note des plus gaies,
sous les rayons d'une vive lumière. Après quelques cen-

taines de mètres, nous laissons la route de Schœlcher pour prendre, sur la droite, un chemin vicinal qui grimpe à flanc de coteau et d'où l'on peut admirer Fort-de-France et sa magnifique rade. On atteint bientôt le plateau Didier, lieu de villégiature pour les habitants du chef-lieu. Quel endroit agréable que ce plateau Didier, où toujours souffle une agréable brise, où le rouge éclatant des ibiscus voisine avec les couleurs chatoyantes de roses magnifiques et de mille autres fleurs de toute beauté, qui s'unissent aux teintes les plus variées de la verdure tropicale !

Sur notre gauche, nous apercevons, s'étendant au loin, à perte de vue, tel un vaste tapis d'azur et d'émeraude, splendide, rayonnante, la mer des Antilles ; sur notre droite, un peu en arrière, la vue s'arrête, au fort Desaix, qui, véritable sentinelle, domine superbement Fort-de-France, puis, avançant vers le Nord nos regards distinguent le plateau de la Redoute et la crête des « mornes » étagés jusqu'aux hauteurs de Balata, au pied desquelles s'étend la vallée de Tivoli, tandis que devant nous, tout au fond, se dressent les majestueux Pitons du Carbet, dont la masse imposante domine toute cette partie de l'île.

Plus loin, le chemin serpente au milieu de cultures vivrières, qui entourent des maisonnettes de bois ou de chaume habitées par des familles nombreuses de cultivateurs.

Poursuivant notre promenade, nous arrivons bientôt au tunnel de Didier, sous lequel nous pénétrons — *pedibus cum jambis* car ici il faut laisser la voiture, ou mettre pied à terre si l'on est à cheval —, après avoir franchi, sur un pont de pierre, un torrent dont le grondement fait place, aux basses eaux, au doux murmure d'une eau limpide qui cascade de roc en roc en miroitant au soleil.

A la sortie du tunnel, tel en une féerie, le décor change du tout au tout : c'est la vallée étroite et profonde au fond de laquelle roulent les eaux d'une rivière qui

Cl. Juvanon.

Cascade de Didier (environs de Fort-de-France).

descend des Pitons du Carbet, tandis que, de chaque côté, s'élèvent bien haut au-dessus de notre tête les pentes abruptes de la montagne. Ici règne un calme reposant, rompu seulement par le bruit des eaux de la rivière et le sifflement du vent dans les arbres, c'est un véritable lieu de recueillement et de rêverie ; on y goûte une bienfaisante tranquillité. Les poumons s'emplissent d'un air frais et pur, alors que les yeux ne se lassent point d'admirer les bouquets de bambous gigantesques dont la tendre verdure tranche sur celle plus sombre des arbres à pain.

Le sentier court sur le flanc de la montagne et nous conduit rapidement à l'établissement thermal de Didier, qui se trouve à 4 kilomètres du tunnel. La vallée s'est quelque peu élargie. Nous traversons la rivière sur un pont de bois et nous sommes à l'établissement, tout près duquel la note éclatante des ibiscus crie la vie au milieu de la verdure.

La source de Didier est tout à fait indépendante de la rivière, elle n'a de commun avec la source de cette dernière que son origine, puisque toutes deux sortent du massif des Pitons du Carbet. Son eau, dont la température est de 35°5, est chargée de chlorure sodique et de sulfure de potasse. Elle est recommandée contre l'anémie, la cachexie paludéenne et les rhumatismes

De Didier, on peut regagner Fort-de-France, soit par la route que nous avons parcourue, soit par le camp de Balata — à pied jusqu'au camp — qu'on atteint par un sentier très praticable et d'où l'on a un assez joli coup d'œil sur les pentes boisées qui s'étendent jusqu'aux Pitons du Carbet et sur la vallée, au fond de laquelle on voit se dérouler la rivière. Dans ce dernier cas, si l'on n'a pas de monture, il est nécessaire d'avoir commandé une voiture qui vient attendre à Balata (10 km. 500 de Fort-de-France).

De Fort-de-France au plateau de la Redoute (210 m. d'alt.). 4 kilomètres

Une promenade qui permet de voir une partie intéressante de la Martinique, en même temps que de juger

de son orographie, aussi bien que de sa fertilité, c'est
celle au plateau de la Redoute, sur la route qui conduit
de Fort-de-France au Gros-Morne.

Dès sa sortie de Fort-de-France, la route grimpe assez
fortement, mais sans exagération ; au début, sur sa
gauche, nous remarquons les mornes Cartouche et Garnier, avec le quartier Gerbault de l'artillerie coloniale,
dominé par le fort Desaix, puis, sur sa droite, une petite
vallée qui va s'élargissant pour aboutir, à son extrémité
sud, à la baie du Carénage, après avoir formé le poly-
gone d'artillerie, que l'administration locale aménage en
jardin public. Au fond de cette vallée coule un petit torrent qui vient se jeter dans la baie du Carénage ; sur la
crête du morne opposé, noyées dans la verdure, nombre
de maisonnettes forment le quartier dit des religieuses,
parcouru par le chemin qui conduit à l'établissement
thermal de Moutte.

Lorsque nous avons dépassé le quartier Gerbault, nous
nous écartons de la route et, par un chemin très carrossable, nous gagnons l'entrée du fort Desaix, d'où il nous
est donné de jouir d'une vue magnifique sur la ville et la
baie de Fort-de-France. L'horizon est des plus vastes, nous
admirons un panorama de toute beauté, qui s'étend de
l'Est à l'Ouest, du bourg de Ducos, dont le clocher pointe
à l'horizon, à la plaine du Lamentin et de Rivière-Salée
où verdoient les immenses champs de canne à sucre des
usines de Lareinty et de Génipa, qu'indiquent la fumée
qui s'échappe de leurs cheminées et que chasse le vent
d'Est, aux monts du Vauclin et du Saint-Esprit auxquels
font suite les hauteurs du Rateau au pied desquelles nous
distinguons la Poterie et le bourg des Trois-Ilets ; puis
ce sont les mornes Bigot et la Plaine qui se terminent
par le cap Salomon. Tout à l'Ouest, nappe éclatante sous
le soleil des tropiques, la mer des Antilles ; enfin les
vertes pentes du morne Bellevue et le plateau Didier.
Tandis qu'au pied du fort, en avant de la ville, la belle

rade de Fort-de-France, dans laquelle s'avance, fidèle sentinelle d'autrefois, le fort Saint-Louis, contre lequel échouèrent les efforts de Ruyter en 1674.

Nous redescendons et reprenons la route qui s'élève en serpentant, bordée de jardins où s'épanouit, avec cette vigueur que seuls donnent les chauds rayons d'un soleil tropical, tempérés par une douce brise d'Est, cette flore unique aux couleurs tantôt vives, tantôt chatoyantes, qui fait l'admiration de tous.

A mi-chemin, bornée sur la gauche par une petite crête sur laquelle grandissent côte à côte arbres à pain, bananiers, manguiers et autres essences variées avec chacune sa teinte de verdure, la vue s'étend, vers la droite, sur la vallée de Tivoli, où se trouve un des plus beaux jardins d'essai de la colonie, pour aller jusqu'aux pitons du Carbet qui dominent tous les alentours.

Bientôt nous arrivons à la chapelle de la Redoute, masse informe, affreuse bâtisse inachevée qui dépare absolument le plateau où elle s'élève. Tout à côté, dans un jardin entretenu avec goût par un réel amateur, des variétés sans nombre de roses de toute beauté : on peut dire que c'est là la villa des roses !

A peine avons nous dépassé la chapelle qu'à nos regards s'offre une partie du versant Nord de l'île, avec, au loin, du côté du Robert, la grondeuse Atlantique. A nos pieds, nous admirons une riche vallée plantée de cannes à sucre et de produits vivriers, comme d'ailleurs tous les « mornes » qui l'entourent et qui sont parsemés d'habitations.

A l'horizon, les collines de Saint-Joseph et du Gros-Morne, dont nous sommes séparés par des vallées où bouillonnent des torrents qui naissent au pied des pitons du Carbet.

Sous la caresse de la brise, qui frôle agréablement le visage, le retour à Fort-de-France, vers qui l'on dévale au grand trot des vigoureux petits chevaux créoles, n'est

point sans charme. On a respiré à pleins poumons l'air
frais du plateau de la Redoute, on se sent tout à fait dis-
pos, et l'on comprend alors sans peine quel plaisir éprouvent les habitants de la côte à aller goûter le repos domi-
nical ou à villégiaturer dans leurs villas qui s'étagent
gracieusement sur la colline qu'on vient de gravir.

*Nous devons à M. Achille, professeur agrégé d'an-
glais au lycée Schœlcher, l'intéressant récit d'excursion
qui suit :*

Le touriste qui peut séjourner quelque temps à la Martinique ne manquera pas de sites intéressants à visiter.
Nulle part aux Antilles la nature tropicale ne se montre
à la fois plus opulente et plus gracieuse ; le relief tour-
menté du pays découvre à chaque pas des vues pittoresques et variées, et l'on peut aisément en quelques heures,
passer de la solennité des pitons abrupts, aux collines
surpeuplées et à l'immense tapis vert où grondent les
usines à sucre.

La première excursion à faire est celle de Fort-de-
France à Saint-Pierre par la route de la Trace, à travers
le massif montagneux des pitons du Carbet dont la masse
imposante et les ramifications occupent toute la partie la
plus large de l'île.

Au petit jour, on part en voiture de Fort-de-France.
La ville sommeille encore ; par les rues où flotte la fraîcheur d'une buée ténue, quelques coolies promènent un
balai paresseux, et les premières marchandes crient
leurs « cocos », leurs oranges, et leurs corossols « doux-
doux » On traverse rapidement le faubourg du Pont-
de-Chaînes, blotti sous un verger de manguiers et
d'arbres à pain géants, puis, la rivière Madame passée,
on attaque la rampe, et pendant sept kilomètres, on
monte sans repos jusqu'au camp de Balata. La vue est

d'abord très bornée, car la route serpente à flanc de
côteau, le long d'un ravin, mais en Carème, une partie
des broussailles et des arbres se couvrent de feuilles jaunes ou rouges, parure d'automne qui contraste avec le
vert tenace des autres essences et forme un tableau d'une
vigoureuse coloration. Par échappées, la ville rouge, ses
faubourgs feuillus, et sa rade d'azur apparaissent, et sous
les premiers rayons du soleil qui poudroie une agréable
harmonie des tons s'établit.

A mesure qu'on s'élève, la vue s'étend vers la montagne, l'air fraîchit sensiblement. On domine maintenant
l'étroite vallée de la rivière Madame avec le village de
Tivoli, construit en 1902 pour les survivants de l'éruption qui détruisit le Morne-Rouge. Depuis, la plupart des
familles sinistrées ont regagné la zone évacuée ; elles
préfèrent les champs fertiles du Nord, où elles vivaient
jadis heureuses, au sol résistant de Tivoli qu'elles ont
arrosé de larmes amères. Le quartier devient maintenant un lieu de villégiature pour les citadins, attrayant
par sa rivière et son jardin d'essai.

La route jusqu'à Balata est bordée de villas, de maisonnettes et de cases. Vers le neuvième kilomètre, par-
dessus les plaines et les coteaux, on aperçoit à droite
l'océan Atlantique et le sable blanc des îlots du Robert.
Quant les lames déferlent, les grondements du Loup-
garou, le plus lointain de ces hauts-fonds, nous parvien-
nent sur la brise encore imprégnée de senteurs marines.

Enfin l'on arrive au plateau où se dresse le camp militaire. L'emplacement en est très bien choisi. Le voisinage
de la montagne et des forêts y entretient même en été
une température fort agréable ; les nuits sont délicieuse-
ment fraîches, et l'air si pur, si léger, qu'à le respirer
seulement on se sent heureux de vivre Du bord du plateau un panorama ravissant s'étend sous les yeux : au
premier plan, c'est la basse vallée que termine la ville,
puis la vaste rade en son miroir d'argent reflète l'image

des îlots et des collines qui la bornent au Sud. A l'horizen, par les jours clairs, l'île anglaise de Sainte-Lucie découvre ses pitons en pains de sucre.

Après le camp de Balata, la route se déroule en palier sur deux kilomètres, la voiture glisse sans cahot et sans bruit sur le tuf. Voici bientôt, à gauche, le chemin déclive qui conduit à l'établissement thermal d'Absalon, et à l'un des sites les plus pittoresques des environs de Fort-de-France. Partout, du fond de l'entonnoir où gît la « Fontaine », on n'aperçoit que la végétation intense des forêts tropicales, comblant la vallée, escaladant les flancs abrupts des monts voisins, posant l'aigrette d'or d'une touffe de bambous mûrs parmi le feuillage vert sombre, jetant ailleurs des taches claires de balisiers où saignent cent fleurs vermeilles, abritant la grâce frêle des fougères arborescentes sous la ramure altière des colosses sylvestres, suspendant en tous sens les lianes et les parasites où volètent, sifflent, bruissent, bourdonnent un essaim d'oiseaux et d'insectes. Sous ce fouillis la rivière murmure froide et claire de cascatelle en cascade. Tout près du pont, pour franchir un rocher qui barre son lit, elle resserre ses eaux en un goulet étroit, puis s'élance en une chute de huit mètres dans un bassin étroit de pierre aux parois en surplomb.

Dans le lit même de la rivière on trouve par endroits de l'eau minérale, mais la source principale est à quelques cent mètres de la rive droite. Le bain y est agréable. L'eau dont la température est de 37° semble d'autant plus chaude que l'air ambiant est frais. Acidulée, ferrugineuse, elle se rapproche assez par sa composition des eaux du Mont-Dore ; les malades atteints d'anémie, de cachexie paludéenne, de rhumatismes se trouvent bien de son usage. Si modeste qu'il soit, l'établissement est très fréquenté ; les clients y viennent nombreux le dimanche, et, pendant les grandes vacances, tous les appartements sont occupés par des familles qui recherchent en ce

site paisible le repos de la nature autant que les vertus
curatives des eaux.

Au delà d'Absalon la route de la Trace entre dans une
région à peu près déserte, occupée par les grands bois du
domaine de la colonie et de quelques particuliers. C'est
le nœud hydrographique du bassin de Fort-de-France.
A droite s'élève le Plateau Larcher, à gauche la vallée
Dumauzé se perd au pied des Pitons. Une végétation
puissante couvre les croupes inférieures de la montagne,
mais à une certaine altitude l'arbre ne croît plus et les
parois escarpées des pics ne sont tapissées que de mousses et de fougères naines. Le profil des trois pitons change
d'aspect à chaque tournant de la route comme si, par
crainte de la monotonie, ils s'ingéniaient à varier leurs
poses. Soudain, après le quatorzième kilomètre, en pleine
région montagneuse, voici que la mer se montre brusquement, jalouse qu'en son île on puisse un instant
l'oublier. A droite, par la trouée du Robert, l'Atlantique
écume contre ses récifs madréporiques, à gauche la paisible mer des Antilles dort sous le ciel bleu. Dans ce
cadre pittoresque, le camp militaire de Colson éparpille
ses blanches constructions et ajoute l'élément humain à
ce tableau.

Mais le camp est généralement désert depuis que l'effectif de la garnison a été considérablement réduit et l'on ne
rencontre guère de monde avant le village de la Médaille.
C'est encore un quartier de sinistrés qui se vide peu à
peu ; perdu dans la montagne, loin de tout centre important, il était mal placé pour prospérer et ses habitants
sont en majeure partie retournés au Fonds-Saint-Denis
d'où les éruptions les avaient chassés. Tout ce parcours
jusqu'au refuge de l'Alma est très beau ; le regard se
heurte partout à des monts vigoureux qui préparent
l'essor des trois pitons dressant à plus de 1.200 mètres
leurs pyramides aiguës.

Lorsqu'après avoir passé à gué la rivière Blanche dont

la mince nappe limpide traverse la route sur un cassis
pavé, on entre dans la maison de l'Alma et que, par les
fenêtres on aperçoit la masse imposante du plus pointu
des pitons qui d'un trait, sans ressaut du profil s'élance
jusqu'à la nue, on a bien l'impression de la grande montagne, dont on ne viole point sans péril la hautaine solitude. Point de glaciers ni d'avalanches, mais des histoi-
res légendaires vous sont contées de disciplinaires évadés
ou de chasseurs égarés dans ces bois, dont jamais plus on
n'a entendu parler, soit qu'ils aient trouvé la mort au
fond des précipices ou que les serpents, jadis nombreux
en ces parages, aient attaqué l'imprudent qui venait les
troubler en leur retraite lointaine.

Aujourd'hui même que les serpents ont à peu près
disparu, ces montagnes ne sont guère visitées que par
les charbonniers et les coupeurs de choux-palmistes. De
rares touristes en ont fait l'ascension malgré la proximité de Fort-de-France et il n'existe pas de sentier frayé
pour gagner le sommet.

De l'Alma aux Deux-Choux, où vit dans la solitude
l'agent forestier chargé du triage, la route montueuse
serpente au pied des pitons et la vue est bornée mais
imposante. Le silence impressionnant des futaies qui
croisent leur sombre ramure au-dessus du chemin,
ajoute à la solennité du spectacle et le moindre craque-
ment de branche, la mélodie presque humaine des quelques notes du siffleur des montagnes font tressaillir le
voyageur.

Le paysage aux Deux-Choux se modifie. Du haut d'un
tertre la vue plonge au fond de vallées sauvages d'où l'on
entend gronder les torrents. C'est de toutes parts une
ruée de croupes hérissées, un bouleversement prodigieux
des terres, un chaos de précipices que la route va côtoyer.
A mesure cependant que l'on avance vers le Fonds-
Saint-Denis, les lignes se simplifient et s'harmonisent
On tourne le dos aux à-pic vertigineux des Pitons et

parmi le ruissèllement des cascades on voit apparaître
les premières chaumières. Le Fonds-Saint-Denis n'est
qu'un pauvre village, mais le site en est ravissant. Pour
bien en admirer la beauté, il faut grimper jusqu'à
l'Observatoire tout proche du Morne-des-Cadets. De là,
l'œil découvre un panorama sans rival dans l'île. A vos
pieds, un échiquier de jardins et de pelouses s'incline
verdoyant aux deux flancs de la vallée où écume la
rivière du Carbet ; plus loin le Morne-Vert arrondit son
ballon humide, et derrière les monts voisins la mer des
Antilles flamboie au soleil. De l'autre côté, c'est la masse
formidable des Pitons et le contrefort puissant qui court
vers Case-Pilote, puis au Nord, au-dessus du Morne-
Rouge tapi dans ses bois touffus, surgit le dôme sinistre
et pelé du volcan.

L'Observatoire lui-même mérite d'être visité. Bien
outillé, il enregistre avec précision tous les phénomènes
météorologiques et sismiques de la région dont il communique le relevé aux stations similaires de France et
d'Amérique.

En quittant le Fonds-Saint-Denis on descend rapidement vers le littoral. Malgré les effets de l'éruption les
traces de l'activité humaine se multiplient et l'on arrive
bientôt aux plantations Saint-James qui fournissent le
rhum si renommé. La voiture roule entre les champs de
canne à sucre, jusqu'à ce qu'au tournant de Trouvaillant l'on découvre soudain des ruines de Saint-Pierre.

Spectacle angoissant ! La ville si coquette qui étageait
autour de la rade l'amphitéâtre de ses toits clairs n'est
plus qu'un monceau de ruines. La ruche affairée est
silencieuse, et la cité des plaisirs n'est qu'une nécropole ;
qui n'a entendu célébrer le fol entrain du carnaval de
Saint-Pierre, l'urbanité souriante de ses habitants et
l'activité fiévreuse de la place Bertin ? De tout cela, que
reste-t-il ? Des tumulus informes.

En errant par les rues déblayées ou sur l'amoncellement des décombres on semble entendre la clameur formidable des milliers d'êtres humains surpris en pleine vie par la catastrophe impitoyable. L'effroi, la douleur, les regrets planent encore sur la cendre refroidie, mais le temps poursuit son œuvre lente d'indifférence et déjà des broussailles folles vivent sur cette scène de mort.

. Même quelques nouveaux toits épars et les passants déjà nombreux rencontrés par les voies déblayées semblent légitimer la confiance de ceux qui espèrent voir renaître la ville de ses ruines. La crainte du volcan chez beaucoup a disparu et le souvenir de la ville aimée les rappelle au site natal. Quel sort l'avenir réserve-t-il à ces lieux, les premiers colonisés et naguère encore les plus prospères de l'île ? nul ne peut le prévoir, mais le problème hante l'imagination tandis que le petit vapeur côtier vous ramène de Saint-Pierre à Fort-de-France.

Du même auteur :

L'ascension du Mont Pelé

Par Saint-Pierre et Morne-Rouge ou par Saint-Pierre et la Rivière Blanche ou par Basse-Pointe sur la côte de l'Atlantique.

Départ du littoral (Saint-Pierre ou Basse-Pointe) le matin à 5 heures 1/2, en voiture, à cheval ou en canot, selon l'itinéraire choisi.

Arrivée au sommet entre 11 heures et midi.

Retour facile dans l'après-midi.

Après avoir visité les ruines de Saint-Pierre, nulle excursion ne tentera plus le touriste que l'ascension du volcan impitoyable qui détruisit d'un souffle la reine des Antilles. Il se dresse tout prêt et semble contempler impassible l'œuvre de mort. Ses flancs gris et pelés, les flocons légers qui, çà et là, s'élèvent des fumerolles, le désignent encore comme l'auteur de tout ce carnage, et

une fascination irrésistible vous attire vers ce monstre
assoupi qui, de la mer à la nue, barre tout l'horizon au
Nord.

L'ascension n'est ni dangereuse, ni même très pénible,
si l'on choisit le plus commode des trois itinéraires habi-
tuels, celui du Morne-Rouge.

Partant très tôt, à cheval ou en voiture, de Saint-
Pierre, on suit l'ancienne rue de Victor-Hugo, déblayée
sur tout son parcours, dont les petits pavés familiers
évoquent pour le Martiniquais le souvenir de la foule
bourdonnante qui tout le jour les foulait. Puis on gagne
la route qui longe le bord de la Roxelane. La rivière aux
eaux claires, tant animée jadis du bavardage des blan-
chisseuses, erre aujourd'hui déserte et vagabonde dans
son lit élargi : les murs qui l'endiguaient, écroulés par
endroits, ne défendent plus la route que minent les crues
subites. On passe bientôt près du Jardin Botanique.
Paradou des Antilles, où l'art discret secondant la nature
avait ingénieusement groupé toutes les richesses de la
flore tropicale. Aujourd'hui quelques troncs malingres se
dressent encore seuls survivants du parc ombreux où
broute maintenant le bétail, et les broussailles hirsutes
ont tout envahi.

La route peu après commence à grimper vers le Morne-
Rouge. Tout au long, naguère, se rangeaient des villas
heureuses, à présent la vue ne trouve pour la distraire
que des échappées sur la mer des Antilles ou le plateau
verdoyant du Parnasse. L'on arrive ainsi au nouveau
Morne-Rouge, pauvre village reconstruit sur les ruines
des maisons élégantes où les familles aisées de Saint-
Pierre allaient respirer l'air frais et vif, en toute saison
embaumé du parfum des jardins fleuris.

Le chemin qui, de là, conduit au Mont-Pelé suit l'ancienne route de l'Ajoupa-Bouillon. On peut arriver à
cheval jusqu'au delà du col de la Calebasse, et l'on n'est
plus qu'à deux ou trois heures du cratère, que l'on atteint

par une rampe régulière, sans aucun péril et sans grande fatigue pour peu que l'on soit habitué à la marche.

Le touriste qui voudrait connaître les deux versants de la montagne peut redescendre vers la Basse-Pointe et l'Océan Atlantique. C'est, à rebours, le second itinéraire habituel. La pente ici encore, de la mer au sommet, est assez douce ; les trois quarts de la distance peuvent être parcourus à cheval. L'on ne suit point la grande route, mais un chemin vicinal qui traverse, un moment, la vallée encaissée de la Rivière-Falaise, où l'on craindrait de s'aventurer si l'on n'avait pleine confiance dans les petits bidets créoles, plus sûrs que des mules. qui ne bronchent pas aux endroits les plus scabreux. Ils vous conduisent, toujours grimpant, jusqu'à deux ou trois kilomètres du cratère, au point où les pâturages humides, les framboisiers, les massifs de fougères arborescentes, de balisiers et de jeunes arbres, premier espoir de la forêt nouvelle, font place sur le flanc raviné de la montagne, aux mousses, aux sobres lichens qui réussissent à végéter partout où la cendre volcanique peut garder suffisamment d'humidité, formant de leurs débris accumulés l'humus où s'implanteront des végétaux supérieurs. Le reboisement sur ce versant bien arrosé s'opère rapidement : il n'en est point de même de l'autre côté, où l'éruption a fait ses plus grands ravages et accumulé une couche de cendre si épaisse que de longtemps encore aucun arbre n'y pourra croître.

Pour le touriste entraîné qui ne craint point une ascension continue de cinq heures, l'itinéraire le plus intéressant consiste précisément à attaquer la montagne par ce flanc dénudé, à côtoyer le lit de la rivière Blanche, de l'embouchure, entre Saint-Pierre et le Prêcheur, jusqu'aux environs du point où la lèvre de l'Etang Sec s'étant affaissée, un torrent de boue fumante dévala jusqu'au rivage, engloutissant l'usine Guérin, trois jours avant l'éruption. Il n'est de danger nulle part, si l'on ne s'approche pas trop des bords de la rivière, qui dressent à vingt mètres de hauteur leurs murailles verticales de cendre toujours prête à s'ébouler. Il faut à un certain moment descendre dans le lit desséché et remonter sur l'autre rive ; les guides connaissent l'endroit le plus favorable et l'imprudence seule peut occasionner des accidents.

Chemin faisant, le spectacle monotone de ce désert de cendre, la vue des rochers énormes lancés au loin par le volcan comme des obus formidables qui se dressent à trois ou quatre mètres au-dessus du sable et s'y enfoncent encore plus profondément, la contemplation de cette masse inouïe de matières rejetées par la montagne, que le travail patient des eaux de ruissellement sillonne de toutes parts, l'évocation de toute la vie animale et végétale qui se pressait naguère encore en ces lieux si fertiles, si animés, aujourd'hui frappés de stérilité, tout prépare l'esprit au spectacle saisissant que l'on aperçoit lorsque, tout à coup, l'on découvre le dôme du volcan et que, peu après, l'on se penche sur la lèvre même du cratère.

Ici l'homme ne peut que se taire et admirer la puissance de la nature. A l'endroit où jadis s'étendait le sommet de la montagne, un gouffre s'est creusé, et du fonds de cette immense cuvette, qui mesure plusieurs kilomètres de tour, se dresse un amas chaotique, monstrueux de roches entassées qui s'écroulent sans cesse avec de sourds grondements et emplissent peu à peu le fond de la rainure. Du sommet de ce dôme se détache un cône, une aiguille qui, un moment, atteignit jusqu'à 350 mètres de hauteur. Partout des taches blanches ou jaunâtres révèlent des dégagements de vapeurs sulfureuses et marquent l'emplacement des fumerolles brûlantes. A contempler ce cratère à peine refroidi, ce creuset fatal de l'épouvante et de la mort, on éprouve le frisson d'horreur et d'admiration que provoque le spectacle des forces gigantesques de la nature. L'homme comprend son infirmité, il se sent à la merci du moindre caprice d'une marâtre qui, en se jouant, écrase par milliers ses enfants.

Mais on n'en goûte que mieux l'orgueil de braver son courroux. Le touriste intrépide peut descendre jusqu'au fond du cratère, se chauffer aux exhalaisons des fumerolles qui ornent d'une neige de soufre les parois de leur voûte, puis, au péril de sa vie, grimper en rampant prudemment sur les pierres instables du dôme, et tout en haut, se faufilant parmi l'équilibre impressionnant des rochers du cône dont les blocs énormes ne reposent que sur des pointes d'arêtes, poser enfin un pied vainqueur sur la crête la plus élevée de l'île, large au plus de quelques mètres, où le souffle violent et embrumé de l'Atlantique menace à chaque pas de vous précipiter dans l'abîme vertigineux.

La descente n'est pas moins risquée. Un faux pas, un appui mal choisi, la maladresse d'un compagnon provoquant un éboulement, peuvent entraîner la mort. Mais dans ces circonstances l'homme ne commet guère d'imprudences ; la main et le pied essayent la résistance de la pierre avant de s'y confier, la volonté résiste à l'attirance du gouffre et l'on atteint enfin le fond du cratère, les jambes et les bras tremblants de l'effort soutenu. Mais le grand air a vite fait de dissiper toute fatigue et après un déjeuner que l'exercice pris rend toujours appétissant, on se remet en marche pour regagner facilement le rivage.

**
* **

Nous devons à M. Baude, chef du service de l'enregistrement, et l'un des touristes les plus avertis de la colonie, le récit suivant :

Le Sud

Après le centre de la Martinique, après le Nord où la cité ensevelie gît au pied du monstre qui l'a détruite,

voici le Sud avec ses vues reposantes et ses jolis paysages.

C'est d'abord la baie de Fort-de-France, rade magnifique et sûre qui a déjà abrité de puissantes escadres : la
ville de Fort-de-France, le bassin de radoub, le chantier
de la Compagnie Générale Transatlantique sont groupés
d'un côté du littoral. En face, sur la rive opposée, l'on
aperçoit la commune des Trois-Ilets qui donna le jour à
l'Impératrice Joséphine et qui possède le tombeau de sa
mère, Mme Tascher de la Pagerie.

Le Sud est intéressant à voir, soit qu'on le côtoie sur
mer du cap Salomon situé à l'une des entrées de la baie
de Fort-de-France jusqu'à Sainte-Anne, soit qu'on traverse ses belles campagnes.

Deux fois la semaine un vapeur part du chef-lieu à
8 heures du matin. Lorsque le cap Salomon est doublé,
l'on ne se lasse pas d'admirer le coup d'œil sans cesse
renouvelé que présentent tantôt de profondes et verdoyantes échancrures se prolongeant au loin entre deux
vallons, tantôt des anses tranquilles où les flots viennent
doucement expirer. Le bourg des Anses-d'Arlets s'étend
ainsi sur le littoral au pied des mornes qui l'environnent
des autres côtés, et l'on approche ensuite du bourg du
Diamant par une mer ordinairement assez forte dans ces
parages. Les vagues se jettent avec furie sur la côte élevée, comme sur une barrière qu'elles voudraient détruire
et la creusent profondément en des cavités appelées
Fours.

En face de cette agglomération, à plusieurs kilomètres
du littoral, s'élève le rocher du Diamant, masse imposante qui dresse, au milieu des flots, sa tête altière,
attestant les luttes homériques que soutinrent autour de
ses flancs les Martiniquais d'antan pour chasser l'Anglais
qui s'y cramponnait, s'y blottissait comme en un nid
d'aigle. On peut atterrir à cet îlot par un point que les
navires du quartier connaissent bien, et l'ascension,

assez pénible, permet de visiter les restes de l'occupation
britannique : une citerne, la tombe d'un général anglais..
    Mais le bateau continue sa route et l'on passe devant
la baie des *Trois-Rivières* et le bourg de Sainte-Luce ; un

Cl. Juvanon.

FORT DE FRANCE. — Rivière Madame.

arrêt aux Poiriers, où stationnent les gabarres qui desservent le bourg de la Rivière-Pilote par un canal, et
l'on est à Sainte-Anne, bourg petit et coquet, que domine
un assez beau calvaire.
    Si l'arrêt pouvait être plus long, quel plaisir on aurait
à visiter la côte extrême de l'île, la savane, dite des
Pétrifications. les salines, celles appelées Bertrand, du
nom des fils du général Bertrand qui possédèrent et habi-
tèrent ce domaine. Les chasseurs connaissent bien ces
parages où les attirent chaque année les oiseaux migra-
teurs. A noter en face, de l'autre côté du détroit, l'île

voisine, naguère française, Sainte-Lucie que domine sa souffrière élevée et qu'on aperçoit noyée dans la brume.

Sainte-Anne est la dernière étape, les montres et les estomacs marquent midi, encore quelques tours d'hélice et l'on est dans une baie tranquille à l'extrémité de laquelle sommeille un bourg pittoresque, attirant, dont les toits rouges et gris émergent de verts bouquets d'arbres, échelonnant un vallon qui part de la mer et se termine au Fort d'où l'on a une vue magnifique de la rade, des campagnes et des mornes aux formes variées qui l'entourent. C'est le Marin, bourg important, chef-lieu de canton, dont l'église à la façade en pierres brunies par les ans, possède un maître-autel ancien et vraiment remarquable.

En quittant le Marin on peut prendre la route qui conduit au bourg du Vauclin situé à 11 kilomètres et bâti sur le littoral au pied de la belle montagne qui porte son nom. Du haut de ce volcan éteint on a une vue splendide : le bourg, l'usine, les sucreries, les îlets du François, l'Atlantique, la ligne écumeuse des brisants qui barrent l'entrée de la baie du Vauclin et sur lesquels l'on aperçoit, géant endormi de plus de 40 ans, la coque en fer d'un immense navire, le Mississipi, tout cela à vos pieds, semé comme à plaisir par le pinceau d'un peintre ensorceleur, c'est un tableau grandiose et sublime qu'on voudrait avoir toujours devant soi !

A 14 kilomètres du Vauclin est le bourg du François, éloigné de celui du Lamentin de 15 kilomètres.

Du Marin l'on peut aussi arriver au Lamentin en passant par la Rivière-Pilote et le Petit-Bourg. Un service de voitures assure deux fois par semaine le transport des voyageurs du Marin au Petit-Bourg. On traverse la belle commune de la Rivière-Pilote, morcelée couverte de plantations en vivres et légumes du pays, arrosée de cours d'eau, et l'on gravit la pente un peu dure de la *Régale*, véritable point culminant d'où l'on domine sur-

tout les beaux champs de cannes du Petit-Bourg et du
Grand-Bourg, de la Rivière-Salée s'étendant autour de
leurs importantes usines à sucre.

Encore un effort, et l'on peut visiter la fertile com-

Cl. Foureau.

Habitation Paquemart (Récolte de la canne à sucre).

mune du Saint-Esprit, le bourg de Ducos que l'on aperçoit de loin. comme perché en son monticule, enfin le
Lamentin dont les vastes plaines toutes couvertes de
champs de cannes contrastent avec le sol accidenté du
reste du Sud. C'est la dernière étape avant Fort-de-
France où l'on arrive soit par terre, soit en traversant à
bord d'un yacht qui fait le voyage deux fois par jour le
canal aboutissant à la baie du Carénage.

NOTICE HISTORIQUE

C'est à son quatrième voyage, le 15 juin 1502, que Christophe Colomb découvrit la Martinique. Les naturels désignaient l'île sous le nom de Matinina, ou Madiana, ou Mantinino. De la déformation d'un de ces vocables est résulté le nom donné à la colonie. C'est donc à tort que certains historiens disent qu'elle fut découverte le 11 novembre 1493, jour de la fête de la Saint-Martin (Martinico) et que son nom aurait eu le calendrier pour origine.

Débarqué dans les environs du Carbet, Colomb ne fit aucun établissement dans l'île et les indigènes en demeurèrent les seuls maîtres pendant plus d'un siècle.

Ces indigènes, les Caraïbes, étaient bons, hospitaliers et leurs maisons restaient ouvertes; ils pensaient qu'il était juste de manger son ennemi; ils se peignaient le corps de roucou, avaient des cheveux longs et des yeux vifs; ils pratiquaient la polygamie et la polyandrie. On ne pouvait les réduire à la servitude; ils préféraient la mort à la captivité.

Ils furent assez rapidement détruits par la cupidité et la cruauté des Européens.

Le 25 juin 1635, les sieurs l'Olive et Duplessis débarquèrent au même endroit que Colomb et prirent possession de l'île au nom de la Compagnie des Iles d'Amérique.

Mais effrayés par les serpents qui y pullulaient et par l'attitude menaçante des Caraïbes, ils n'y restèrent que deux jours et le 28 juin ils débarquaient à la Guadeloupe dont ils prenaient possession.

Pierre Belain, sieur d'Esnambuc qui, depuis 1625, avait colonisé l'île de Saint-Christophe, et dans un voyage avait provoqué la création, par Richelieu, de la Compagnie des Iles d'Amérique, vint aborder le 1er septembre 1635, à la tête de 150 colons recrutés à Saint-Christophe, à un endroit où il éleva un fortin et où fut bâti plus tard la ville de Saint-Pierre.

Il prit le 17 septembre possession de l'île au nom du roi de France et de la Compagnie et retourna à Saint-Christophe après avoir investi du commandement son lieutenant Dupont.

Les Caraïbes, qui n'avaient pas fait trop mauvais accueil aux nouveaux arrivants, vinrent attaquer le fort, et Dupont eut à repousser cette agression.

Voulant regagner Saint Christophe, Dupont fut pris en mer par des Espagnols. Duparquet, neveu de d'Esnambuc, le remplaça, et fut confirmé dans ses pouvoirs le 2 décembre 1637 par la Compagnie des Iles d'Amérique et par le roi Louis XIII.

A la suite de spéculations malheureuses, la Compagnie vendit les « isles » à des seigneurs. Par contrat du 27 septembre 1650, Duparquet acheta pour 60.000 livres la Martinique, Sainte-Lucie, la Grenade et les Grenadines. Il devint ainsi propriétaire et seigneur sous l'autorité souveraine du roi.

Duparquet se montra un bon administrateur, au sens commercial du mot ; il favorisa la culture du tabac, qui commençait déjà à se déprécier, introduisit celle de la canne à sucre, détruisit les indigènes et inaugura la traite des noirs. Il mourut le 3 janvier 1857 après avoir été gouverneur et sénéchal de l'île pendant vingt ans. Il laissait la colonie florissante.

Mme Duparquet, sa veuve, s'empara du gouvernement pour le compte de ses enfants, sous l'autorité du roi, conformément à la commission qui lui avait été remise le 22 novembre 1653. Les habitants supportèrent difficilement cette autorité féminine ; des séditions éclatèrent entre Normands et Parisiens. Pour rétablir la bonne harmonie, le roi enleva les îles à la domination des particuliers, racheta pour 120.000 livres les droits des héritiers Duparquet et plaça les îles sous la tutelle de la Compagnie des Indes Occidentales qui venait d'être créée, Colbert étant ministre ; cette Compagnie possédait entre autres privilèges le monopole du commerce et de la navigation pendant 40 ans dans les mers d'Amérique.

Dyel de Vandrosque, oncle des enfants Duparquet, avait succédé à la veuve Duparquet, morte au cours de son voyage de retour en France et se vit lui-même remplacé le 5 juin 1663 par de Clermont qui continua la lutte contre les Caraïbes, puis le 19 février 1665 par de Clodoré.

Le 30 juillet 1666, celui-ci, aidé des milices du Prêcheur, commandées par du Gas, repoussa vaillamment les Anglais, qui avaient tenté un débarquement au Nord de Saint-Pierre sous les ordres de lord Willoughby. Une nouvelle tentative faite l'année suivante par le général Jones Harmant à la Grande-Anse du Carbet eut le même résultat.

C'est à cette époque que le conseil colonial de la colonie fut créé, entraînant un droit spécial à la Martinique, droit dont le caractère exceptionnel va en s'accentuant jusqu'à la Révolution.

La guerre avec l'Angleterre entravait les opérations de la Compagnie des Indes Occidentales et favorisait le commerce de contrebande des Hollandais. D'autre part, l'infidélité des agents de la Compagnie et l'incapacité de ses directeurs amenèrent ladite Compagnie à une situation désastreuse. Colbert en proposa la dissolution qui fut effectuée par un édit de décembre 1674, les actionnaires furent payés, les dettes, s'élevant à 3.523.000 livres tournois furent remboursées et la Martinique rentra dans le domaine de la couronne. C'est pendant cette période que fut construite la citadelle de Fort-Royal qui fut terminée en 1672. Mais la construction faite hâtivement et sans méthode dût être reprise, et les habitants qui avaient déjà fait les frais de la première construction n'hésitèrent pas à s'imposer 62.660 journées de travail pour parfaire leur défense.

La ville qui s'était élevée au pied et sous la protection de la citadelle devint le chef-lieu de l'île. Mais bâtie au milieu de marécages elle ne prospéra pas. Un canal destiné à chasser les eaux croupissantes fut entrepris et achevé par les soins des soldats des régiments du Périgord et du Vexin, dont les trois quarts périrent au cours de ces travaux malsains. Le peuple de France se dévouait pour la Martinique. Celle-ci ne se montra pas ingrate.

Le traité de Bréda (1667) avait, pour un temps, fait cesser les hostilités. La guerre de Hollande les ralluma et le 20 juillet 1674 l'illustre Ruyter arrivait à la Martinique avec 6.000 hommes sous ses ordres. Le comte de Stivum, qui avait déjà été nommé gouverneur de la colonie par son gouvernement, tenta un débarquement. Au début de l'affaire, les Hollandais s'emparèrent des magasins du carénage, remplis d'eau-de-vie et de vin ; ils abusèrent de l'occasion et s'enivrèrent.

Ils furent dès lors facilement massacrés par les feux du fort et ceux des navires de guerre embossés et par les milices locales. Ils perdirent 1.500 hommes, au nombre desquels leur commandant, le comte de Stivum.

L'état de guerre obligeant les colons à abandonner leurs plantations, la misère s'accrut et la population européenne fut décimée par la famine et les maladies

A cette époque, les colons formaient deux classes : la première composée d'émigrants venus d'Europe à leurs frais, qu'on dénommait « habitants », la seconde comprenant des travailleurs, engagés pour trois ans et recrutés principalement à Dieppe, au Havre et à Saint-Malo.

Il avait fallu pour suppléer à la main-d'œuvre recourir à la traite des noirs qui jusqu'à cette époque ne s'était exercée que timidement.

Longtemps l'engagé français et l'esclave noir travail-
lèrent côte à côte ; leur situation économique et sociale
ne différait pas profondément.

Un dominicain, Las Cases, ému du sort malheureux
des Indiens-Caraïbes, proposa de « donner aux colons la
permission d'amener des nègres à Cuba pour soulager le
sort des naturels ». Cette proposition qui partait d'un
bon sentiment, n'empêcha pas les Indiens d'être exter-
minés, mais contribua puissamment à l'extension de la
traite des noirs.

Cette traite prit une grande extension et engendra de
tels abus qu'une insurrection des noirs éclata en 1679 ;
cette insurrection fut durement réprimée par le comte
de Blénac, alors gouverneur général des îles.

En 1685, Colbert fit promulguer dans la colonie le
« Code noir » qui réglait les droits et les devoirs des
maîtres.

En 1692, le comte de Blénac transporta à Fort-de-
France le siège du gouvernement général.

Au mépris du traité signé à Londres en 1686, les
Anglais tentèrent une nouvelle expédition contre la Martinique en 1693 : ils débarquèrent 3.000 hommes au
Nord de Saint-Pierre. Les colons, avec leurs milices sous
les ordres du capitaine Duluc, et leurs noirs, les repous-
sèrent en leur faisant subir de grandes pertes.

D'autres tentatives, en octobre 1697 et en décembre 1704, n'eurent pas pour les Anglais de résultats plus
heureux.

Jusqu'ici la colonie avait fait respecter son territoire
par l'étranger, chassé à plusieurs reprises ; par contre,
l'accroissement de sa population et de sa prospérité
avaient été insensibles. A la mort de Louis XIV (1715),
la Martinique, affranchie par le Régent des droits exces-
sifs qui entravaient son commerce, voit se dessiner une
ère de prospérité. Elle va devenir la métropole des
Antilles. Son heureuse situation et la sûreté de ses ports

en firent l'entrepôt central des marchandises d'Europe.
C'est en 1727 que le capitaine Declieux, après une traversée longue et périlleuse, se privant de sa faible ration
d'eau rapporta un plant de caféier sur les trois arbustes
qui lui avaient été confiés par Jussieu. C'est ce pied de
caféier, cultivé avec soin par lui, qui produisit à la
longue toutes les riches plantations des îles et du golfe du
Mexique. Le nom de Declieux est digne de figurer à côté
de celui de Parmentier qui apporta en France la pomme
de terre du Canada. Telle est cependant la grandeur de
la stupidité humaine : ce nom est à peine connu ; tandis
que nous voyons célébrer à l'envi la gloire des généraux
dont le mérite a consisté à exterminer des humains.

En 1717, un nouveau gouverneur, M. de Lavarenne,
arrivait à la Martinique porteur d'instructions du régent
Philippe d'Orléans. Aux termes de ces instructions il
devait « surveiller le relâchement qui se manifestait chez
« les religieux, empêcher les communautés religieuses
« de fonder de trop grands établissements, soutenir les
« petits habitants qui font la force des colonies contre les
« grands et les puissants, et enfin empêcher de trop mul-
« tiplier les sucreries ».

M. de Lavarenne eut le tort de prendre son rôle au
sérieux ; on le lui fit bien voir. Les principaux colons
l'invitèrent à dîner au bourg du Lamentin, se saisirent
de sa personne et de celle de l'intendant Ricouard qui l'ac-
compagnait, et les embarquèrent de force tous deux sur
un navire qui fit voile sur La Rochelle. Ce procédé d'action directe est connu sous le nom de « sédition du
Gaoulé ».

Le nombre des travailleurs augmentant, on cessa en
1738 de faire venir des engagés d'Europe. On eut recours
à la traite des noirs d'Afrique. La population comptait
74.000 âmes dont 60.000 noirs. Ce fut un moment de
grande prospérité ; certains historiens n'évaluent pas à
moins de 20 millions le commerce de la colonie à cette

époque avec les îles Sous-le-Vent, l'Amérique Espagnole et les colonies de l'Amérique du Nord. La guerre qui éclata en 1744 arrêta cet élan. Les colons, délaissant l'agriculture et le commerce, armèrent des corsaires. En 1748, le traité d'Aix la-Chapelle ramena la paix pour huit ans, jusqu'en 1756, année où débuta la guerre de sept ans.

En 1759, 6.000 Anglais commandés par Hopson et Baringtown débarquèrent à Case-Navire, mais furent repoussés par les colons et leurs esclaves. Ils revinrent en 1762 avec une flotte commandée par l'amiral Rodney et débarquèrent 20.000 hommes. Malgré une défense opiniâtre, le gouverneur Levassor de la Touche dut signer la capitulation le 15 février 1762. Les Anglais ne restituèrent la colonie qu'au traité de Paris le 10 février 1763. On procéda alors à des ouvrages de défense et à la construction d'un fort (aujourd'hui fort Desaix) dominant Fort-de-France et sa rade. Ce fort coûta 10 millions, ce qui constituait, pour l'époque, un fort joli denier.

Le 24 juin 1763 naissait aux trois îlets, Marie-Joséphine-Rose Tascher de la Pagerie qui, mariée en premières noces avec le vicomte de Beauharnais, fils du gouverneur de la colonie, devait épouser plus tard Napoléon-Bonaparte et devenir impératrice des Français.

C'est vers cette époque qu'eut lieu la célèbre faillite du père La Valette.

Ce jésuite avait fondé à Saint-Pierre, où il était curé, une maison de banque et de commerce. L'Ordre des jésuites, pour lequel il opérait, avait, par son intermédiaire, acheté et défriché d'immenses terrains et réalisé d'importants bénéfices. Des navires du père La Valette, chargés de marchandises destinées à couvrir des lettres de change sur Marseille, furent enlevés par des corsaires anglais. Les jésuites refusèrent le remboursement des lettres de change et leur banqueroute s'éleva à plus de trois millions.

Cette faillite, succédant à plusieurs autres opérations de même nature, leur nuisit dans l'esprit du roi qui, sur les instances de Choiseul et des parlements, les expulsa par un édit du 9 novembre 1764.

La Martinique rentra alors dans une assez longue période de calme au cours de laquelle elle connût une ère de prospérité que ne fit qu'accroître la guerre de l'Indépendance américaine. La baie de Fort-de-France devint le centre des opérations des flottes françaises.

En 1787, Louis XVI. voulant limiter les pouvoirs des grands colons, dota la Martinique d'une Assemblée coloniale, chargée de l'administration intérieure de l'île. La composition de cette assemb.ée. faite au profit des campagnes et au détriment des villes, fut le point de départ de la rivalité des deux catégories d'habitants durant la Révolution. Celle-ci apporta de grandes modifications à la constitution coloniale et eut une très forte répercussion dans la colonie. D'une façon générale, les villes furent favorables au nouveau régime et les campagnes hostiles.

La nouvelle de la prise de la Bastille fut chaudement accueillie à Saint-Pierre où, malgré la défense du gouverneur, comte de Vioménil, la cocarde tricolore fut arborée. En 1790, la guerre civile éclata entre les habitants de Saint-Pierre et ceux des campagnes. Nous ne pouvons, à notre grand regret, dans une aussi courte notice, donner un aperçu, même incomplet, des événements qui s'accomplirent durant cette période, avec leur cortège d'héroïsme et aussi, hélas ! de lâchetés et de trahisons.

C'est à la Martinique, au cours de ces événements, que l'on commence à voir se dessiner la figure de Dugommier, un des grands généraux de la Révolution....

Les faits se déroulent en présentant une certaine analogie avec ceux de France ; tandis que les « Patriotes » des villes arborèrent la cocarde tricolore, les planteurs, à la

tête de leurs esclaves et d hommes de couleurs libres,
les combattaient avec l'aide des gouverneurs qui, comme
le comte de Béhague, restaient fidèles au drapeau blanc;
Rochambeau, envoyé comme gouverneur général des
îles Sous-le-Vent, ne put débarquer qu'avec l'aide des
patriotes de Saint-Pierre. Le 16 juin 1793, il mit en
déroute à Case-Navire les Anglais appelés par les colons.
« Ceux-ci employèrent, dit Boyer Peyrelau, les deux
« jours suivants à se rembarquer avec la foule d'émi-
« grés et de planteurs qui avaient combattu dans leurs
« rangs ».

Le 28 mars 1792, l'Assemblée législative avait décrété
que tous les hommes de couleur et nègres libres joui-
raient de tous les droits politiques.

Les Anglais cependant ne s'étaient pas découragés;
ils reviennent en force et le 8 février 1794, 10.000 hommes débarquaient sur différents points. Malgré une
héroïque résistance, Rochambeau, trahi et désarmé, se
rendit après 32 jours de siège, n'ayant plus dans le fort
Desaix qu'un seul canon en état de service.

Le 4 février 1794, la Convention, dans un grand élan
d'enthousiasme, avait aboli l'esclavage dans toutes les
colonies françaises. L'invasion anglaise empêcha la Martinique de profiter de cette mesure libérale.

Les Anglais gardèrent la colonie jusqu'à la paix
d'Amiens et l'administrèrent assez sagement pendant les
sept ans que dura leur domination.

Par décret du 18 mai 1802, Bonaparte rétablit l'esclavage et la traite des nègres; il supprima ensuite les listes
d'émigrés et ordonna la restitution aux anciens propriétaires des biens séquestrés (Arrêté consulaire du 28 bru-
maire an XI).

Il détruisit ainsi toute l'œuvre de la Révolution aux
colonies.

En 1809, la Martinique fut à nouveau reprise par les
Anglais qui réussirent assez facilement cette fois dans

Type créole.

leur entreprise grâce à la trahison de plusieurs habitants et à l'incapacité de l'amiral Villaret-Joyeuse.

Ils gardèrent l'île jusqu'à la chute de l'Empire (1814), l'évacuèrent le 2 décembre, y revinrent pendant les Cent jours et occupèrent les forts à titre d'alliés ; mais l'île fut rendue à la France par le traité de novembre 1815.

La royauté rétablit les institutions antérieures à 1789. Elle décida que le port de Saint-Pierre serait seul ouvert aux étrangers, ce qui causa un préjudice économique considérable à la colonie. Elle maintint cependant le Code civil et le Code de procédure civile.

C'est à cette époque que la lutte intérieure entre esclavagistes et anti-esclavagistes atteint son maximum d'intensité.

La Révolution de 1830 rendit les droits civils à tous les hommes de couleur libres et à toutes les personnes libres.

Des mesures tendant à l'affranchissement des noirs prises par le gouvernement rencontraient la plus vive opposition de la part des colons.

« Je ne crois pas, dit M. de Molinari, correspondant
« du *Journal des Débats* (1), qu'on puisse rencontrer un
« gouvernement à idées plus étroites et plus bornées que
« ne l'était celui de cette aristocratie blanche des colonies.
« Jusqu'au dernier moment elle s'est opposée, non seu-
« lement à l'abolition de l'esclavage, mais encore à tout
« changement dans le régime des esclaves et après que
« l'esclavage eût été aboli, son unique préoccupation a
« été de le rétablir ».

La Révolution de 1848 éclata et, à la suite d'une campagne menée par des hommes généreux, à la tête desquels on doit citer Victor Schœlcher, l'esclavage fut définitivement aboli.

Ceci est et restera la gloire de la seconde République.

(1) *A Panama*, par G. de Molinari, 1 vol., 1886. Ed. Guillaumin.

La colonie obtenait en même temps la représentation
à l'Assemblée Nationale et le suffrage universel.

L'immigration de travailleurs remplaça la traite,
mais celle des Africains fut supprimée en 1860.

En 1852, l'Empire supprima l'exercice du suffrage
universel, les fonctionnaires communaux (maires, ad-
joints, conseillers) furent nommés par le gouverneur et
le Conseil général fut nommé moitié par les conseillers
municipaux, moitié par le gouverneur.

Le 3 avril 1861, le pacte colonial fut aboli et la liberté
du commerce et de la navigation accordée aux colonies.

La guerre du Mexique (1862-1866) démontra à nouveau l'importance stratégique de la Martinique et la
valeur du port de Fort-de-France, où la Compagnie
Transatlantique fixe son point d'attache aux Antilles
en 1867.

La guerre de 1870 eut son douloureux écho dans la
colonie qui fut le théâtre de soulèvements vite réprimés.
Un combat entre le « Météore », canonnière prussienne,
et le « Bouvet », aviso français, se termina à l'avantage
de celui-ci.

La troisième République rétablit le suffrage universel.

Depuis cette époque, la Martinique connut une tranquillité relative qui ne fut troublée que par les cyclones
de 1883, de 1890, de 1891, par la catastrophe sans
précédent de la montagne Pelée, et aussi... par les luttes
électorales.

Les Martiniquais, dévoués à la France et à ses institutions, travaillent courageusement à rétablir l'ancienne
prospérité de leur île. Ils fondent aujourd'hui de grands
espoirs sur l'ouverture prochaine du canal de Panama.

TROISIÈME PARTIE

GUADELOUPE

CLIMATOLOGIE ET MÉTÉOROLOGIE (1)

Le climat de la Guadeloupe est relativement doux et la chaleur y est supportable. La température moyenne est de 26° centigrades, le maximum de son élévation variant suivant la saison, entre 30 et 32° à l'ombre, et le minimum entre 20 et 22°. Ces températures s'appliquent aux parties basses de l'île ; car, dans les hauteurs de la Guadeloupe. il faut compter en moins 5°. La chaleur est tempérée par deux brises régulières et alternatives : celle de mer qui souffle depuis le lever jusqu'au coucher du soleil et s'accroît à mesure que le soleil monte à l'horizon, et celle de terre, qui commence à souffler entre six et sept heures du soir et dure presque toute la nuit.

La température des Antilles est soumise à des fluctuations très différentes de celles qu'on observe en France. « Ces variations, disait, en 1817, Moreau de Jonnès, sont « plus régulières, plus rapides et moins grandes ; elles « suivent, avec exactitude, le cours du soleil et se rap- « prochent beaucoup de celles qu'éprouve l'atmosphère « pélagique. » L'éminent géologue, Sainte-Claire Deville, écrivait, en 1843 : « Les lois qui régissent les variations

---

(1) *Annuaire de la Guadeloupe*, 1912,

« dans la pression de l'atmosphère sont, aux Antilles,
« d'une telle régularité qu'il suffirait certainement d'un
« fort petit nombre d'années de bonnes observations
« sédentaires pour les établir d'une manière parfaite. »

Moreau de Jonnès avait déclaré que le terme moyen des variations diverses du thermomètre était à peu près de 5°.

Sainte-Claire Deville a trouvé 5o45.

SAISONS

Deux saisons divisent l'année, l'une plus fraîche et plus sèche, de décembre à mai, pendant laquelle la végétation se repose et certains arbres se dépouillent de leurs feuilles ; l'autre, plus chaude et plus humide, de juin à novembre, période des pluies et des chaleurs que partagent, de juillet à octobre, trois mois d'hivernage, marqués par des pluies diluviennes et des ouragans trop souvent dévastateurs (1).

---

(1) M. Carpentin, médecin principal de la marine, dans la thèse qu'il a soutenue pour le doctorat devant la Faculté de médecine de Paris (le Camp-Jacob, sanatorium des troupes pour leur préservation contre les endémo-épidémies de la zone torride), a été amené à diviser ainsi l'année au Camp Jacob :

Saison fraiche : de décembre à avril exclusivement, partagée en deux périodes : l'une pluvieuse, décembre et janvier, l'autre sèche, février, mars et avril.

Saison de transition : ou renouveau, annonçant l'hivernage, mai et juin.

Saison de l'hivernage : de juillet à octobre inclusivement. Offrant deux constitutions météorologiques : la première pluvieuse, juillet-août, la seconde orageuse, désignée sous le nom d'électrique, septembre-octobre.

Deuxième session de transition : ou petit été de la Saint-Martin, novembre.

La température moyenne au Camp-Jacob est de 21°5, le minimum obtenu en février est de 15°5 et le maximum en août et plus souvent en septembre 28°.

L'altitude du Camp-Jacob est de 540 mètres (Hôtel du Gouvernement).

VENTS. — OURAGANS. - CYCLONES

Le régime des vents aux Petites Antilles et, en particulier, à la Guadeloupe, est fort régulier. Placées dans le grand courant des alizés, ces îles reçoivent surtout les courants aériens allant de l'Est à l'Ouest.

Les vents d'Est ou de Sud-Est qui sont de beaucoup les plus fréquents, apportent de la fraîcheur dans la température, tandis que les vents de Sud-Ouest et de l'Ouest, chauds et humides, amènent souvent des orages et des manifestations électriques.

Les vents de Nord, de Nord-Est et de Nord-Ouest soufflent exceptionnellement. Quand ils prennent ces directions pendant l'hivernage et que le baromètre baisse, c'est un indice certain d'une perturbation atmosphérique grave.

Du mois de novembre à la fin de juin, il est très rare de voir la force du vent prendre des proportions dangereuses, mais il n'en est pas de même pendant la saison dite de *l'hivernage*, qui s'étend du commencement de juillet à la fin d'octobre ; durant cette période, et principalement dans les mois d'août et septembre, se produisent les perturbations atmosphériques connues dans la colonie sous les noms de *coups de vent* ou *bourrasques* et d'*ouragans*, ces derniers plus communément désignés, depuis une trentaine d'années, sous la dénomination de cyclones.

Il y a aux îles deux expressions pour désigner les deux degrés de violence du coup de vent.

Le coup de vent le moins violent, est appelé *bourrasque à bananes*, parce qu'il ne renverse ordinairement que cette musacée, à la tige herbacée et visqueuse.

Le coup de vent, proprement dit, que l'on désigne sous le nom de bourrasque, en Europe, déracine les arbres et peut ébranler et renverser les bâtiments mal assurés. Le désastre qu'il peut produire n'est pas général. Il ne vient que de la partie du Nord ou du moins de la partie comprise depuis le Nord-Ouest jusqu'au Nord-Est. Si, parfois, il souffle de la partie du Sud, ce n'est qu'en retour.

Le coup de vent, comme le cyclone, est accompagné d'une forte dépression barométrique.

Mais, si violente que soit la bourrasque, elle n'est rien cependant, comparée à l'affreuse perturbation atmosphérique que les Caraïbes appelaient *iouállou* et qui inspirait aux anciens habitants des Grandes et des Petites Antilles une terreur si profonde.

CONDITIONS DE SÉJOUR

MÉDECINS CIVILS

Arrondissement de Basse-Terre

Basse-Terre. — Docteurs : MM. Vaudein ✠ ; Déjean ; Petit ; Bertaud ; Valmorin.
Capesterre (Guadeloupe). — M. Arnoux.
Saint-Claude. — M. Dubreuil.
Grand-Bourg. — M. Clède.
Saint-Barthélemy. — M. Degrange.

Arrondissement de Pointe-à Pitre

Pointre-à-Pitre. — Docteurs : MM. Arsonneau, Aubin ; Méloir (Lionel ; Tuder ; Vitrac ; Nicolas ; Karam.
Moule. — M. Noirtin.
Désirade. — M. Noël.

OFFICIERS DE SANTÉ

MM. Pélage, Pointe-à-Pitre; Méloir (Ferdinand), Morne-à-l'eau; Degrange, Saint-Barthélemy.

PHARMACIENS CIVILS

Arrondissement de la Basse-Terre

Basse-Terre. — MM. Ballet; Cellon; Delorme; Houillier fils; Malespine; Nadal.

Trois-Rivières. — M. Beulogne.

Capesterre (Guadeloupe). — MM. Bernissant; Houillier (fils).

Grand-Bourg (Marie-Galante). — M. Arsonneau.

Arrondissement de la Pointe-à-Pitre

Pointre-à-Pitre. — MM. Bideau; Capitaine (Adrien); Capitaine (Gabriel-Michineau-Alfred); Chambertrand; Christon; Desgranges; Durand; François (Victor); Frossard; Houllier-Frossard; Levallois; Roux; Saint-Alary; Sauzeau de Puyberneau.

Lamentin. — M. Dournaux.

Morne-à-l'Eau. — M. Desvarieux.

Moule. — MM. Chérizel; Petit; Pic.

Port-Louis. — MM. Roux; Houllier.

Saint-François. — M. Duportail.

Sainte-Anne. — M. Raimond.

Sainte-Rose. — Une pharmacie.

SAGES-FEMMES

Arrondissement de la Basse-Terre

Basse-Terre. — Mmes Auguste Célicourt; Delbourg; Veuve Palandre; Raphet; Chonkel; Mlle Mégy,

Saint-Claude. — Mme Caberty (Landry).

Grand-Bourg (*Marie-Galante*). — Mlle Georgie ; Mmes Ignace ; Veuve Lovès.

Pointe-Noire. — Mme Jean-Romain.

Arrondissement de la Pointe-à-Pitre

Pointe-à-Pitre. — Mmes Veuve Arsonneau ; Augustin-Justin ; Mlle Boudard ; Mmes Veuve Boullon ; Veuve Chauffrin ; Veuve Christainval ; Gauchet, née Jolivière ; Veuve Giraud, née Marcellin ; Mlle Julien ; Mmes Leufroy, dite Dalmas ; Parfait ; Veuve Parfait ; Rauk, née Quintius ; Zativa ; Bideau.

Baie-Mahault. — Mmes Emilie Dournaux-Surclos ; Hermantin.

Gosier. — Mme Veuve Adrien Ticau.

Morne-à l'Eau. — Mmes Veuve Clavéry, née Forbin ; Nicolas Godard.

Moule — Mmes Veuve Delphine ; François ; Mézence ; Mlle Réoche.

Sainte-Anne. — Mme Ruart-Philastre.

Saint-François. — Mlle Apollon.

DÉPOTS DE MÉDICAMENTS

MM. Adeline, Abymes ; Alexis, Bouillante ; Boulogne, Capesterre (Marie-Galante) ; Daney de Marcillac, Désirade ; Mlle Duportail, Baie-Mahault ; Mmes Duvernoy, Terre-de-Haut (Saintes) ; Veuve Eloi-Cochet, Saint-Louis (Marie-Galante) ; MM. Maire Jules, La Boucan (Sainte-Rose) ; Sourd, Saint-Barthélemy : d'Alexis, Pointe-Noire ; Mlle Trébos (Eugénie), Petit-Bourg ; Sœurs de Saint-Paul, Saint-Martin ; Mme Veuve Kerloury, Petit-Canal ; MM. Caberty, Saint Claude : Bourjac (Albert), Vieux-Habitants ; Mlle Coco, Désirade.

EAUX THERMALES

La Guadeloupe possède de nombreuses sources thermales que l'on a divisées comme suit : .

1° *Eaux sulfureuses.* — Bains chauds du Matouba ; Sources du Galion ; Sources de Saint-Charles ; Sofaïa de Sainte-Rose.

Les eaux de Saint-Charles, recommandées pour les affections de la gorge, ne supportent pas l'embouteillage.

2° *Eaux salines faibles.* — Eaux de Pigeon ou du Curé ; Eaux sur le bord de la rivière de Bouillante ; Dolé ; Ravine chaude du Lamentin.

3° *Eaux salines fortes.* — Fontaines de Bouillante ; Eau du Palétuvier à Bouillante.

4° *Eaux salines avec dépôt ferrugineux.* — Bains jaunes ; Bain de Beauvallon.

BAINS CHAUDS DU MATOUBA

Les bains chauds du Matouba ont une température de 53 à 54° centigrades. Ils sont situés à 1.015 d'altitude, au pied du Nez-Cassé. L'accès de ces bains, dont les vertus curatives sont très grandes dans les affections rhumatismales, est excessivement difficile.

SOURCES DU GALION

Nous avons déjà fait connaissance avec les sources du Galion au cours de nos excursions, leur température varie entre 34 et 70°. Leurs eaux rendent des services appréciables dans les affections de la peau. Comme celles des bains du Matouba, elles ne sont pas exploitées.

SOURCES DE SAINT-CHARLES

Situées sur l'habitation du même nom, les sources de Saint-Charles sont plus connues en raison de leur proximité de la Basse-Terre, dont elles ne sont éloignées que de cinq kilomètres et à une altitude de deux cents mètres environ au-dessus du niveau de la mer.

BAINS-JAUNES

Les eaux des Bains-Jaunes, ainsi dénommées à cause de leur coloration, sont inodores, fades et lourdes

Elles alimentent un bassin naturel qui fait les délices des excursionnistes se rendant à la Soufrière et à l'Echelle ou en revenant

« On éprouve, dit M. le Dr Vaudein dans un compte rendu aux membres du Club des montagnards, en entrant dans le bain une légère sensation de fraîcheur presque aussitôt remplacée par celle d'une douce tiédeur. Il se passe là un phénomène purement physique par loquel le corps cède rapidement à l'eau une partie de sa chaleur. Par cette perte rapide de calorie, la température superficielle du baigneur s'abaisse pour se mettre et se maintenir au degré du bain. En plus de cette action sur l'organisme, action légèrement antiphlogistique et sédative, un autre effet doit aussi se produire Il y a tout lieu de croire que le fer, naturellement dialysé, pénètre par osmose dans le tissu cellulaire, se porte ainsi par voie d'absorption dans le torrent circulatoire et par suite dans tous les points de l'économie pour les enrichir, pour les fortifier. »

EAUX DE DOLÉ

Les eaux de Dolé sont situées dans la section de la commune de Gourbeyre, désignée sous le nom de Grand-Dos d'âne.

Il y a trois sources principales : Caprès, le bain d'Amour et la Digue.

Cette dernière fournit une colonne d'eau assez considérable pour alimenter un bassin immense, à gauche duquel l'administration a dressé des cabines pour la toilette des baigneurs. Sa température est de 33°.

Le fond du bassin est garni de sable et de graviers de couleur grisâtre.

M. Dupuits qui en a fait l'analyse en 1842 déclare que la composition des eaux est identique dans tous les bassins, qu'elles ne contiennent aucun principe sulfureux, ni ferrugineux et qu'elles agissent surtout par leur thermalité. Caprès, à son avis, est plus actif parce que sa température est plus élevée.

M. Nény, pharmacien de 1re classe des colonies, a fait, en 1891, l'analyse de ces dernières eaux.

« Cette eau, dit-il, est limpide, incolore, inodore, sans
« saveur bien prononcée, légèrement alcaline au tourne-
« sol, de densité à très peu près la même que celle de
« l'eau distillée, elle se trouble peu à l'ébullition.

« A cause de leur température élevée, ces eaux peu-
« vent rendre de bons services dans certaines affections.
« Elles contiennent une quantité de matières organiques
« tellement faible qu'elle ne peut être dosée par le per-
« manganate de potasse. Elles peuvent sans inconvé-
« nient servir à l'alimentation, à condition de les laisser
« refroidir et s'aérer d'une manière suffisante. »

RAVINE-CHAUDE-LES-BAINS

Ceux qui ont besoin de la Ravine-Chaude auront l'obligeance de s'adresser à M. G. Favreau fils à Sainte-Marie (Capesterre, Guadeloupe). Ces eaux thermales guérissent des maladies de la pierre (gravelle), du foie, de la rate, des intestins, de la vessie, du rhumatisme aigu, de la paralysie, de la goutte, des reins, enfin de la neurasthénie.

La température de l'eau, qui est de 35°, permet aux baigneurs d'y rester plusieurs heures. Deux superbes bassins pour les deux sexes sont abrités par une maison aux chambres de bains très confortables. Grande propreté partout.

En boisson, l'eau est très légère et peut être absorbée à toutes les heures, même aux repas Elle est recommandée contre la constipation. Mais, comme toutes eaux thermominérales, elle ne se conserve pas indéfiniment. L'air est pur et sédatif.

Le climat convient indéfiniment aux rhumatisants qui se plaignent toujours du froid. Autour de la piscine s'élèvent de charmantes collines ; une belle rivière et un petit gave aux eaux fraîches et limpides complètent l'œuvre de la nature.

Bains chauds pour les malades, bains froids et promenades sous bois de résine aussi salutaires que les pins et les sapins, pour ceux qui sont tant soit peu tristes ou anémiés, tels sont les agréments de ce site pittoresque. De la maison principale on jouit d'un panorama splendide. Devant soi s'élèvent deux mille cocotiers aux cîmes majestueuses et chargés de fruits. Ils sont tous dominés par un palmier géant qui semble être leur roi. Puis vient une vaste plaine arrivant jusqu'à la mer, couverte de champs de cannes aux tons variés. L'usine la Bonne Mère, entourée de maisonnettes parsemées, çà et là, les nombreuses distilleries de rhum ainsi que les maisons des habitations font voir leurs grandes ou leurs petites cheminées, leurs silhouettes tantôt blanches, tantôt grises, tantôt rouges.

Fontaine bouillante. — Fontaine du Curé. — Bain de la Sucrerie

Sur la côte occidentale de la Guadeloupe, à 22 kilomètres de Basse-Terre, se rencontrent à très peu de distance du rivage toute une série de sources thermales. Les plus connues sous le nom de Fontaines ont fait donner par la température parfois très élevée de leurs eaux, le nom de Bouillante à la localité où elles se trouvent. C'est ainsi que s'explique la dénomination de Bouillante donnée à l'une des communes sous le vent de l'île.

A très peu de distance du bourg même de Bouillante et à environ 20 ou 30 mètres dans la mer, se trouvent les véritables *Fontaines bouillantes*. L'eau en est si chaude que c'est pour les habitants une véritable distraction que d'aller, en canot, y faire cuire des œufs attachés dans un mouchoir de poche.

Sur la rive gauche de la rivière qui partage le bourg de Bouillante, au pied du Morne sur lequel est bâti le cimetière, se trouve une autre petite source dont l'eau accuse de 29 à 30° de température.

L'on attribue à ces eaux quelque communication directe avec des cavités souterraines brûlantes de la Soufrière.

La Fontaine du Curé se trouve au village de Pigeon, situé à 4 kilomètres plus au Nord du bourg de Bouillante. Cette fontaine est composée, en réalité, de trois ou quatre sources dont la principale est d'un assez fort débit. L'eau en est très chaude : 39 à 40 degrés. C'est à peine si on en peut supporter le contact. Cette fontaine jouit d'une très grande réputation. De nombreuses cures de rhumatismes auraient déjà été constatées à la suite de son usage. Son nom lui vient de ce qu'un curé de Bouillante qui, comme on le sait, habite Pigeon, avait fait construire, à ses frais, un bassin pour recueillir l'eau de la principale source. Le bassin détruit à plusieurs reprises par les vagues de la mer qui viennent s'y briser, a été toujours reconstruit par les différents desservants qui se sont succédé à la cure de Bouillante.

L'an dernier, cependant, l'Administration locale fit construire à l'Anse Sable où émerge cette source, un bassin fort commode, au-dessus duquel elle fit édifier un abri en bois.

Cette *Fontaine du Curé* est très fréquentée ; les rhumatisants y viennent de partout. Ils seraient plus nombreux si l'on prenait des mesures pour assainir le bourg de Pigeon qui est infesté par le paludisme

Les eaux de la *Fontaine du Curé* ont été étudiées et analysées par M. Dupuits, pharmacien de 1re classe de la marine. Il a observé qu'elles ne produisent aucun effet sur le papier bleu de tournesol et que, conservées cinq minutes dans la bouche. elles finissent par piquer la muqueuse. Elles sont inodores, incolores, très limpides.

Le Bain de la Sucrerie se trouve à un kilomètre du rivage de Pigeon. Son nom lui vient de sa situation sur la propriété « La Lise », dénommée Sucrerie parce qu'autrefois on y faisait du sucre.

L'eau de la Sucrerie est tiède ; sa température est de 29 à 30 degrés. M. Marsolles, propriétaire de l'habitation, y a fait construire un coquet bassin couvert. Cette eau a surtout des vertus rafraichissantes.

HOTELS

A la Basse-Terre. — Hôtel Amélie ; Hôtel Anaïda ; Hôtel Carle.

Repas 3 fr. ; chambre 2 fr.

A la Capesterre. — Hôtel Sensée.

A la Pointe-à-Pitre. — Hôtel Moderne (Cédile) (Perraud, propriétaire) ; Hôtel de Paris (Germain, propriétaire).

Repas 3 fr. ; chambre 3 fr., à 2 lits 5 fr.

Pension : 8 fr. par jour — 150 fr. par mois.

Au Gosier. — Hôtel du Commerce.

Au Moule. — Hôtel de Mme veuve A. Gogo.

A Saint-François. — Hôtel de Mme Onésime.

Repas 2 fr. ; chambre 2 fr. 50.

RENSEIGNEMENTS PRATIQUES SUR LA BASSE-TERRE (VILLE)

La ville de la Basse-Terre est très bien approvisionnée. Au marché couvert qu'égaye et rafraîchit une fontaine monumentale, on trouve chaque matin tous les vivres du pays : bananes, ignames, couscouches, patates, choux

Basse-Terre.

palmistes, etc., et selon la saison les fruits si variés des tropiques : mangues, ananas, figues, bananes, pommes de liane, corossol, etc.

Les légumes figurent aussi, et en quantité suffisante pour l'alimentation de la ville, à côté de quelques fruits d'Europe que l'on a pu réussir à acclimater. On y trouve les concombres, gros et petits, le choux, la laitue, les aubergines, le persil, les melons, la citrouille, la pomme de terre, les petits pois, les asperges, les artichauts, les haricots rouges et blancs, la fraise, la pêche.

La viande de boucherie, vendue après vérification d'un vétérinaire du Gouvernement, est de bonne qualité. Elle se paie entre 0 fr. 90 et 1 franc la livre. Les bœufs sont importés de Saint-Martin et de Saint-Barthélemy, si justement réputés pour l'élevage des bestiaux.

Le mouton se vend 0 fr. 80 ; le porc 0 fr. 70 et la chèvre 0 fr. 60

La volaille, fort commune. revient en moyenne à 1 fr. la livre. Le prix des dindes varie entre 5 et 12 fr. ; celui du canard entre 3 et 4 fr. Une poule de belle grosseur se paie au plus 2 fr. et 2 fr. 25.

On y trouve aussi d'excellents poissons dont la valeur du kilogramme ne dépasse pas 1 fr. 20. Les principaux sont : le thon, le thazard, la dorade, la carangue, la bonite ; comme fritures, l'orphie, le balaou, le coulirou, la tanche, le valiroi ; pour toutes les sauces, le court-bouillon surtout, agrémenté de piment, le capitaine, la grand gueule, l'oreille noire, les yeux de bœufs, le vivano, la pargue, le colas. La tortue, le caret et la langouste sont aussi fort communs, ainsi que le homard, les crabes et coquillages de mer : lambis, huîtres, palourdes.

Les rivières fournissent aussi leur contingent de poissons : le têtard, l'anguille, la sarde, le mulet.

On y trouve, en abondance, des œufs et du lait excellent, les premiers se paient 0 fr 10 pièce et le lait 0 fr. 40 et 0 fr. 50 le litre.

De grand matin les laitiers et boulangers passent à domicile. Tout le reste de la journée, des marchandes de fruits, de légumes, de poissons et de viande parcourent la ville, offrant leurs marchandises.

CONDITIONS DE SÉJOUR AU CAMP-JACOB

Les conditions d'existence sont les mêmes qu'à la Basse-Terre. La viande, la volaille s'y trouvent aux mêmes prix. Les légumes, à cause de leur profusion, coûtent bien moins chers. Par contre le poisson se vend 0 fr. 10 et 0 fr. 15 plus cher les 500 grammes à cause du transport. Il en est de même de la graisse et de certaines épices dont on peut s'approvisionner en ville.

Comme à Basse-Terre, le pain et le lait sont portés chaque matin, à domicile, et l'on peut se dispenser d'envoyer les domestiques au marché municipal; des marchandes de poissons, de viande, de légumes, parcourant la commune toute la journée.

Il existe à Saint-Claude un seul hôtel, tenu par les sœurs de Saint-Paul de Chartres. Placé au milieu du bourg, il peut recevoir une quinzaine de personnes environ. Les chambres sont spacieuses et claires. les mets bien préparés. Pour 8 francs par jour, on a chambre, café au réveil, petit déjeuner, vin, et les principaux repas. Pour les familles, les sœurs consentent une réduction de prix

Le service médical est assuré par les deux médecins de l'hôpital et un médecin civil attaché à un asile d'aliénés. Ce dernier établissement reçoit les malades de la Martinique. celle ci ne possédant actuellement qu'un asile provisoire.

Une pharmacie libre, approvisionnée, même des spécialités les plus nouvelles. est établie presqu'au centre du bourg. Non loin, se trouvent les bureaux de la poste et du téléphone.

On se procure facilement des domestiques. Femme de chambre et cuisinière sont payées entre 12 et 25 fr. par mois.

La première est chargée, en outre, de ses attributions ordinaires, de la lessive et du repassage de tout le linge de la famille.

Les distractions sont nombreuses au Camp-Jacob. En dehors des promenades aux alentours du bourg, les amateurs de belle nature peuvent, en quelques minutes, et sans crainte des insectes et des reptiles venimeux, entrer sous bois et y passer d'agréables heures. Ils pourront également sans trop de fatigue se rendre aux Bains-jaunes.

Dans l'après-midi sur des terrains réservés pour cet usage des parties de lawn-tennis et de crocket sont engagées. Les étrangers qui présentent de bonnes références y sont reçus avec la plus grande amabilité.

Enfin, les parties de pêches au bord des rivières sont en grand honneur, aux sauts du Matouba, du Galion, du Constantin et du Vauchelet.

RESSOURCES DE LA POINTE-A-PITRE

On trouve à la Pointe-à-Pitre un assez grand nombre d'articles de Paris dans les nombreux magasins de la localité.

Deux glacières produisent de la glace artificielle, deux fabriques de conserves d'ananas appartiennent l'une à M. le comte de Novion, l'autre à M. Paladine ; une tannerie est située à 2 kilomètres de la ville sur la route de Gosier ; l'Usine d'Alboussier, aux portes de la ville, comprend une fabrique de sucre et une distillerie, elle produit plus de 30.000 barriques de sucre.

On peut acheter des cartes postales représentant des vues de la colonie ou des types chez « Phos » et chez « Coriol ».

On peut déguster dans les hôtels les plats indigènes qui sont : le fameux *Calalou* qui est confectionné avec *22 plantes différentes*, le *court-bouillon* de poissons, les « acras de titiris », les succulentes écrevisses des colonies, l'agouti, le molocoye, les nombreux poissons du pays, et tous les légumes des pays chauds.

Les étrangers qui veulent faire une promenade aux environs de la ville trouvent des voitures à bon marché chez MM. de Poyen-Stil-Ledoux. A 2 kilomètres de la

ville, ils pourront visiter, sur la route des Abymes (1) « le
Jardin des Plantes » où sont réunies presque toutes les
plantes exotiques et un très beau calvaire ; à 4 kilomètres sur la route de Gosier, ils s'arrêteront à « Poucette »
où il y a un bain excellent d'eau de source et d'eau de
mer, et où l'on prépare une exquise matelote d'anguilles
ou de poissons de rivière. Ceux qui préfèrent voyager en
automobiles, s'adresseront aux loueurs dont les noms
suivent : MM. Saget, Iphigénie, Honoré.

Dans la rade de Pointe-à-Pitre se trouvent des « îlets »
qui servent de station balnéaire, de nombreuses villas
sont louées au prix de 75, 90, 100 fr. par mois d'après
leur dimension ; elles sont meublées. La distance entre
ces îlets et la ville, quand le vent est favorable, est de 10
à 15 minutes ; à l'aviron on met une demi-heure. Le
canot se loue à raison de 25 fr. par mois et on paye un
canotier qui est à votre service, *nuit et jour*, 30 fr. par
mois avec la nourriture ou 60 fr. sans nourriture. Les
îlets les plus fréquentés sont : l'îlet Boissard ou Macary,
l'îlet Peraud, l'îlot Gautier, l'îlet Bariera, l'îlet Mouroux :
ailleurs se trouvent deux îlets sur chacun desquels est
bâtie une seule villa : l'îlot à Feuilles ou Steil, l'îlet
Lépoldo, appartenant au Consul d'Italie.

CERCLES

A la Basse-Terre. — Cercle de la Basse-Terre. Cercle
démocratique.

A la Pointe-à-Pitre.— Cercle des Antilles (entrée permanente accordée aux étrangers et passagers des paquebots). Cercle du Commerce. Cercle de la Concorde.

(1) Abymes. — Commune dont le général de Lacroix, ancien
généralissime est originaire.

LOGES MAÇONNIQUES

Basse-Terre. — Les Elus d'Occident.
Ponte-à-Pitre. — Les Disciples d'Hiram. La Paix. Les Egalitaires.

JOURNAUX ET PUBLICATIONS PÉRIODIQUES

BASSE-TERRE

Le Journal officiel, paraissant le jeudi ; *Le Citoyen,* hebdomadaire ; *La Dépêche*, quotidien ; *La Démocratie,* hebdomadaire ; *L'Étincelle*, hebdomadaire.

POINTE-A-PITRE

L'Avenir, hebdomadaire ; *Bulletin de l'Enseignement primaire*, mensuel ; *L'Emancipation*, hebdomadaire ; *Le Libéral*, hebdomadaire ; *La Guadeloupe littéraire,* hebdomadaire ; *Le Nouvelliste*, quotidien ; *Les Dépêches télégraphiques*, hebdomadaire ; *Le Cri de la Guadeloupe*, hebdomadaire ; *Le Colonial*, hebdomadaire ; *Pointe-à-Pitre*, paraissant trois fois par mois.

ASSISTANCE PUBLIQUE

1° Etablissements entretenus par la colonie

Hospice des aliénés, à Saint Claude.
Hospice des Lépreux, à la Désirade.
Dépôt-infirmerie des immigrants.

2° Etablissements entretenus par les communes

Hospice Saint-Hyacinthe, à la Basse-Terre.
Hôtel-Dieu, à la Pointe-à-Pitre.
Crèche Sainte-Anatilde, à la Pointe-à Pitre.
Orphelinat de la Pointe-à Pitre.
Hospice du Grand Bourg (Marie-Galante).

Saint-Martin. — Il existe à Saint-Martin un établissement hospitalier dirigé par les sœurs de Saint Paul de Chartres.

CORPS CONSULAIRE

Consulat d'Angleterre

M. de Vaux, vice-consul à la Pointe-à-Pitre.

Consulat d'Autriche-Hongrie

M. Tomy Papin Beaufond (Louis).

Consulat de Belgique

M. Levalois, consul à la Pointe-à-Pitre.

Consulat de Danemark

M. Sainte-Croix de la Roncière, consul à la Pointe-à-Pitre.

Consulat d'Espagne

M. G. Collomb, vice-consul à la Pointe-à-Pitre.

Consulat des Etats Unis

MM. Frédéric F.-F. Dumont, consul à la Basse-Terre ; Florandin, vice-consul à la Pointe-à-Pitre.

Consulat d'Italie

M. Petreluzzi, agent consulaire, Pointe-à Pitre.

Consulat des Pays-Bas

M. Thionville, consul à la Pointe-à-Pitre,

Consulat de Suède

MM. De Vaux, consul à la Pointe-à-Pitre ; Maureaux, consul au Moule.

Consulat de Norvège

M. E. Rey, vice-consul à la Pointe-à-Pitre.

Consulat de la Principauté de Monaco

M. Foccart (Guillaume), consul à Gourbeyre.

AUTO. BICYCLETTE. CAMPING

Au point de vue de l'utilisation de l'automobile et de la bicyclette, nous ne pouvons que répéter pour la Guadeloupe ce que nous avons dit pour la Martinique.

Nous croyons cependant que les routes sont moins nombreuses et moins bien entretenues qu'à la Martinique.

En revanche, la Guadeloupe est un pays rêvé pour les amateurs de « camping ».

A moins de trois heures de marche de la Basse-Terre, à partir du Camp-Jacob, on se trouve hors de tout centre habité, dans un pays splendide et dans une solitude absolue.

L'absence complète d'animaux malfaisants (1) donne une sécurité complète aux amateurs de l'hôtel de la belle étoile. Il y a là des sensations neuves à goûter pour les habitants des grandes villes qui recherchent le plein air.

CHASSES

Les forêts de la Guadeloupe sont fort giboyeuses.

On y trouve, toute l'année, la tourterelle et l'ortolan. Le pigeon-ramier y fait son apparition en juillet et émigre en fin octobre. C'est un gibier à la chair exquise, qui se paie dans les villes entre 0 fr. 60 et 1 fr. 10. Juil-

---

(1) Au cours des campagnes entreprises contre la colonie, les adversaires des Français cherchèrent à infester l'île de reptiles, vainement d'ailleurs, car ceux-ci ne s'y développèrent pas.

let et août sont les mois des amours pendant lesquels on le fait venir au roucoulage En septembre ou octobre, on le tue dans les arbres à graines. Celles dont ils sont le plus friands sont : le mahault, l'icaque, le gommier qui donne à sa chair un petit goût amer qui fait les délices des gourmets.

Le gibier à poil est très rare depuis l'introduction de la mangouste qui lui fait une guerre acharnée. L'on ne retrouve plus que fort difficilement l'agouti, tant vanté autrefois.

Dans les étangs, on trouve la sarcelle, la poule d'eau et le canard sauvage.

Il est un autre genre de chasse très attrayant et qui compte autant d'amateurs que la chasse en forêts : c'est la chasse aux marais.

Elle se fait au milieu des palétuviers qui bordent le rivage et quelques îlots marécageux placés dans la Rivière-Salée, entre la commune de Sainte-Rose et le pont de ladite rivière ou Pont-de-l'Union.

Ce sont des gibiers marins de passage qui en font les frais. La bécassine, le pluvier doré, le clinclin, la poule de mer, assez rare, reparaissaient chaque année, d'août à octobre. Le râle d'eau s'y rencontre en toute saison.

Le chasseur trouve partout son plaisir dans les bois de la Guadeloupe, mais il est certains endroits réputés que nous croyons bon d'indiquer ici :

1° La Grande-Chasse, à l'Est de la Citerne, est un vaste plateau de cinq cents hectares au moins, sur lequel on rencontre la Cabane aux agoutis et la Crête-Banza ;

2° La Chasse ou le Plateau d'Alcide, à l'est de la Grande-Chasse ;

3° Le Roucoulage-à-Chonchon, au pied du Piton-Lherminier, 1.130 mètres d'altitude, le plus élevé des huit sommets de la Madeleine ;

4° La chasse du Grand-Étang, après le Roucoulage-à-Chonchon ;

5° Le Roucoulage-à-Boudoute, à une centaine de mètres de l'étang de l'As-de-Pique ;

6° Le plateau de Sébastopol qui s'étend sur les hauteurs de la Capesterre et qui est aussi vaste que la Grande-Chasse.

Dans les montagnes du Vieux-Fort, on peut citer la Crête-Mitan, la Crête-Marchand, les Gobbelins, la Crête de Dos-d'Ane et le Grand-Citronnier, le point culminant de ce massif.

Il est facile aux chasseurs de se procurer un guide. Les conditions ne varient guère. On a un *goujat*, c'est le terme consacré, moyennant cinq francs par seize heures et la nourriture.

FAUNE ET FLORE (1)

La faune de la Guadeloupe est des plus pauvres ; les seuls mammifères que l'on y rencontre sont : l'agouti (*covia agouti*), rongeur de la taille d'un fort lapin, animal indigène à la chair très savoureuse.

Le racoon, petit plantigrade, originaire de l'Amérique du Nord, mais si bien acclimaté dans l'île qu'on le trouve partout. Cet animal est omnivore et cause de grands dégâts ; il s'attaque aussi bien aux cannes à sucre qu'aux volailles, aux fruits, aux écrevisses, etc.

Les ophidiens sont inconnus à la Guadeloupe.

Depuis plusieurs années, la colonie est envahie par un énorme crapaud (*leufo aqua*; introduit à la Capesterre pour la destruction des rats, il s'est répandu dans presque tous les quartiers avec une rapidité prodigieuse ; mais les rats n'ont pas diminué.

Les Chambres d'agriculture ont introduit dans la colonie la mangouste, mongo des Indes orientales. Ce digitigrade a été acclimaté depuis longtemps à la Martinique,

(1) *Annuaire de la Guadeloupe.*

à la Jamaïque, à la Trinidad, à la Barbade et à Porto-Rico. C'est l'ennemie née du serpent et du rat ; elle les tue non seulement pour les manger, mais encore pour le plaisir de tuer ; elle en fait donc un très grand carnage. Elle est aussi très friande de volailles. Elle ne rend plus aucun servée, dépeuple les poulaillers et les propriétaires cherchent à la détruire.

Dans la digue de Destrelan et dans tous les cours d'eau et lagons du voisinage on rencontre une charmante petite tortue d'eau douce pouvant atteindre 40 à 45 centimètres dans son plus grand diamètre.

Cette cistude est originaire des Grandes-Antilles ; elle a été introduite de Porto Rico à la Guadeloupe par le docteur Sainte-Croix Loyseau

Dans les grandes rivières, possédant de larges bassins où les eaux roulent paisiblement, on pêche une écrevisse énorme, le Ouassou (*palæmon jamaicensis*) ; dans les cours d'eau plus rapides et moins larges on trouve une autre écrevisse plus petite, la « queue rouge ». Toutes deux ont la chair très délicate.

Le ouassou atteint, dans l'étang de la Capesterre, dit « Grand-Etang », des proportions très grandes.

La flore de la Guadeloupe est très riche et fort variée, mais inexploitée jusqu'à ce jour.

MOYENS ET VOIES DE COMMUNICATION

CABLES

Deux Sociétés, l'une française, la Compagnie Française des câbles télégraphiques ; l'autre anglaise, la West India and Panama Telegraph Company, relient la Guadeloupe avec les deux continents et les îles voisines.

Chacune de ces compagnies possède, outre la station de la Basse-Terre, un bureau à la Pointe-à-Pitre, mettant ainsi en communication les deux principales villes de la colonie.

Deux tronçons de la première rattachent, en outre, l'archipel des Saintes à la Basse-Terre, et la dépendance de Marie-Galante à la Pointe-à-Pitre.

COMPAGNIE FRANÇAISE
DES CABLES TÉLÉGRAPHIQUES

TARIFS

EUROPE

	Par mot.
Allemagne	6 35
Angleterre	6 33
Autriche Hongrie	6 80
Belgique	6 60
Bosnie-Herzégovine	6 90
Bulgarie	7 00
Danemark	6 85
Espagne { Barcelone	7 00
Iles Baléares	7 10
Gibraltar	7 25
Autres bureaux	7 10
France	6 35
Grèce	7 00
Italie	6 70
Luxembourg	6 60
Monténégro	6 90
Norvège	6 85
Pays Bas	6 70
Portugal	7 05
Roumanie	6 90
Russie d'Europe	7 25
Russie du Caucase	7 55
Serbie	6 90
Suède	7 05
Suisse	6 60
Turquie d'Europe	6 95
Turquie d'Asie	7 45

ANTILLES

		Par mot.
Martinique (1)		0 30
Pointe-à-Pitre		0 05
Les Saintes		0 10
Marie-Galante		0 15
Guyane française. { Cayenne		2 40
Autres bureaux.		2 50
Guyane hollandaise		2 80
Antigoa		6 50
Porto Rico. { San-Juan		} 5 45
Autres bureaux		
Saint-Kitts		6 50
Sainte-Croix		5 85
Saint-Thomas		5 50
Barbade		6 60
Dominique		5 60
Grenade		6 60
Sainte-Lucie		5 70
Saint-Vincent		6 00
Trinité. { P.-of Spain		} 7 20
Autres bureaux		
Jamaïque		7 35
Curaçao		6 20
Venezuela		7 20
Saint-Domingue		5 10
Haïti. { Port-au-Prince		} 5 50
M. Saint-Nicolas		
Cap Haïtien		
Autres bureaux		8 20
Brésil : Pinhéro		5 80
Cuba. { Cienfuegos		7 20
Havane		8 20
Santiago		5 70

AMÉRIQUE ET MEXIQUE

Amérique du Nord.

		Par mot.
Alabama		5 40
Arizona		5 70
Arkansas		5 55
Bahamas		5 85
Bermudes		9 10

(1) La Martinique, minimum de perception, 3 francs.

		Par mot.
Ca'ifornie		5 70
Canada		5 25
Cap Breton		5 25
Caroline (Nord et Sud)		5 40
Colombie (district de).		5 25
Colombie anglaise		5 70
Colorado		5 55
Connecticut		5 20
Dakotah		5 55
Delaware		5 25
Floride {	Pensacola	5 40
	Key-West	5 85
	Autres bureaux	5 55
Géorgie		5 40
Idaho		5 70
Illinois		5 40
Indiana		5 40
Indien (territoire)		5 55
Jowa		5 55
Kentucky		5 40
Louisiane {	New-Orléans	5 40
	Autres bureaux	5 55
Maine		5 20
Manitoba		5 70
Maryland		5 25
Massachussets		5 20
Michigan		5 40
Minnesota. {	Duluth	5 40
	Saint-Paul	5 40
	Winona	5 40
	Minneapolis	5 40
	Autres bureaux	5 55
Mississipi		5 40
Missouri. {	Saint-Louis	5 40
	Autres bureaux	5 55
Montana		5 55
Nebraka		5 55
Nevada		5 70
New Brunswick		5 05
New-Hampshire		5 25
New-Jersey. {	Hoécken	5 25
	Jersey-city	5 20
	Autres bureaux	5 20
New-Mexique		5 25
New-York. {	New-York	5 10
	Brooklyn	5 10
	Autres bureaux	5 25

	Par mot.
Nord Western (territoire)	5 70
Nouvelle-Ecosse	5 25
Ohio	5 40
Oklahoma	5 55
Oregon	5 70
Pensylvanie	5 25
Prince Edouard (Ile du)	5 25
Rhode Island	5 20
Tennesse	5 40
Texas	5 55
Utah	5 70
Vancouvert	5 70
Vermont	5 20
Virginie	5 40
Washington	5 70
Wiscousin	5 40
Wyoming	5 55

Mexique (Voie New York et Galveston).

Chihuahua Gaymas.	}
Montery, Hermosillo	} 5 95
Sabinas Saltillo Sauz et Natamoras	}
Meximo city	6 85
Tampico	6 85
Vera Cruz	6 85
Autres bureaux	7 10

Amérique centrale (Voie New York et Galveston).

Costa Rica		8 85
Guatemala.	San José	7 60
	Autres bureaux	7 85
Honduras.		8 35
Nicaragua.	San Juan del Sur	8 60
	Autres bureaux	8 85
Salvador.	Liberiad	8 10
	Autres bureaux	8 35

Amérique du Sud (Voie New-York et Galveston).

Colombie, Buena-Ventu		10 55
Colombie.	Autres bureaux excepté Colon-Panama	11 80
Bolivie		11 35
Chili		11 35
Equateur		11 35
Pérou		11 35

Nota. — Tous les télégrammes dirigés viâ New-York Galveston seront taxés avec un mot en plus pour la direction.

WEST INDIA AND PANAMA TELEGRAPH COMPANY, LIMITED

(SOCIÉTÉ DES TÉLÉGRAPHES DES INDES OCCIDENTALES
ET DE PANAMA A RESPONSABILITÉ LIMITÉE)

TARIFS

	Par mot.
Antigua	6 70
Barbade	6 80
Colon	5 35
Cuba	5 85
Curaçao (voie Santiago)	11 25
Dominique	5 75
Grenade	6 75
Guyane anglaise, Georgetown	9 60
— autres stations (ajouter 65 cent. par dépêche)	9 60
Guyane française (Cayenne)	4 80
— autres stations	5 00
Guyane hollandaise	2 80
Haïti, Môle Saint-Nicholas (voie Santiago)	8 35
— Port-au-Prince et Cap-Haïtién (voie Santiago)	9 60
— autres stations (voie Santiago)	12 10
Jamaïque, Kingstown et Holland Bay	7 35
— autres stations (ajouter 1 fr. 35 par dépêche)	7 35
Martinique	0 60
Panama	5 90
Pointe-à-Pitre	0 05
Porto Rico, San-Juan	5 25
— autres stations (ajouter 33 centimes par mot, à l'exception de cinq mots de l'adresse)	5 25
San Domingo, toutes stations (voie Santiago)	10 85
Santa-Cruz	6 00
Saint-Kitts	6 70
Sainte-Lucie	5 85
Saint-Thomas	5 70
Saint-Vincent	6 20
Trinidad, port d'Espagne	} 7 35
— San-Fernando	
Venezuela, Porto-Cabello (voie Santiago)	12 85
— autres stations	12 35

	Par mot.
A l'Amérique du Nord, à l'Europe, etc. (Voie de la Havane).	
Autriche et Hongrie	6 80
Bermuda.	9 30
Cap-Breton, Galveston	5 60
Colombie.	6 10
Espagne, Barcelone	7 00
— autres stations.	7 10
États-Unis, Est du Mississipi	} 5 10
— Floride	
— Ouest du Mississipi.	5 60
Grande-Bretagne et Irlande, France, Allemagne, Pays-Bas et Belgique	} 6 35
Grèce	7 00
Ile du Prince-Edouard	6 00
Ile Vancouver	5 60
Italie	6 70
Norvège, Danemark	6 85
Nouvelle-Ecosse, nouveau-Brunswick, Canada.	
Terre-Neuve.	5 35
Russie d'Europe	7 25
Suède.	7 05
Suisse.	7 05
Saint-Pierre-Miquelon.	5 00

EXTRAIT DU RÈGLEMENT
RELATIF A LA CORRESPONDANCE TÉLÉGRAPHIQUE

A. *Rédaction des dépêches.*

1° ADRESSE.— Toute adresse comprend au moins deux mots : le premier désigne le destinataire ; le second le bureau télégraphique de destination. Elle doit, de plus, contenir toutes les indications nécessaires que la remise au destinataire ait lieu sans recherches.

TEXTE. — Le texte des messages peut être rédigé en langue clair ou en langage secret. Le langage secret comprend le langage convenu et le langage chiffré.

Les mots du langage convenu ne peuvent contenir, au maximum, que dix caractères et sont empruntés à une ou plusieurs des langues allemande, anglaise, espagnole, française, hollandaise, italienne, portugaise et latine. Les noms propres ne peuvent figurer dans les messages rédigés en langage convenu qu'autant qu'ils y sont employés, avec leur signification, en langage clair.

B. *Compte des mots*.

Chaque mot ayant, au maximum, dix caractères compte pour un mot.

Chaque mot ayant plus de dix caractères compte pour autant de mots qu'il contient de fois dix caractères, plus un mot pour l'excédent, s'il y a lieu.

Toutefois, comptent pour un seul mot, quel que soit le nombre de caractères dont ils se composent, mais à la condition qu'ils fassent partie de l'adresse, le nom du bureau d'origine, le nom du bureau de destination, ainsi que celui de la subdivision territoriale du pays de destination.

Les mots joints par un trait d'union ou séparés par une apostrophe comptent pour autant de mots séparés.

Les groupes de chiffres comptent pour autant de mots qu'ils contiennent de fois trois caractères, plus un mot pour l'excédent, s'il y a lieu.

Le souligné, la parenthèse (les deux signes servant à la former), les guillemets (signes distinctifs placés à la tête et à la fin d'un même paragraphe) et tout caractère isolé, lettre ou chiffre, comptent pour un mot.

C. *Réponse payée*.

L'expéditeur d'un message peut payer d'avance la réponse qu'il demande à son correspondant. Dans le cas où la dépêche ne pourrait être remise et dans celui, également, où le correspondant refuserait d'envoyer une réponse, l'expéditeur en serait informé par une dépêche du bureau de destination. Cette dernière dépêche tiendrait lieu de réponse.

D. *Collationnement des dépêches*.

L'expéditeur d'une dépêche a la faculté d'en demander le collationnement, moyennant le paiement supplémentaire d'une taxe égale au quart du coût de la dépêche.

LIGNES TÉLÉPHONIQUES

Un réseau téléphonique, exploité par l'Administration locale, met en communication toutes les parties de la colonie.

Deux lignes, partant de Basse-Terre et aboutissant à la Pointe-à-Pitre relient toutes les communes de la Guadeloupe proprement dite.

La première, dite ligne du Vent, dessert Gourbeyre, Trois-Rivières, Capesterre, Goyave, Petit-Bourg et les hameaux de Bananier et Saint-Sauveur ;

La deuxième, dite ligne Sous-le-Vent avec arrêts au Baillif, Vieux-Habitants, Bouillante, Pointe-Noire, Deshaies, Sainte-Rose, le hameau de la Boucan, le Lamentin et Baie-Mahault.

Une autre ligne téléphonique relie Basse-Terre à Saint-Claude.

Enfin, une ligne circulaire partant de la Pointe-à-

BAILLIF. — Pont de la rivière des Pères.

Pitre, dessert toutes les communes de la Grande-Terre.

Les trois communes de la dépendance de Marie-Galante : Grand-Bourg, Capesterre et Saint-Louis sont reliées entre elles par un dernier réseau.

Les bureaux de Basse-Terre et de Pointe-à-Pitre sont ouverts au public de 7 heures du matin à 7 heures du soir. Les dimanches et jours fériés ils sont ouverts de 7 heures à midi et de 3 heures à 7 heures du soir, les dépêches officielles sont reçues jusqu'à 7 heures.

Les bureaux des communes sont ouverts au public de 7 heures du matin à midi et de 2 heures à 6 heures du soir. Les dimanches et jours fériés ils ferment à midi.

Le coût des messages téléphoniques est de 50 centimes jusqu'à vingt mots. A partir de ce chiffre la taxe est de 5 centimes par deux mots. Les soulignés comptent double. "

Pour la conversation : 1 fr. 50 par trois minutes.

Des abonnements sont consentis aux particuliers à raison de 15 francs par mois pour l'abonnement limité et 42 fr. 50 pour l'abonnement général.

Le premier donne droit à quatre-vingt-dix dépêches par mois et deux conversations par jour, dans l'arrondissement seulement.

VOIES DE COMMUNICATION

La Basse-Terre communique avec les communes de la Guadeloupe proprement dite par deux voies de grande communication qui aboutissent à la Pointe-à-Pitre par le pont de l'*Union*, sur la Rivière-Salée.

La première dessert les communes et hameaux *du vent* : Gourbeyre, Trois-Rivières, Capesterre, Saint-Sauveur, Goyave, Sainte-Marie, Petit-Bourg ; la seconde, dite route *Sous le Vent* traverse : Baillif, Vieux-Habitants, Bouillante, Pointe-Noire, Deshaies, Sainte-Rose, Baie-Mahault et Petit-Bourg.

Celle-ci n'est carrossable que sur une partie de son parcours et ne présente que peu d'intérêt. La première, au contraire, court tantôt entre les défilés escarpés, tantôt au milieu de plaines verdoyantes ou longe le rivage en certains endroits. Des sites très pittoresques, ne cessent de se dérouler sous les yeux du voyageur.

L'on y rencontre quelques travaux d'art dont l'un des plus importants, au moins par son ancienneté, est le pont du Galion. Il a été construit sous Louis XV, à deux kilomètres environ du centre de la ville, aux pieds du fort Richepanse.

TRANSPORT DES VOYAGEURS

En ce qui concerne le transport des voyageurs. On peut utiliser les services d'automobiles (voir ci-après) et les voitures de louage dont les tarifs sont les suivants :

Intérieur et autour de la ville de Basse-Terre

VERSAILLES PONT DU GALION, HOSPICE SAINTE-HYACINTHE

1/4 de journée, soit 2 heures 1/2	6 francs.
1/2 journée, soit 5 heures	9 —
1 journée, soit 10 heures.	15 —

De Basse-Terre à Baillif

1/4 de journée	6 francs.
1/2 journée	9 —
Journée	15 —

De Basse-Terre aux propriétés

Bellevue, 1/2 journée.	5	francs.
Convalescence, *idem*	5	—
Bovis, *idem*.	20	—
Campry, *idem*	20	—
Bouvier, *idem*	20	—

De Basse-Terre aux Vieux-Habitants

1/2 journée	25	francs,
1 journée	35	—
au pont du Marigot	35	—

De Basse-Terre à Saint-Claude

A l'Eglise ou à l'hôpital, 1/2 journée. .	10 francs.
Au Gouvernement, 1/2 journée. . . .	12 —
A l'entrée de la route du Bain jaune, 1/2 journée	14 —
Au bas du Morne Crève-Cœur, 1/2 journée	15 —
Au haut du Morne, 1/2 journée . . .	20 —
Aux propriétés Choisy, 1/2 journée . .	14 —
— Bagatelle, 1/2 journée .	20 —
— Parnasse, 1/2 journée .	20 —
— Au Grand-Val, 1/2 journée	15 —

De Basse-Terre à Gourbeyre

Saint-Charles, 1/2 journée	8 francs.
L'Eglise.	10 —
Dolé, 1/2 journée.	12 —
Grand-Camp, 1/2 journée	12 —

De Basse-Terre aux Trois-Rivières

Bourg, 1/2 journée	20 francs.
Propriété Latapie.	25 —
Schœlcher (Hameau).	30 —

De Basse-Terre à Capesterre.   50 francs.

Avec retour le lendemain	75 —

De Basse-Terre à Goyave

1 journée	80 francs.
Avec retour le lendemain	120 —

De Basse-Terre à Petit-Bourg.   100 francs.

Avec retour le lendemain	150 —

De Basse-Terre à Pointe-à-Pitre.   150 francs.

Ces prix sont doublés pour les voitures de trois et quatre places.

SERVICES D'AUTOMOBILES

(SOCIÉTÉ HONORÉ)

DE LA POINTE-A-PITRE A LA BASSE-TERRE (68 kilomètres)

Par Petit-Bourg, Goyave, Capesterre, Saint-Sauveur, Trois-Rivières et Gourbeyre (trajet recommandé).
Départ de Saint-François : 6 heures du matin.
Arrivée à Pointe-à-Pitre : 10 h. 35 du matin.
Départ de Pointe-à-Pitre : 3 heures du soir.
Arrivée à Saint-François : 7 heures du soir.
Prix : 11 francs par personne.

LIGNES AUTOMOBILES

(SOCIÉTÉ FÉLIX IPHIGÉNIE ET Cie)

1° Pointe-à-Pitre à Saint-François ;
2° — au Moule ;
3° — à Sainte-Rose (sera prochainement ouverte).
Départ de Saint-François : 6 heures du matin.
Arrivée à Pointe-à-Pitre : 8 h. 1/2.
Départ du Moule : 6 h. 1/2 du matin.
Arrivée à Pointe-à-Pitre : 9 h. 1/4.
Les voitures contiennent quinze voyageurs chacune.
Prix :

LIGNE DE POINTE-A-PITRE A SAINT-FRANÇOIS

	1re classe	2e classe
Pointe-à-Pitre à Sous-le-Fort . .	0 fr. 50	0 fr. 35
Sous-le-Fort à Poucet.	» 50	» 35

	1re classe	2e classe
Poucet à Gosier.	» 50	» 35
Gosier à Mare Gaillard	» 50	» 35
Mare Gaillard à Casse.	» 50	» 35
Casse à Sainte-Anne	» 50	» 35
Sainte-Anne à Poirier de Gissac.	» 50	» 35
Poirier de Gissac à Chateaubrun	» 50	» 35
Chateaubrun à Courcelles	» 50	» 35
Courcelles à Point de vue ou Roche	» 50	» 35
Point de vue à Saint-François	» 50	» 35
Pointe-à-Pitre à Gosier	1 fr. 50	1 fr. »
— à Sainte-Anne	3 » 25	2 » 25
— à Courcelles.	4 » 50	3 » »
— à Saint-François	5 » 50	3 » 75

Arrêts obligatoires : Pointe-à-Pitre, Gosier, Sainte-Anne, Poirier de Gissac, Courcelles, Saint-François.

Arrêts facultatifs : Sous-le-Fort, Poucet, Mare Gaillard, Casse, Chateaubrun, Point de vue ou Roche.

Une deuxième réduction sera consentie au public dans quelques mois, dès que sur certains points du parcours, les améliorations projetées seront achevées.

LIGNE DE POINTE-A-PITRE AU MOULE

	1re classe	2e classe
Pointe-à-Pitre à Reizet	0 fr. 50	0 fr. 30
Reizet aux Abymes	» 50	» 30
Abymes au chemin de Chazot	» 50	» 30
Chazot au Palais-Royal	» 50	» 30
Palais-Royal à Bordon	» 50	» 30
Bordon à Gripon	» 50	» 30
Gripon à Lasserre	» 50	» 30
Lasserre à Blanchet	» 50	» 30
Blanchet à Lacroix	» 50	» 30
Lacroix à L'Oranger	» 50	» 30

	1re classe	2e classe
L'Oranger à La Baie	» 50	» 30
La Baie au Moule	» 50	» 30
Pointe-à-Pitre aux Abymes . . .	1 fr. »	0 fr. 60
— à Gripon . . .	2 » 40	1 » 60
— à Blanchet . . .	3 » 15	2 » 10
— au Moule . . .	4 « 95	3 » »

Arrêts obligatoires : Pointe-à-Pitre, Abymes, Gripon, Blanchet, Moule.

Arrêts facultatifs : Reizet, Chazot. Palais-Royal, Bordon, Lasserre, Lacroix, L'Oranger, La Baie.

SERVICE DE BATEAUX (Compagnie Tony Papin)

POINTE-A-PITRE A BASSE-TERRE

Départ de Pointe-à-Pitre : lundi à 8 heures du matin.
Arrivée à Basse-Terre : lundi à 2 h. 1/2 du soir.
Départ de Basse Terre : mardi à 8 heures du matin.
Arrivée à Pointe-à-Pitre : mardi à 2 h. 1/2 du soir.
Départ de Pointe-à-Pitre : jeudi à 8 heures du matin.
Arrivée à Basse-Terre : jeudi à 2 h. 1/2 du soir.
Départ de Basse-Terre : vendredi à 8 heures du matin.
Arrivée à Pointe-à-Pitre : vendredi à 2 h. 1/2 du soir.
Prix : 1re classe, 11 francs (arrière) ; 2e classe, 5 fr. 50 (avant).

Escales à Sainte-Rose, Deshaies, Pointe-Noire, Bouillante et Vieux-Habitants.

Prix du déjeuner à bord : 5 francs.

LA POINTE-A-PITRE AU PETIT-BOURG

(Bateaux de la Compagnie Papin)

Départ de Pointe-à Pitre : 7 heures du matin.
Arrivée à Petit-Bourg : 7 h. 3/4 du matin.
Départ de Petit-Bourg : 9 heures du matin.

Arrivée à Pointe-à-Pitre : 9 h. 3/4 du matin.
Départ de Pointe-à-Pitre : 4 heures du soir.
Arrivée à Petit-Bourg : 4 h. 3/4 du soir.
Départ de Petit-Bourg : 5 heures du soir.
Arrivée à Pointe-à-Pitre : 5 h. 3/4 du soir.
Prix : 1re classe, 1 franc ; 2e classe, 0 fr. 50.

POINTE-A-PITRE A MARIE-GALANTE

(Bateaux de la Compagnie Papin)

Départ de Pointe-à-Pitre : 6 h. 1/2 du matin.
Arrivée à Marie-Galante : 9 heures du matin.
Départ de Marie-Galante : 1 h. 1/2 du soir.
Arrivée à Pointe-à-Pitre : 3 heures du soir.
Escales à Saint--Louis, arrivée à Grand-Bourg.
Prix : 1re classe, 8 francs ; 2e classe, 4 francs.

POINTE-A-PITRE AU PORT-LOUIS

(Bateaux de la Compagnie Papin)

Départ de Pointe-à-Pitre : samedi à 6 heures du matin.
Arrivée à Port-Louis : samedi à 8 heures du matin.
Départ de Port-Louis : dimanche à 3 heures du soir.
Arrivée à Pointe-à-Pitre : dimanche à 8 heures du soir.
Escales au Petit-Canal.
Prix : jusqu'au Petit Canal, 1re classe 2 francs ;
2e classe 1 franc, ou *vice versa*.
— jusqu'au Port-Louis : 1re classe 4 francs ;
2e classe 2 francs, ou *vice versa*.

DÉSIRADE A SAINT-FRANÇOIS

Desservie par un bateau-poste partant de la Désirade le lundi de chaque semaine à 9 heures du matin et revenant le soir à 8 heures.

LIGNE DES SAINTÉS

Desservie par un bateau à voile partant de Terre de
Haut pour la Basse-Terre les mercredi et samedi de cha-
que semaine à 4 heures du matin et arrivant à la Basse-
Terre les mêmes jours à 8 heures du matin.

Le bateau repart de la Basse-Terre les mercredi et
samedi à 1 heure de l'après-midi.

Escale à l'Anse à Dos (Terre de Bas) dans les deux
sens.

DE LA BASSE TERRE A SAINT-CLAUDE

Service quotidien. Voiture à mules de 6 places

Départ de Basse-Terre : 7 heures du matin.
Arrivée à Saint-Claude : 8 h. 1/4 du matin.
Départ de Saint Claude : 8 h. 1/2 du matin.
Arrivée à Basse Terre : 9 h. 1/4 du matin.
Départ de Basse-Terre : 3 h. 1/2 du soir.
Arrivée à Saint-Claude : 4 h. 3/4 du soir.
Départ de Saint Claude : 6 heures du soir
Arrivée à Basse-Terre : 5 h. 3/4 du soir.
Prix : de Basse-Terre à Saint-Claude, 3 francs.
— de Saint-Claude à Basse-Terre, 2 francs.

CHEMIN DE FER

Nous empruntons au journal *L'Avenir* du vendredi
2 août 1912, l'article suivant qui intéressera tout particulièrement les touristes :

« C'est une véritable satisfaction pour nous d'annoncer
à nos lecteurs que le chemin de fer qui doit permettre
aux habitants de la Pointe-à-Pitre d'aller facilement
dans les hauteurs de la Baie-Mahault et du Petit-Bourg
est aujourd'hui une chose faite.

Grâce à l'amabilité bien connue de M. Fernand Borel
nous avons pu nous en rendre compte hier *de visu*.

Hier donc à 2 heures de l'après-midi, à Jarry, nous sommes monté avec quelques amis dans un wagon spécial pour voyageurs et trois quarts d'heure après nous étions à Fontarabie.

Ce wagon dont nous parlons a été fait ici-même par M. Urie, mécanicien de l'usine La Retraite. Il est assis sur ressorts de sorte qu'on n'est pas secoué. Nous en faisons nos compliments à M. Urie. Il est ouvert de tous côtés et l'on y a très frais, tandis qu'on peut facilement admirer le paysage.

Le chemin de fer ne sera entièrement terminé que dans trois mois, mais d'ores et déjà il arrive tout près de Fontarabie où nous avons pu nous rendre à pied.

Il est facile de prévoir qu'en dehors de la production de la canne que cette voie ferrée va stimuler, il rendra bien d'autres services aux quartiers qu'il dessert.

Beaucoup de personnes se rendront en changement d'air dans ces fraîches campagnes. A cet effet on y construira des villas, dont les matériaux seront facilement transportés par le chemin de fer lui-même.

Il se créera en ces hauteurs un dépôt central de marchandises où les boutiques voisines viendront s'approvisionner.

La facilité de se rendre dans ces lieux y amènera bien d'autres changements que nous ne pouvons même pas prévoir...

La proximité de la Pointe-à-Pitre aura une influence considérable sur l'utilisation de la voie ferrée.

Les habitants des Hauteurs qui paient très cher en ce moment pour transporter leurs denrées à la ville et qui y viennent le plus souvent à pied tireront un grand bénéfice de ce nouveau moyen de transport.

A quelle époque exacte le chemin de fer fonctionnera-t-il pour les voyageurs ?

C'est ce que nous ne pouvons pas encore dire, mais nous avons l'assurance que ce service sera créé, parce qu'il est dans l'ordre des choses ; il est utile et nécessaire.

Nous félicitons M. F. Borel et sa société de l'œuvre accomplie.

Ces dix-huit kilomètres de chemin de fer représentent un travail considérable. Il faut l'avoir vu pour s'en rendre compte. Nous félicitons également M. Armand Raimond qui a établi le plan et dirigé le travail.

Hier soir, au crépuscule, en roulant à une assez vive allure au milieu de ces belles campagnes, en respirant l'air pur qui venait nous fouetter le visage, nous pensions qu'il n'y a pas à désespérer d'un pays où il y a encore des hommes de mérite, dont la modestie est grande, mais dont la valeur est attestée par leurs œuvres ».

DESCRIPTION GÉOGRAPHIQUE

La Guadeloupe, située par environ 16°15' de latitude Nord et 63°52' de longitude Ouest (La Pointe-à-Pitre, ville centrale), est l'une des plus pittoresques îles du magnifique groupe des Petites-Antilles. Son pourtour est de 444 kilomètres et sa plus haute altitude de 1.484 mètres.

Ses côtes fort irrégulières, capricieusement découpées, offrent des aspects surprenants par leur diversité.

Ici, taillées à pic dans le roc, elles présentent comme dans la partie Nord de l'Anse-Bertrand, de hautes falaises où les vagues viennent se briser avec fracas ; là, ce sont des baies profondes : celles de Sainte-Rose et de la Grand'Anse des Trois-Rivières entre autres ; garnies d'un sable fin, noir ou blanc, où la lame s'allonge et se retire en d'éternelles caresses.

Tantôt, c'est une pointe aiguë, la Pointe-des-Châteaux, par exemple qui s'avance hardie vers l'océan ; tantôt c'est une chaussée de granit qui borde le pied de la montagne, à une faible hauteur de l'onde et que surplombe une falaise imposante.

Juste au milieu et séparant l'île en deux parties bien distinctes, un bras de mer s'étend du Nord au Sud.

Certains historiens prétendent que, trompés par son aspect, les premiers colons lui donnèrent le nom de Rivière-Salée. Ses dimensions ne dépassant pas celle d'une rivière, il y a tout lieu de croire, avec d'autres, que cette dénomination n'est pas le résultat d'une méprise.

La Rivière-Salée ne mesure, en effet, que six milles de longueur sur une largeur variant entre 30 et 120 mètres. Ses extrémités sont, en outre, fermées par des hauts fonds qui la rendent inaccessible aux bateaux d'un certain tonnage, tandis que les palétuviers qui croissent sur ses rives rendent la navigation difficile aux petits bateaux, malgré la profondeur de son lit.

Elle s'ouvre, au Nord, sur une baie immense, appelée Grand Cul-de-Sac.

Au Sud, elle aboutit à une baie beaucoup moins large, le Petit Cul de-Sac, au fond de laquelle se dresse la Pointe-à-Pitre.

Pour avoir des dimensions plus restreintes, la baie du Petit Cul-de-Sac n'en est pas moins grandiose que sa sœur de l'autre bord ; et elle est certainement plus attrayante.

Son horizon est fermé par de véritables bouquets d'arbres, par des îlets, couronnés de la chevelure toujours verdoyante de hauts cocotiers. Les îlets de Feuilles, à Chasse, Madeleine et à Cochons, auxquels se joignent des bans de madrépores constituent le fond du grand lac qui forme le port de Pointe-à-Pitre.

Une issue, un simple chenal en permet l'accès. Il s'ouvre entre les îlets à Cochons et Monroux.

A l'Ouest de la Rivière-Salée se trouve la « Guadeloupe proprement dite », à l'Est est la seconde partie connue sous le nom de Grande-Terre.

La communication entre ces deux îles avait lieu, autrefois, au moyen d'embarcations particulières et d'un bac établi dans la rade de la Pointe-à-Pitre. Ce bac ne répondant pas aux besoins de la population, il en fut créé un second au point terminus de la route venant de Basse-Terre.

Une gabarre assurait le passage. Elle pouvait contenir dix cavaliers avec leurs chevaux et autant de piétons.

Un fort câble attaché à ses deux extrémités permettait de le tirer d'un bord à l'autre, selon les besoins.

Ce mode de passage était fort défectueux et présentait de réels dangers. A plusieurs reprises, par la rupture du câble, des accidents, suivis de mort d'hommes, furent à déplorer.

En 1906, un pont tournant remplaça la gabarre désuète, et l'unique inconvénient du passage consiste, aujourd'hui, pour les voyageurs, dans la piqûre des moustiques fort nombreux en cet endroit.

DIVISION TERRITORIALE

La Guadeloupe est divisée en deux arrondissements : 1° Basse-Terre ; 2° Pointe-à-Pitre.

Ces deux arrondissements comprennent 11 cantons et 34 communes :

Arrondissement de la Basse-Terre

Canton de la Basse-Terre : Basse-Terre, Baillif, Gourbeyre, Saint-Claude, Vieux-Fort, Vieux-Habitants.

Canton de Capesterre : Capesterre, Coyave, Terre-de-Bas, Terre-de Haut, Trois-Rivières.

Canton de Marie Galante : Grand-Bourg, Capesterre, Saint-Louis.

Canton de Pointe-Noire : Pointe-Noire, Bouillante, Deshaies.

Canton de Saint-Martin : Saint-Martin.

Canton de Saint Barthélemy : Saint-Barthélemy.

Arrondissement de Pointe-à-Pitre

Canton de Pointe-à Pitre : Pointe-à-Pitre, Abymes, Gosier, Morne-à-l'Eau.

Canton de Lamentin : Lamentin, Baie-Mahault, Petit-Bourg, Sainte-Rose.

Canton du Moule : Moule, Sainte-Anne.

Canton de Port-Louis : Port-Louis, Anse-Bertrand, Petit-Canal.

Canton de Saint-François : Saint-François, Désirade.

GUADELOUPE PROPREMENT DITE

La Guadeloupe proprement dite, improprement appelée la *Basse-Terre*, est située à l'Ouest de la Rivière-Salée.

Elle a la forme d'un ovale irrégulier, allongé du Nord au Sud et mesurant 180 kilomètres de circonférence. Ses points extrêmes sont : la pointe Allègre et la pointe du Vieux-Fort ou Delannay.

Au centre, du S.-S.-E. au N.-N.-O. s'allonge une chaîne de hautes montagnes dont le point culminant est la Soufrière (1.484 mètres). Parfois elles s'abaissent graduellement et vont, en pentes douces, mourir au rivage, parfois aussi, elles s'arrêtent brusquement, en plein pays, surplombant d'un escarpement majestueux des plaines immenses où miroite au soleil, le fil d'argent d'un ruisseau.

Sur leurs flancs, de longues déchirures dont le ton sombre tranche sur le vert foncé d'alentour, rappellent le souvenir des éruptions d'autrefois. Ce sont des sillons laissés par les coulées de lave enflammée.

Aujourd'hui, le tuf a recouvert la lave. Des fougères arborescentes y croissent, pleines de sève. Et au fur et à mesure qu'on s'élève, des mousses et des lichens garnissent jusqu'aux plus hauts sommets.

De riantes collines, d'où s'échappent les chants d'oiseaux s'étagent sur leurs flancs. Des forêts garnies d'arbres séculaires couvrent quarante mille hectares de terrain. Elles renferment des essences variées et des bois de construction.

Des sources abondantes, tantôt chaudes, tantôt froides, sourdent de tous côtés. Des chutes vertigineuses déversent des masses d'eau qui se transforment en d'innombrables rivières limpides et froides.

C'est partout la vie intense des tropiques, *sans que l'on ait à redouter la rencontre d'une bête malfaisante, la piqûre d'un reptile venimeux*.

La nature splendide de ce petit coin du globe, sa végétation luxuriante, l'harmonie de ses paysages, le pittoresque de ses sites ravissent le touriste et provoquent l'admiration du voyageur qui longe ses côtes.

Pour l'habitant, c'est la vie parmi les splendeurs d'une nature enchanteresse, au milieu des frondaisons toujours jeunes, des lianes éperdument enlacées et des fleurs multicolores dont chaque matin le gai soleil vient cueillir la tremblante rosée.

L'aspect de désordre et de confusion, que nous venons d'admirer, provient de ce que la Guadeloupe proprement dite est de formation entièrement volcanique.

Quatre grands foyers ont concouru à sa constitution. Ce sont du Nord au Sud : Grosse-Montagne, Deux-Mamelles, La Soufrière, Houëlmont. La Soufrière seule est encore en activité ainsi que l'Echelle sa plus proche voisine, qui s'est augmentée de quelques solfatares à l'époque de la catastrophe de Saint-Pierre de la Martinique.

Le travail volcanique ne se borne cependant pas à ces deux volcans. Il se produit encore sur une partie de la côte, à Pointe-Noire et Bouillante, par exemple, de petits cratères d'où s'échappent des vapeurs sulfureuses. Il s'en manifeste même dans la mer, telles les eaux de la fontaine Bouillante.

OROGRAPHIE

Le centre du système orographique de la Guadeloupe est le massif du Sans-Toucher. Ses principaux sommets sont : le grand Sans-Toucher (1.480 mètres), le petit Sans-Toucher (1.188 mètres), le piton de la Moustique et le morne Gourbeyre ou Matéliane, qui se dirigent de l'Ouest à l'Est. Au Sud, se dressent les crêtes du Morne Bontemps ; à l'Ouest les montagnes Saint-Robert et Saint-Louis allongent leurs arêtes. Entre le petit Sans-Toucher et le Matéliane, se dresse un morne à deux têtes, dit morne à Mitre ou dos de Chameau. Le Matéliane est suivi de l'Incapable après lequel se dresse les mornes Moustique et Bélair.

Les autres points remarquables sont, en se dirigeant du Nord au Sud : le piton de Sainte-Rose (566 m.), le volcan éteint de la Grosse-Montagne (720 m.), le Guyonneau (700 m.), la Couronne (800 m.), l'ancien volcan, les Deux-Mamelles (719 et 773 m.), qui forment le mont Saint-Jean (1.122 m.) et les monts de Bouillante (1.054 m.). La Soufrière qui se dresse enfin à 1.484 mètres est entourée : au Nord et au Nord-Est, par le Nez-Cassé ou morne Thibault, la Grande-Découverte, la Madeleine et les montagnes de la Capesterre ; à l'Est, par les mornes de l'Echelle et du Carbet : au Sud-Est, par les mornes de la Citerne, de la Madeleine (1.050 m.) et du Trou-au-Chien (1.440 m.).

Les plateaux du Matouba au Sud-Ouest, et du Palmiste au Sud-Est se forment de deux contreforts de la Soufrière.

En dehors de la direction générale, et issus du Mont-Central, dans l'extrême sud de l'île, s'élèvent les montagnes du Vieux-Fort dont les principales : le Caraïbe, 698 mètres, et le Houëlmont, volcan éteint, 424 mètres.

Cette chaîne a formé le grand promontoire que termine la pointe du Vieux-Fort.

Nous empruntons au rapport Martin cité à l'annexe de la partie historique, la description suivante :

« La partie médiane de la route stratégique, celle qui à travers le massif central de la Guadeloupe. va du pont de la Rivière-Rouge (au Matouba) à la branche inférieure de la Rose, où commencent les plateaux boisés du Petit-Bourg, suit la grande ligne de partage des eaux.

La chaîne de montagne qui détermine cette ligne est séparée en deux parties par le plateau de la Savane-aux-Ananas.

Ce plateau a l'apparence d'un pont gigantesque jeté entre la Grande-Découverte et les Sans-Toucher.

Le massif du centre dérive de la Soufrière, celui du Nord, du grand Sans-Toucher ; ce sont les deux plus hauts sommets de l'île ; le premier s'élève à 1.484 mètres, et le second à 1.480 mètres au-dessus du niveau de la mer.

A la Soufrière se rattachent : au Nord et au Nord-Est, le morne Thibault ou Nez-Cassé, le morne Trouvé ou Carmichaël, la Grande-Découverte, le morne Madéclaire et la grande montagne de la Capesterre ; à l'Est, les mornes de l'Echelle et du Carbet enfin au Sud-Est, les mornes de la Citerne, de la Madeleine et du Trou-au-Chien.

Deux contreforts de la Soufrière forment : l'un vers le Sud-Ouest, le plateau du Matouba, qui se termine au confluent des rivières Noire et Saint-Louis ; l'autre, vers le

Sud-Est, le plateau du Palmiste, qui se relie par le col de Gourbeyre avec le massif isolé du Vieux-Fort à la pointe Sud de l'île.

C'est entre ces deux plateaux que se trouvent le Camp-Jacob, couvert en avant par la position de l'Islet qui va de l'habitation l'Islets sur la rive droite des Gallions au morne Ducharmoy, situé au-dessus du confluent des rivières Noire et Saint-Louis.

Le massif du Nord, qui a pour origine le Sans-Toucher, est de beaucoup le plus étendu. Le Sans-Toucher présente trois sommets appelés grand, moyen et petit Sans-Toucher, qui se dirigent de l'Ouest à l'Est.

Au Sud, et parallèlement à leur direction, court une autre ligne de crêtes appelée morne Bontemps, dont le sommet se relie à celui du grand Sans-Toucher par un col que traverse la route stratégique.

A l'Ouest du grand Sans-Toucher, se détachent les longues arêtes des montagnes Saint-Robert et Saint-Louis.

A l'Est le petit Sans-Toucher se relie, par un étroit plateau, appelé savane Lherminier, au Métaliane.

Celui-ci, moins élevé que le Sans-Toucher (1.250 m.) a, comme lui, plusieurs sommets. Il présente un curieux phénomène : à son extrémité occidentale, entre lui et la savane Lherminier, se trouve comme implanté un morne à deux têtes, appelé morne à Mître ou dos de Chameau, séparé du Matéliane par une haute et étroite coupure.

Le Matéliane est suivi de l'Incapable : les deux montagnes sont réunies par un plateau appelé savane Dubut.

Après l'Incapable, vient le morne Moustique, puis le morne Bel-Air.

Au Matéliane, la ligne de partage des eaux reprend la direction Nord, et s'infléchit ensuite vers l'Ouest, jusqu'au morne Bel-Air, où elle se divise en deux branches : la principale court au N.-N.-O, et vient finir à la pointe

Allègre, l'autre se dirige au N.-N.-E., vers le Lamentin. Ces deux branches forment le bassin de la Grande-Rivière-Goyave, la plus importante de la Guadeloupe par sa longueur et le volume de ses eaux.

Du Matéliane, de l'Incapable et des mornes Moustique et Bel-Air, partent des crêtes étroites et parallèles qui descendent vers le Nord-Est et s'épanouissent pour former les plateaux boisés du Petit-Bourg. Ceux-ci, dont l'origine est à 400 mètres d'altitude, s'abaissent, par une pente régulière et assez douce, jusqu'à la mer.

HYDROGRAPHIE (1)

Nous ne nous occuperons ici que des cours d'eau qui intéressent les versants parcourus par le tracé de la route.

Dans le système de la Soufrière, nous trouvons d'abord la Rivière-Noire, qui prend sa source sur le flanc Sud-Ouest de la Soufrière ; on la traverse à la sortie du Camp-Jacob et du bourg de Saint-Claude sur le pont de Nozières.

A 600 mètres plus loin, la route du Matouba passe, sur le pont Nouët, construit en 1892, la Rivière-aux-Ecrevisses, qui coule entre la Soufrière et le Nez-Cassé ; enfin, à la sortie du Petit-Matouba, on traverse sur un pont en pierres la Rivière-Rouge, qui descend du morne Carmichaël et se jette dans la rivière Saint-Louis.

La Rivière-Noire se réunit, à l'extrémité Sud du plateau Matouba, à la rivière Saint-Louis, qui prend alors le nom de Rivière-des-Pères ; son embouchure se trouve entre la Basse-Terre et le bourg du Baillif.

La route traverse à gué la ravine Delille, affluent de la rivière Flore, dont on contourne les têtes à 500 mètres

(1) Rapport Martin.

plus loin ; la Flore est encore un affluent de gauche de la rivière Saint-Louis, ainsi que la ravine de l'Eboulement et la ravine Marron qui coulent du flanc Ouest de la Grande-Découverte et qu'on passe près de leur source. Toutes les eaux qui descendent à l'Ouest de la Savane-aux-Ananas sont également tributaires de la rivière de Saint-Louis dont la principale source a son origine sur les pentes Sud-Ouest du grand Sans-Toucher.

La rivière Class prend sa source au morne Carmichaël, coule vers le Nord entre cette montagne et le flanc Sud-Est de la Grande-Découverte, puis, rencontrant les falaises du morne Bontemps, elle tourne brusquement à l'Est, et creuse une vallée profonde entre les pentes abruptes du Matéliane au Nord, de la Savane-à-Mulets et du Madéclaire au Sud.

Les principaux affluents de la droite de la Class sont : la rivière du Grand-Saut-d'Eau qui descend de la Grande-Découverte, et la rivière Moudong, qui coule entre la Savane-à-Mulets et le Madéclaire. À partir de son confluent avec la Moudong, la Class prend le nom de Grande-Rivière de la Capesterre.

Les affluents de gauche de la Class descendent du morne Bontemps, du versant Sud des Sans-Toucher et du Matéliane. Les principaux sont : la rivière Crête-à-Soleil, qui suit les pentes Sud du Bontemps, les rivières Damiens et Bontemps, dont les vallées sont comprises entre le Bontemps et les Sans-Toucher, et la rivière Séguine entre le morne à Mitre et le Matéliane.

Le grand cirque du petit Sans-Toucher, bien que ne donnant naissance à aucune rivière importante, est l'origine d'une quantité de torrents qui, pendant la saison des pluies, apportent à la rivière Class un tribut considérable.

Du versant Sud-Ouest du Matéliane s'échappent les principales sources de la Grande-Rivière des Habitants, qui contourne au Nord le massif des Sans-Toucher, et s'infléchit ensuite vers le Sud-Ouest.

Du versant Nord-Est du Matéliane, de l'Incapable, des mornes Moustique et Bel-Air, entre les crêtes courant vers le Nord-Est que nous avons signalées dans la partie orographique du travail, coulent les rivières Petite-Goyave, Rose, Palmiste, Moustique et Lézarde.

En arrivant à la partie inférieure de ces crêtes, dans les grands bois, tous ces cours d'eau changent de direction et tournent vers l'Est.

Entre la Rose et la Palmiste, dans les grands bois prend naissance une petite rivière, la Sarcelle, qui traverse la route coloniale sous trois ponceaux, et se jette à la mer par trois embouchures, dans une plaine marécageuse.

La Petite-Goyave, la Rose, la Moustique et la Lézarde se jettent directement à la mer ; la rivière Palmiste se jette dans la Moustique à Montebello ; un canal dit de Montebello est formé par une dérivation de la Palmiste ; après avoir desservi un certain nombre d'habitations, il se termine à la Moustique.

BASSE-TERRE

Au Sud de la Soufrière et presque à ses pieds, à trois lieues exactement, s'étend la ville de la Basse-Terre.

Elle est située sous 15° 59' 30" de latitude Nord et 64° 4' 22" de longitude Ouest.

Elle date de 1643 et eut aux débuts de la colonisation, une importance qui disparut avec la fondation de la ville de la Pointe-à-Pitre. Autrefois le centre du mouvement commercial de la colonie, elle est devenue simplement la ville administrative en conservant le siège du Gouvernement.

La Basse-Terre est encadrée par la Rivière du Galion à l'Est et la Rivière des Pères à l'Ouest, distantes, à leur embouchure, de trois kilomètres. Elle est coupée juste au milieu de sa longueur par la Rivière-aux-Herbes dont les rives sont réunies par deux ponts, l'un en pierres, fort ancien, l'autre en fer.

Pour le voyageur qui arrive de la haute mer, la Basse-Terre présente un coup d'œil ravissant.

Bâtie en amphithéâtre, ses maisons construites presque toutes en pierres de tailles et moellons sont dissimulées sous le feuillage touffu des arbres de leurs jardins, elles s'étagent sur une série de collines, recouvertes d'un vaste tapis de verdure, qui se succèdent jusqu'aux pieds même de la Soufrière.

Çà et là, au milieu des plantations symétriquement plantées, le toit blanc des propriétés scintille au soleil, les hautes cheminées noires des distilleries, construites chacune sur un morne, allongent leurs grandes ombres.

Ces établissements sont : Bellevue, Bélost, Ducharmoy, l'Ilet, l'Espérance.

Sur la droite, se dresse le massif du Vieux-Fort, précédé de la montagne isolée Le Houëlmont ; sur la gauche, la campagne se développe avec les belles caféières du Baillif et des Vieux-Habitants.

La plage, assez étendue, est garnie de sable en certains endroits : au débarcadère et à l'embouchure des rivières. Le reste du rivage est protégé par d'énormes cayes, à travers lesquels se faufilent une quantité de petits havres qui permettent d'atterrir presque partout.

Trois warfs servent aux mouvements de la rade. Ceux de la Compagnie Générale Transatlantique et de la Compagnie des Bateaux à Vapeur sont construits en bois du pays, très dur. Celui de l'Administration locale, tout en fer, commode et coquet, s'allonge entre les deux premiers.

C'est un lieu de promenade fort agréable, après le coucher du soleil. Tout Basse-Terre s'y réunit. Quelques amateurs viennent, chaque soir y respirer la brise fraî-

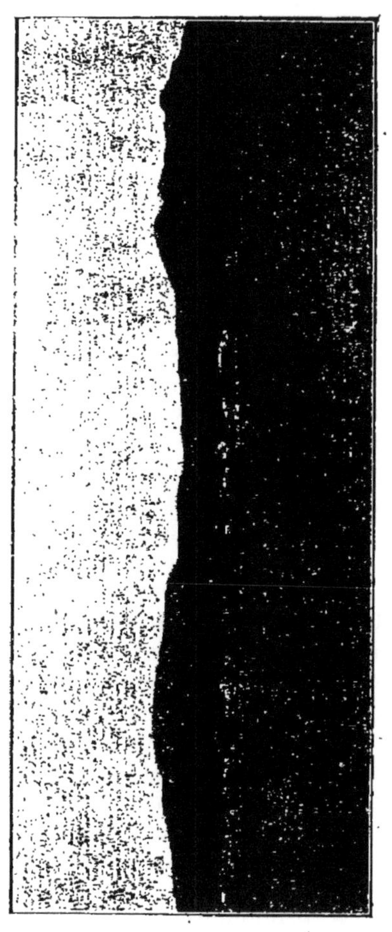

Cl. Juvanon.

Vue générale de Basse-Terre.

che du large et y séjournent jusqu'à une heure assez avancée de la nuit.

A l'extrémité des warfs se trouve le Cours-Nolivos, la promenade la plus fréquentée de la ville. En 1765, dit le colonel Boyer de Peyreleau dans ses *Antilles Françaises*, le comte de Nolivos, Gouverneur de la Guadeloupe, créa à la Basse-Terre « une charmante promenade, le Cours-« Nolivos, plantée de hauts tamarins sous lesquels on « trouve, à toute heure du jour un ombrage frais et « agréable, assis sur des bancs qui l'entourent et près « duquel coule une fontaine publique construite en « 1774 ».

La fontaine a été placée depuis plusieures années au milieu de la place.

A travers les feuilles courtes et étroites de ces tamariniers presque séculaires, on aperçoit, du pont des navires. les maisons bordant la principale artère qui traverse la Basse-Terre dans toute sa longueur. Du Cours-Nolivos à l'extrémité Ouest de la ville, elle prend le nom de rue du Bas-de-Bourg ; celui de Grand'Rue du Cours devant le Cours-Nolivos et jusqu'à la rive droite de la Rivière-aux-Herbes. A partir de ce point elle s'appelle Grand'-Rue du Fort.

La seconde promenade est le Champ-d'Arbaud, appelé autrefois le Champ de Mars. Il est encadré de magnifiques allées de palmistes et de manguiers et, malgré sa pente rapide, il sert d'hippodrome pour les courses du 14 juillet. C'est une place beaucoup plus fraîche que la première à cause de son élévation au-dessus du reste de la ville.

Encore plus haut se trouve la troisième promenade : le Jardin botanique. Si l'on n'y trouve point de plantes rares, l'on y jouit de la fraîcheur qu'entretient l'ombre de grands arbres (1).

(1) Il existe également avant d'arriver au Champ-d'Arbaud un

Dans sa partie Ouest, sur la rive gauche de la Rivière-aux-Herbes se dresse un coquet hôtel qui est la demeure du Secrétaire général de la colonie.

La Rivière-aux Herbes partage la ville en deux parois-

BASSE-TERRE. — Appontement officiel.

ses : Saint François et le Mont-Carmel. La première est l'ancienne résidence de l'évêque remplacée actuellement par une administration du diocèse.

L'évêché est une construction massive assez peu élégante ; mais ses appartements sont fort beaux. Dans sa chapelle ont été célébrées nombre d'unions. Les registres de mariage constituent un recueil d'autographes des plus précieux.

très joli jardin, clos de murs, ancien parc de l'hôtel du Gouverneur sous la domination anglaise.

La cathédrale, bâtie par les Franciscains en 1727, est un bâtiment d'aspect sévère dont l'intérieur est fort riche.

C'est aussi dans cette partie de la ville qu'a été édifiée à l'extrémité Ouest du Cours Nolivos, un coquet hôtel de ville.

Le rez-de-chaussée est affecté à la justice de paix et l'étage aux services municipaux. Un large et clair escalier, à rampe de fer, conduit de l'un à l'autre.

Sur la rive gauche de la rivière dans la partie du Mont-Carmel se trouve le siège du Gouvernement, les bureaux des diverses Administrations et l'église du Mont-Carmel la plus ancienne de la colonie.

La Basse-Terre, en raison du grand nombre de sources et de rivières qui l'environnent ou la traversent, est largement pourvue d'eau. Bien rares sont les maisons qui ne possèdent pas une salle de bain, avantage appréciable pendant la saison des fortes chaleurs.

La ville est alimentée par deux conduites d'eau distinctes.

L'une, dont l'origine est dans la montagne, amène les eaux de deux ravines, *Malanga et Roche*, petits cours d'eau qui se jettent dans la Rivière-Noire au-dessus du Camp-Jacob. Elle dessert le Camp Jacob, le bourg de Saint-Claude, la partie haute de la ville (quartier du Champ-d'Arbaud) et la paroisse du Mont-Carmel.

L'autre conduit les eaux de la Rivière-aux-Herbes dans la partie basse de la ville (paroisse de Saint-François).

La *Conduite de Malanga et Roche* vient renforcer le débit de la rivière Roche, qui coule sur la rive gauche, à un niveau inférieur.

Le débit théorique est de 35 litres par seconde. C'est tout ce qu'en temps de sécheresse peuvent donner les deux ravines *Malanga* et *Roche*.

La *Conduite de la Rivière-aux-Herbes* prend son origine dans la Rivière-aux-Herbes qui traverse la ville. Un barrage en maçonnerie, construit depuis fort longtemps, permet de capter les eaux qui, seules, avant l'établissement de la conduite Malanga-Roche, alimentaient la ville ; le Champ-d'Arbaud et le Mont-Carmel étaient privés d'eau.

Dans les temps de sécheresse, la Rivière-aux-Herbes débite environ 33 litres à la seconde.

Cependant à cause du manque de réservoirs permettant d'emmagasiner les eaux parfois en excès et de régulariser la pression initiale dans les tuyauteries, à cause surtout de la topographie de la ville dont les différents quartiers sont à des altitudes différentes variant de plus de 50 mètres et des pentes excessives de certaines rues, la distribution laisse beaucoup à désirer.

Provenance et qualité des eaux. — Nous avons indiqué l'origine des conduites qui alimentent la ville. Celle de Malanga-Roche est en pleine forêt et à une altitude de 600 mètres environ ; l'eau est fraîche, pure et bien aérée ; celle de Malanga est remarquablement limpide et pure, très agréable à boire ; celle de Roche l'est moins. Les sources de cette ravine très rapprochées de la prise d'eau sont en contrebas de la Rivière-Noire dont les eaux sont réputées mauvaises et il est probable qu'elles proviennent des infiltrations qui se produisent à travers le sol graveleux avoisinant. Malheureusement l'eau de Malanga est en plus faible proportion que celle de Roche.

La Rivière-aux-Herbes prend sa source, au niveau du Camp-Jacob. Elle est grossie par les sources dites de Cinq fontaines et de Pépé. A l'origine, l'eau de ces sources est pure mais elle est polluée sur le parcours de la rivière à travers les propriétés et la captation ayant lieu en ville même, elle ne peut avoir la pureté désirable.

Le quartier du Mont-Carmel est, en outre, arrosé par une canalisation provenant du canal du Gommier. Elle a été établie par les services militaires pour les besoins des casernes et le Fort-Richepanse. Une déviation devant l'ancienne pension des officiers, traverse les champs d'herbes de l'artillerie et se jette à la mer après avoir traversé le magasin général de l'Etat, aujourd'hui l'imprimerie du Gouvernement.

La seconde déviation alimente le Fort-Richepanse. La Basse-Terre est donc bien arrosée, mais il est à souhaiter que la distribution de l'eau potable soit assurée à tous les quartiers de la ville.

ENVIRONS

De tous temps les habitants des villes et communes du littoral se sont transportés vers les hauteurs de l'île, soit en convalescence, soit pour éviter les chaleurs de l'hivernage. Trois localités, surtout, ont une réputation sanitaire qui date des premières années de la colonisation ; ce sont : le Camp-Jacob, le Matouba et Gourbeyre.

Le Camp Jacob

Le Camp-Jacob est situé aux pieds de la Soufrière, à six kilomètres à l'Est de la Basse-Terre. C'est une coquette commune où règne une animation constante grâce à sa proximité du chef-lieu, à sa fréquentation à l'époque des changements d'air et au détachement d'infanterie coloniale qui y est logé. Les troupes, dans des bâtiments vastes et bien aérés, sont à l'abri des épidémies qui éclatent fort rarement dans la colonie.

Un sanatorium établi autrefois pour recevoir les militaires convalescents provenant des autres postes, aujourd'hui supprimés, fut plus tard transformé en un magnifique hôpital militaire. De nos jours, c'est un établissement libre, autonome, où sont admis les malades civils.

Deux médecins du service de santé des colonies y sont attachés.

Le prix de la journée de traitement est de 12 francs pour la catégorie des officiers, de 9 francs pour celle des sous-officiers, de 6 francs pour les soldats

CAMP-JACOB. — La Caserne.

Le gouverneur a, au Camp-Jacob, une résidence où il habite presque toute l'année.

Le Matouba

Le Matouba, surnommé l'Eden des Antilles, pourrait aussi justement être appelé le Jardin de la Guadeloupe. Situé à une altitude de 620 mètres, à 3 kilomètres au-dessus du Camp-Jacob, au milieu des grands bois, il reçoit des pluies fréquentes et jouit d'une fraîcheur délicieuse. Les fleurs et les fruits y viennent toute l'année en abondance et on trouve même quelques fruits d'Europe: la fraise et la pêche, par exemple.

Il y existe une trentaine de villas et chalets, dont la moitié est constamment occupée par les propriétaires ; les autres sont mises en location et le nombre ne suffit pas aux demandes, tant le Matouba est fréquenté pendant l'hivernage et même pendant la saison fraîche.

Le bain de la Rivière-Rouge où coule une eau excessivement froide, est réputé dans la colonie. Il est d'usage de s'y baigner le matin.

A quelques centaines de mètres plus haut se trouvent les bains chauds du Matouba, efficaces contre le rhumatisme.

Les moyens d'existence sont les mêmes qu'au Camp-Jacob. Les boulangers et laitiers y envoient leurs marchandises de grand matin, et les légumes, la viande de boucherie, le poisson sont offerts à domicile aux mêmes prix.

Gourbeyre

Gourbeyre, placé à 120 mètres au-dessus du niveau de la mer, jouit d'une température exquise, quoique moins basse que celle de Saint-Claude. Il est fréquenté surtout à cause de la proximité des bains de Dolé et son importance s'accroîtra encore si M. le Dr Gibert réussit à faire de Dolé ainsi qu'il en a l'intention, une station climatérique et un grand centre thermal.

A la digue qui existe déjà, et dont les eaux, entourées d'un mur épais, sont séparées en deux bassins : l'un pour les hommes, l'autre pour les femmes, le docteur compte annexer un hôtel, un parc et un casino qui procureront tant aux malades qu'aux voyageurs et aux touristes, tout le confort moderne.

L'établissement thermal et les terrains domaniaux qui en dépendent lui ont été cédés, à bail emphytéotique, pour une durée de 29 ans.

La salubrité de Gourbeyre en avait fait autrefois un lieu de convalescence militaire. Lors de différentes épi-

démies de fièvre jaune, la troupe y avait été envoyée
et afin de lui permettre l'usage des eaux, une caserne en
bois, aujourd'hui en mauvais état, avait été construite
non loin de la digue. Avec la réduction de l'effectif, la

GOURBEYRE.

station a été abandonnée. Les troupes habitant, du reste,
continuellement Saint-Claude, il n'y avait pas lieu de la
conserver.

Par contre, l'élément civil y augmente chaque année,
au point qu'il n'y a plus d'amélioration à apporter dans
les conditions de l'existence, qui sont les mêmes qu'à
Saint-Claude.

Il y manque, cependant, un médecin que l'on est
obligé d'appeler par téléphone, de Basse-Terre ou de
Saint-Claude, en cas de besoin.

Il existe un dépôt de médicaments qui suffit aux besoins
de la population.

Gourbeyre est relié à Saint-Claude par une route qui fut carrossable, ouverte, en 1891, par l'infanterie de marine. Elle est traversée, presqu'à mi chemin par la rivière du Galion que l'on franchit sur un pont dénommé le « Pont des marsouins », en souvenir de ses constructeurs.

EXCURSIONS

DE LA BASSE-TERRE A LA POINTE-A-PITRE

Des sentiers permettent l'ascension, fort difficultueuse parfois, de ces cimes où l'on trouve avec l'abondance de la végétation tropicale, une température exquise.

Le massif montagneux lui-même est traversé par une route stratégique ouverte sous Victor Hugues, en 1795. Partant du Matouba « l'Eden des Antilles », elle aboutit au Petit-Bourg, mettant ainsi en communication les deux principales villes de la colonie : la Basse-Terre et la Pointe-à-Pitre.

Cette route, plus que séculaire, abandonnée depuis longtemps, constitue un véritable voyage d'excursion (1). Aux charmes d'une nature enchanteresse, se joignent les émotions vives que provoquent quelques passages difficiles, périlleux même, pour dire vrai. Elle a son histoire que nous empruntons à M. le Chef de bataillon d'infanterie de marine Martin, qui y fit une reconnaissance en 1894.

Description de la route (2)

De la Basse-Terre au Matouba, il y a neuf kilomètres, dont trois et demi depuis le Camp-Jacob, par une route

____

(1) Cette excursion constitue en effet une véritable expédition. La reconnaissance du chemin, la difficulté de trouver des porteurs, et l'orientation peu commode ne la rendent accessible qu'à des touristes entreprenants.
(2) Rapport Martin.

bien entretenue, mais présentant de très fortes pentes.

Cette route cesse au pont de la Rivière-Rouge (cote 626) ; on prend le chemin du Grand-Matouba, autrefois pavé, aujourd'hui en mauvais état, et praticable seulement aux fantassins et aux mulets. Les capitaines Maréchal et Soulé suivaient ce chemin, pendant 1 600 mètres environ, jusqu'à l'habitation Planel-Arnoux (côte 666) ; de là à l'entrée des grands bois, ils empruntaient un chemin d'exploitation, très raide par endroits, traversaient une petite savane appelée Savane-Figaro (754) et entraient dans les grands bois à 2 kilomètres 1/4 du pont de la Rivière-Rouge ; c'est là que commençait la trace des travaux ; de ce point, on monte par une pente variant de 11 à 14 centimètres par mètre jusqu'au passage de la ravine Delille (965) sur un parcours de 1.800 mètres ; on suit la crête des mornes Jean-Philippe, Delille et Flore, et après 500 mètres, on arrive à la source de la rivière Flore (1.045). Enfin, 800 mètres plus loin, on arrive à l'éboulement du morne Savon (1.092). Les pentes les plus fortes se trouvent entre le passage de la ravine Delille et la source de la Flore.

Le chemin de Victor-Hugues quitte celui du Grand-Matouba à 250 mètres du pont de la rivière Rouge (657). Cette voie, fréquentée par les bûcherons, est plus facile que celle des travaux ; elle suit la rive droite de la rivière Rouge à flanc de coteau, monte en lacets le morne Guimbal, et rejoint la trace des travaux au-dessus de la source de la Flore par un escalier tracé dans la terre glaise (1.075).

En continuant à suivre pendant une centaine de mètres le chemin de Victor-Hugues, on éviterait cette escalier et on arriverait par une pente presque insensible au point de jonction.

La route de Victor-Hugues est bordée de pommiers roses dont les racines s'enchevêtrent parfois sur le chemin dont la sole a été abîmée par des pluies et rendent la descente glissante ; mais sa pente est à peu près uniforme, et il y aurait moins à faire pour rendre cette route praticable que la trace des travaux ; elle a en outre sur celle-ci l'avantage d'abréger le parcours d'un kilomètre.

Si le génie avait choisi une autre voie, c'était dans un but stratégique, pour éviter de se trouver commandé par la route des bains chauds de Mondenoix, suivie par un ennemi qui aurait contourné le massif de la Soufrière.

Cette éventualité me semble aussi peu probable que facile à conjurer, et je donne la préférence à la partie du chemin de Victor-Hugues qui va du Matouba à la source de la Flore.

A partir de la jonction des routes, on chemine sur le flanc Ouest de la Grande-Découverte, en passant près de leur source de nombreuses ravines ; on quitte les grands bois pour entrer dans les mangles ; la végétation s'abaisse à mesure qu'on avance et les arbres n'atteignent bientôt plus que 4 à 5 mètres de hauteur.

Cette partie du chemin est extrêmement mauvaise, on y enfonce dans les flaques dissimulant une vase molle qu'entretiennent des mangles, à travers des racines enchevêtrées, et la marche y est très pénible.

A une demi-heure de marche après l'éboulement du Morne-Savon, on arrive à la vigie du capitaine Maréchal, endroit découvert, placé sur l'arête du principal contrefort Ouest de la Grande-Découverte. On aperçoit de ce point une partie de la Basse-Terre, la vallée de la rivière Saint-Louis, les montagnes Saint-Louis et Saint-Robert, et au N. N.-E. le cône du Grand-Sans-Toucher.

La Vigie est à 1.166 mètres d'altitude, à 540 mètres au-dessus du pont de la rivière Rouge. En la quittant on descend sur le flanc des contreforts de la Grande-Découverte, toujours sous les mangliers, et par un chemin aussi mauvais jusqu'à l'entrée (ou tête) de la Savane-aux-Ananas. On franchit un éboulement assez considérable, on traverse ensuite une source intarissable appelée ravine

Marron et trente minutes après avoir quitté la Vigie, on
entre dans la Savane-aux-Ananas (1.170 m. environ).
Celle-ci forme un long plateau dont les faces Sud et Nord
sont adossées, la première à la Grande-Découverte, la

Route du Camp Jacob.

seconde au morne Bontemps ; le côté Est à peu près rec-
tiligne, court du Sud au Nord, au-dessus de la rivière
Class ; le côté Ouest, au contraire, est sinueux, et donne
naissance à des ravines qui concourent à la formation de
la rivière Saint-Louis. La route stratégique suit le côté
Est de la Savane, et, dans la dernière partie de ce trajet,
elle domine les falaises abruptes qui descendent jusque
dans la Class

La traversée de la Savane ne demande pas plus d'une
demi-heure ; sa longueur est d'environ 1.500 mètres. Le
sol est tapissé d'arbustes, d'ananas sauvages, de palmistes

nains dont les plus hauts atteignent à peine 2 mètres, de fougères et de mousses ; celles-ci forment une masse spongieuse, presque toujours remplie d'eau, et la marche est pénible, surtout en remontant. Cette végétation a envahi le chemin dont le sous-sol est formé par de la roche volcanique qu'il serait facile de remettre à nu et qui offrirait un appui solide au pied. Si on s'écarte tant soit peu de la trace, on enfonce dans la vase jusqu'au-dessus du genou. La pente va du Sud au Nord, et le point le plus bas est à la cote 980.

La Savane présente à son extrémité Nord-Est un relèvement qui commence au-dessus du coude de la rivière Class ; on marche alors sur une crête rocheuse courant dans le prolongement du côté Est de la Savane qu'elle relie comme un pont naturel aux pentes Sud du morne Bontemps ; c'est, en réalité, le dernier contrefort de ce morne qui vient se souder à la Savane.

En s'arrêtant à l'extrémité de ce contrefort, on embrasse d'un coup-d'œil les deux systèmes de la Soufrière et des Sans-Toucher ; la dépression qu'on occupe entre les deux s'appelait autrefois la barre de l'île : c'est le rendez-vous de toutes les nuées qui se forment sur les sommets pendant l'hivernage.

Au premier plan, dans le Nord, la crête du morne Bontemps se profile sur la masse des Sans-Toucher dont le plus haut sommet (1.480 m.) est droit au Nord ; les autres, le moyen et petit Sans-Toucher, vont en s'abaissant vers l'Est, et leurs dernières pentes se relient vers la Savane-Lherminier au Matéliane. Celui-ci apparaît comme un grand trapèze ; sa crête tourmentée se dirige du Sud-Est au Nord-Ouest. A l'extrémité de la Savane-Lherminier, un morne auquel sa forme a fait donner le nom de Morne-à-Mitre, est comme enchâssé dans le col du Matéliane dont il est séparé par une profonde déchirure verticale.

Les imposantes falaises du revers Sud du Matéliane

tombent presque à pic d'une hauteur de 400 à 500 mètres jusque sur la rivière Class; celle-ci venant le long du flanc Sud-Est de la Grande-Découverte dans la direction Sud-Nord, tourne brusquement à nos pieds et court vers l'Est dessinant à une grande profondeur un filet d'argent qui ressort d'une façon saisissante sur les masses sombres de la végétation dont ses rives sont couvertes. Elle disparaît au Sud-Est derrière les dernières pentes du morne Madéclaire. Tout à fait dans l'Est, on aperçoit les cayes de Sainte-Marie; au loin, dans le Nord-Est, la pointe des Châteaux et la Désirade.

A gauche du Sans-Toucher se dresse le morne Saint-Robert, sur lequel de larges sillons dénudés indiquent d'importants éboulements, puis la grande chaîne Saint-Louis, et au fond, dans l'Ouest, les plaines du Baillif et la mer.

En faisant face au Sud, on a devant soi la vallée supérieure de la Class, et au fond les sommets de la Grande-Découverte ; à droite, le morne la Vigie qu'on contourne en venant du Matouba ; à gauche, la Savane-à-Mulets descend vers le Nord-Est, cachant le thalweg de la Grande-Rivière et de la Capesterre ; en arrière, dans le Sud-Est, le morne Madéclaire, et, par-dessus le grand Morne-Capesterre.

Au moment de quitter la Savane-aux-Ananas ou plus exactement la crête rocheuse qui la relie au contrefort du morne Bontemps pour s'engager sur le flanc de celui-ci, on trouve à l'Ouest un sentier qui descend en cinq minutes à un campement installé en 1859 par le capitaine Maréchal pour lui et sa compagnie de sapeurs; il s'approvisionnait d'eau à la source principale de la rivière Saint-Louis, à 200 pas au-dessous.

On l'appelait campement du Sans-Toucher. De ce point, il faut trois quarts d'heure pour arriver au col du Grand-Sans-Toucher, entre celui-ci et le morne Bontemps. L'altitude du col est de 1.188 mètres, c'est le point culminant de toute la route.

La trace monte par une pente assez douce le long du flanc du Bontemps ; la première partie a été pavée et est assez bien conservée ; les mangles sont rares, il n'y a guère que des balisiers, des sureaux et surtout des fougères. À droite et à gauche de la route, il y a des fougères arborescentes de dimensions remarquables. La pente augmente un peu avant d'arriver au col, mais la route continue à être bonne, cependant, à la suite des pluies torrentielles des deux derniers mois, il s'est produit à l'entrée du col un éboulement considérable qui a arraché tout le terrain végétal avec les arbres qui le recouvraient, en coupant la route en deux endroits ; j'ai dû faire tailler à la bêche une petite escarpe pour rendre le passage possible.

Du col on a une vue très étendue ; au premier plan vers le Sud, on voit la Savane-aux-Ananas, la Grande-Découverte et, par-dessus, les pitons de la Soufrière et son cratère Nord, dont on distingue les fumerolles ; plus à droite, le Nez-Cassé ; au fond, dans le Sud Sud-Ouest, les montagnes du Vieux-Fort ; enfin, vers la droite, on aperçoit la partie Sud de la Basse-Terre, principalement le fort Richepanse et les grandes toitures rouges des casernes d'Orléans

Nous avons dit que le morne Bontemps suit, au Sud des Sans-Toucher, une direction parallèle à la leur, c'est-à-dire de l'Ouest à l'Est ; on le laisse sur la droite ainsi que les vallées des rivières Damiens et Bontemps, et on longe le flanc Sud du Grand-Sans-Toucher, dans les mangles qui entretiennent une épaisse couche de vase ; le chemin est pourtant moins mauvais qu'aux environs de la Vigie. On traverse ensuite une savane, puis on contourne à flanc de montagne le moyen et le petit Sans-Toucher ; celui-ci forme un vaste cirque demi-circulaire, duquel s'échappent de nombreux torrents tombant dans la Class ; c'est la partie la plus abîmée du chemin, à cause des nombreux éboulements qui sont parfois considérables. Dans certains endroits, la route a été minée par les eaux, et il ne reste qu'un étroit sentier qui surplombe la corniche, pendant qu'au-dessous plongent presque à pic dans la vallée de la Class des falaises dénuées de végétation.

En sortant du cirque du petit Sans-Toucher, on s'engage sur la savane Lherminier ; c'est une arête formant pont entre le Sans-Toucher et le Morne-à-Mitre ; on n'y trouve que des fougères, le terrain est solide.

La distance du col du Sans-Toucher au Morne-à-Mitre est de 3 kilomètres 200 mètres ; le chemin descend d'une façon presque insensible, sauf au passage du Petit-Saut-d'Eau, et pour passer du Petit-Sans-Toucher à la savane Lherminier, mais ces pentes sont courtes, la première seule nécessite une rectification.

Sur le flanc du Morne-à-Mitre qu'on contourne par le Nord, on retrouve les mangles et le sentier vaseux ; un kilomètre sépare la savane Lherminier du campement du Matéliane qui était établi au-dessus d'une des têtes de la rivière des Habitants (Pour avoir de bonne eau, il faut faire 150 mètres en descendant au-dessous du campement).

Avant d'arriver à ce campement, on passe en face du col qui sépare le Morne-à-Mitre du Matéliane ; il est masqué à la vue par les mangliers ; mais on le reconnaît au violent courant d'air qui traverse cette haute et étroite déchirure.

La route longe ensuite le flanc du Matéliane, en contournant les sources de la Grande-Rivière des Habitants ; la trace suit horizontalement tous les contreforts Ouest de la montagne ; le dernier forme un cirque presque aussi profond que celui du Petit-Sans-Toucher ; on y trouve un éboulement considérable, dans des terres fondues mêlées de gravier. Presque à l'extrémité du cirque coule une excellente source intarissable. Sur le flanc du Matéliane, le chemin est généralement bon et solide ; il est bordé d'épais tapis de fougères qui le maintiennent.

En contournant le dernier contrefort du Matéliane, on débouche dans la savane Dubut qui le relie à l'Incapable : sa nature est la même que celle de la savane Lherminier ; mais, au contraire de celle-ci, elle est assez large et se prêterait très bien à l'établissement d'un camp. Trois kilomètres séparent le campement du Matéliane du col de l'Incapable, à la fin de la savane Dubut.

A partir du col de l'Incapable, on descend la crête Palmiste, ou de La Rose, qui sépare la vallée de la Rose de celle de la rivière Palmiste ; elle a une direction générale Nord-Est est très étroite, très accidentée, et se prête difficilement à l'établissement d'une route en lacets à cause de son peu d'étendue. Le capitaine Maréchal s'y est développé le mieux possible, en se tenant généralement sur le flanc Nord, et en évitant les nombreux ressauts de la crête. Le terrain est bon, la végétation assez clairsemée se compose en majorité de fougères et d'autres plantes peu élevées ; puis, à mesure qu'on descend, les arbres augmentent de hauteur, et quand, après une marche de 6 kilomètres et demi, on traverse la branche inférieure de La Rose, on est tout à fait dans les grands bois (cote 400).

A partir de là, le chemin est bon, les pentes douces et la marche aisée.

Après avoir traversé la troisième branche de La Rose, on suit pendant vingt minutes le chemin de Victor-Hugues qui continue vers le Nord pour aller rejoindre la Lézarde en passant à gué la Palmiste et la Moustique ; on le quitte pour suivre la trace Maréchal dans la direction du Petit-Bourg. Au bout de quarante minutes de marche, on traverse le canal de Montebello à un endroit appelé Pied-Eboulé.

On suit alors le bord d'une crête, qui s'abaisse doucement vers le Sud, tandis qu'à gauche elle surplombe un ravin assez raide, au fond duquel roule bruyamment la rivière Palmiste qu'on aperçoit de temps en temps.

A 2 kilomètres du Pied-Eboulé, on traverse de nouveau le canal sur un petit ponceau ; 400 mètres plus loin on arrive à un plateau appelé l'Abricot, où existait autrefois une habitation dont il ne reste pas vestige.

Après l'Abricot, les bois s'éclaircissent, on traverse de nombreuses coupes, et à 800 mètres plus loin, on sort des bois qui se continuent au Sud, tandis qu'au Nord s'étendent de vastes champs de cannes appartenant au Crédit foncier. A la sortie du bois on trouve un chemin de fer Decauville, à voie étroite, qui sert au transport des cannes jusqu'aux usines. Un kilomètre après la sortie du bois, on arrive aux habitations Renucci et de la Crapaudière, et on descend par un assez bon chemin, bordé d'autres habitations jusqu'à la route coloniale qu'on rencontre à 200 mètres au Sud du pont de la Moustique. Du pont à la mairie du Petit-Bourg, il y a 2.200 mètres, et de l'habitation Renucci à la mairie, 4 kilomètres 500 mètres.

Renseignements divers (1)

Distance entre les principaux points de la route des montagnes.

NOTA. — Les distances du pont de la Rivière-Rouge au pont de La Moustique sont comptées au pas. Par suite du mauvais état des chemins en beaucoup d'endroits, l'exactitude n'est pas absolue.

Du Camp Jacob au pont de la Rivière-Rouge .	3ᵏ500
Du pont de la Rivière-Rouge à la jonction Hugues Maréchal	2 700
De la jonction Hugues-Maréchal à la Vigie . .	1 300
A reporter. . .	7 500

(1) Rapport Martin.

Report	7k 500
De la Vigie à l'entrée de la Savane-aux-Ananas .	1 200
De l'entrée de la Savane au campement du Sans-Toucher	2 100
Du campement du Sans-Toucher au col du Grand-Sans-Toucher	2 400
Du col du Grand-Sans-Toucher au Morne-à-Mitre	3 200
Du Morne-à-Mitre au campement du Matéliane	1 000
Du campement du Matéliane à celui de l'Incapable	3 200
Du campement de l'Incapable au gué de La Rose	6 500
Du gué de La Rose au Pied-Eboulé	2 100
Du Pied-Eboulé au deuxième passage du canal Montebello	1 800
Du deuxième passage au canal à l'Abricot . .	400
De l'Abricot à la sortie des bois	800
De la sortie des bois à l'habitation Renucci . .	1 000
De l'habitation Renucci à la route coloniale .	2 300
De l'embranchement de la route coloniale à la mairie du Petit-Bourg	2 200
Distance du Camp-Jacob à la mairie du Petit-Bourg	37k 700

Campement

1° *Campement du Sans-Toucher.* — Bon emplacement bien abrité, pente douce, bois à proximité. Très bonne eau à 150 mètres ;

2° *Campement du Matéliane.* — Emplacement médiocre, entouré de mangles, et, par suite, fiévreux ; bien abrité du vent, pente douce, bois à proximité. Bonne eau à 150 mètres ;

3° *Campement de l'Incapable.* — Trés bon emplacement, savane sèche, pente douce, bois à proximité. Très bonne eau à 300 mètres ;

4" *Campement de Hugues.* — A un kilomètre après le gué de La Rose, à l'amorce de la trace du Petit-Bourg. Bon emplacement sec, pente douce sous les grands arbres, bois à proximité. Eau de la Rose à 1 kilomètre.

Distance du Camp-Jacob aux divers campements

Campement du Sans-Toucher.	10ᵏ800
Campement du Matéliane	17 400
Campement de l'Incapable.	20 600
Campement de Hugues	28 100

Aiguades permanentes avec leur distance du Camp-Jacob

Rivière-Rouge	3ᵏ500
Ravine-Marron	8 500
Source Saint-Louis (campement du Sans-Toucher).	11 000
Source des Habitants (campement du Matéliane)	17 500
Source Désirée (grand cirque du Matéliane) .	20 300
Troisième branche de La Rose	27 100
Premières habitations des hauteurs	33 200

LA SOUFRIÈRE

L'ascension la plus réputée de la colonie est celle de la Soufrière.

L'ascension de la Soufrière se fait habituellement de la façon suivante. Dans la soirée précédant le jour projeté, entre cinq et six heures, l'on se rend du Camp-Jacob aux Bains-Jaunes situés aux pieds du cône. La route qui y conduit, mauvaise aujourd'hui, fut ouverte, ou plutôt élargie, par l'infanterie de marine en 1887.

La situation des Bains-Jaunes avait retenu l'attention de l'autorité militaire qui avait décidé d'y créer une convalescence.

La route une fois terminée, une caserne fut édifiée sur les bords de la piscine et les militaires, par escouades de 25 hommes, y faisaient une cure d'air de trois mois.

En 1889, M. Bouinais, commandant supérieur des troupes offrit à la *section du Club Alpin français créée à la Guadeloupe par M. Feillet*, directeur de l'Intérieur, l'abandon du campement édifié par l'infanterie de marine.

Cette société accepta le don avec reconnaissance et prit immédiatement des mesures pour la conservation et la surveillance du bâtiment et du bassin. Un gardien assermenté y fut installé avec un traitement de 180 francs et l'abandon d'une redevance de vingt-cinq centimes par baigneur. Les membres du club et les touristes, leurs invités, étaient nécessairement dispensés de cette contribution.

Le club Alpin était dans les meilleures dispositions. Encouragé par son fondateur, il était prêt à tous les sacrifices, et en tête de son programme, figurait la réouverture du chemin de Victor Hugues, entre le Matouba et les hauteurs du Petit-Bourg.

Mais, comme en beaucoup d'entreprises coloniales, le feu sacré s'éteignit avec la disparition du fondateur; M. Feillet parti, le club se dissipa.

Routes, bâtiments et bassins, dès lors abandonnés, furent dégradés par le temps et couverts de halliers.

Le 7 avril 1903, un *Club des Montagnards* voyait le jour. Il avait pour objet l'exploration et l'étude des montagnes et des rivières de la Guadeloupe.

Le chemin des Bains-Jaunes entièrement restauré, fut élargi au point de permettre la circulation d'un tilbury ; les ponts et fossés réparés à neuf, n'offrirent plus aucun danger.

L'ajoupa (1), couvert de chaume, qui avait remplacé

---

(1) Un ajoupa est un abri hâtivement construit avec les matériaux trouvés sur place.

le bâtiment militaire, offrait dorénavant certaines com-
modités aux excursionnistes et des écuries assez spacieuses, un abri sûr pour leurs montures.

Des tracés nouveaux furent ouverts dans diverses direc-

LA SOUFRIÈRE. — La Dent du Sud.

tions et un nouvel ajoupa placé au pied de La Citerne.

Le *Club des Montagnards* disparut un beau jour comme
le *Club Alpin*.

Cependant, la route des Bains-Jaunes, quoique délaissée, est encore très praticable.

Le trajet du Camb-Jacob aux Bains-Jaunes peut se
faire en trois quarts d'heure environ. Des connaisseurs
le racourcissent par des traverses parfois fort difficiles,
dangereuses en certains endroits.

« On fait une halte aux Bains-Jaunes et on y passe
« une partie de la nuit... nuit charmante, nuit poéti-
« que sous les ramures de la forêt, dans le profond
« silence de la nature endormie, dans l'attente déli-

« cieuse du magique spectacle qu'éclaireront demain,
« là-haut, sur les sommets, les premiers rayons du
« soleil », dit M. Le Boucher, dans sa *Guadeloupe pittoresque*.

M. Le Boucher, ancien chef du Service de l'Enregistrement et des Domaines à la Guadeloupe, fut l'un des
excursionnistes les plus audacieux et les plus infatigables
de l'île.

Bien rares doivent être, en effet, les points qu'il n'a
pas visités. Tout lui est familier : montagnes, rivières,
volcans, étangs. Trente-cinq fois il gravit les flancs de la
Soufrière et toujours avec le même enthousiasme.

Il a fait un récit poétique et pittoresque de ses voyages
à travers la Guadeloupe, dans l'ouvrage que nous venons
de citer, dont nous conseillons la lecture et auquel
nous empruntons le passage suivant. Ce ne fut peut-
être pas son excursion la plus attrayante mais il n'en
garde pas moins le souvenir car, comme il le dit lui-
même : « Rien n'est agréable comme le souvenir d'un
danger passé »

Il voulait assister à un lever de la lune.

« Je partis, le 6 octobre, à trois heures de l'après-midi,
sous un soleil de feu, dont la chaleur intense me fut particulièrement pénible, pendant le trajet du Camp-Jacob
à l'entrée des bois. Je passai là une mauvaise demi-heure,
mais enfin je me trouvai sous le couvert des bois.

.   .   .   .

« Mais le soleil s'est abaissé derrière le cercle de
l'Océan : les brillantes images s'atténuent au premier
plan, s'effacent dans le lointain. Une fraîcheur tombe
sur mes épaules. Il est temps de m'arracher au spectacle
qui m'a retenu, captivé par son charme éternellement
nouveau comme l'éternelle beauté ! Je reprends ma marche vers les hauteurs, et j'ai hâte maintenant d'arriver
vers ces régions que j'ai pris, peu à peu, l'habitude de

considérer comme mon domaine, parce que je m'y trouve presque toujours seul.

« En quelques minutes, je parviens à la *Savane Lignières*, étendue au pied même de la Soufrière. Le monstre est là, qui semble me défier, m'écraser de son énorme masse. Mais nous sommes de vieux amis : je le salue avant de m'engager sur le sentier accroché à son flanc.

. . . .

« On a beaucoup discuté sur cette ascension du cône de la Soufrière. Les uns prétendent qu'elle procure une fatigue excessive, et, pour un peu, ils diraient que le jeu n'en vaut pas la chandelle. A ceux-là qui n'ont sans doute abordé notre grande montagne que par un jour de pluie, je ne me donnerai pas la peine de répondre ; ou, plutôt, je les inviterai à revenir, après avoir consulté leur baromètre et en ménageant sagement leurs jambes. D'autres, — qui se sont peut-être arrêtés aux Bains-Jaunes, — affirment que l'ascension n'est qu'un jeu d'enfant.

« La vérité se trouve entre ces deux opinions extrèmes.

. . . .

« Je continue donc à grimper *tranquillement et sans saccade*, comme disent les militaires, et me voici arrivé à la *Boutique à Carmel*, roche située à l'entrée du volcan, au pied du piton du Sud. Ce piton, que l'on appelle aussi piton *Dolomieu*, n'a plus l'aspect sous lequel il apparaît à ceux qui le regardent de la plaine : d'en bas, et, suivant la position du spectateur, il se présentait tantôt sous la forme d'une aiguille ou d'une dent, tantôt sous celle d'un pain de sucre ; maintenant ce n'est plus qu'un énorme rocher dont la base mesure plus de 60 mètres de longueur. Mais immédiatement ce rocher frappe la vue par une particularité singulière ; il est entièrement fendu sur la gauche, du haut jusqu'en bas. Cette fissure, dont l'origine remonte, dit-on, au tremblement de terre de 1843, tend à s'élargir.

. . . .

« Que cette diversion ne nous empêche pas d'arriver à
la Mare au Diable, située sous les Portes d'Enfer. Le lieu
n'est pas terrible, bien que sa dénomination soit de nature
à provoquer les signes de croix des dévotes : mais il est
pittoresque et mérite bien quelques minutes d'arrêt ;
d'autant que c'est le seul point de la Soufrière où l'on
puisse trouver de l'eau, eau glacée et qu'il est prudent de
couper avec un peu de rhum ou de café. Une ouverture
étroite, livre passage entre deux énormes rochers, l'un,
celui du Nord, semble s'incliner sur son voisin et menace
ruines en surplombant le sol tapissé de mousses épaisses
sur lequel repose sa base.

« Par un sentier peu commode et peu fréquenté, je vais
directement au piton du Nord, auquel on a donné aussi
le nom de *Saussure*, et je me place sur le rocher qui couronne sa cime juste au moment où s'éteignent les derniers feux du couchant. Ce n'est plus le jour et pourtant
ce n'est pas encore la nuit. Pendant quelques minutes,
je jouis de cet instant si fugitif, mais si merveilleusement
beau d'un crépuscule aux Antilles.

« Quelques nuages, encore frangés d'une bande de
pourpre, traînent à l'horizon de la mer, de la mer viola-
cée, couleur lie de vin, qu'envahissent déjà, par
endroits, les ombres grises du soir ; à mes pieds, le littoral baigne encore dans une lumière diffuse, tandis que les
gorges boisées, les vallées et les ravines ont perdu leurs
colorations diurnes et ne laissent plus que confusément
deviner les contours indécis, progressivement effacés par
le doigt de la nuit qui tombe ; à ma droite, la masse du
Nez-Cassé se dresse, toute noire ; seule, sa tête emprunte
encore quelque reflet au ciel d'un bleu infiniment pâle,
d'un bleu mourant ; devant moi, dévalant jusqu'aux
plaines de la Basse-Terre et du Baillif, avec toutes les
nuances du vert, depuis le vert presque noir des forêts,
jusqu'au vert d'un blanc métallique des champs de cannes, les croupes boisées se déroulent, s'enflent et s'abais-

sent; les toits rouges du Camp-Jacob mettent leur note
vive dans l'harmonieux ensemble du paysage...

« Et je m'emplis les yeux de cette douce lumière, et je
jouis à la hâte de ces minutes trop brèves..., comme par
un brusque coup de théâtre, voici la nuit.

« Avant qu'elle soit complète, je descends rapidement
du piton du Nord, pour gravir bientôt le sommet de la
Découverte ou Morne de l'Observatoire ; ce sommet est le
point culminant de l'île, qu'il domine à 1.484 mètres. Là,
s'étend un petit plateau de 90 mètres de longueur sur 50
de largeur, qui permet de circuler sans danger, mais dont
il est prudent de ne pas s'écarter, car toute la partie
Nord-Est de la Découverte est entaillée d'effrayants précipices dans lesquels toute chute serait sans retour possible
à la lumière : c'est au Nord, sur la gauche, l'éboulement Faujas, particulièrement traître, que l'œil n'aperçoit qu'au moment où le péril existe déjà sous les pas ;
dans la même orientation, mais vers la droite, c'est la
Fente du Nord, béante juste au-dessus du cratère du
même nom. Ce cratère se creuse, lui-même, dans une
faille de 50 mètres de profondeur. Dans l'Est, s'ouvrent
les grandes fentes du volcan, impressionnantes sous
l'obscurité sans cesse plus opaque de la nuit, cavernes
d'ombre et de vertige. Avec précaution, je m'approchai
de leurs bords et j'éprouvai ce soir-là une impression
sinistre. Dans l'Ouest, il y a aussi quelques convulsions
du sol, quelques ouvertures sans profondeur et qu'il est
relativement facile de traverser sur le *Pont-Chinois*.

« Après cette visite à la *Découverte*, je regagne, cette
fois par le sentier ordinaire, la *Mare au Diable*, auprès
de laquelle je m'installe pour dîner. Faim et soif apai-
sées, je me rends à la *Grotte des Amis*, où je dépose mon
sac et prépare un lit de lycopodes sur lequel je passerai
la nuit.

« La *Grotte des Amis* se trouve presqu'à l'entrée du
plateau du volcan, en face et à 35 mètres du piton du

Sud. Comme logement, elle n'a d'autre mérite que celui de l'hospitalité gratuite, et elle manque absolument de confortable. L'abri qu'elle présente est formé par l'inclinaison d'un gigantesque rocher que quelque tremblement de terre a dû pousser sur la paroi d'un massif voisin, en ménageant vers la base une sorte de cavité où douze personnes peuvent, à la rigueur et en se sentant les coudes, trouver place. La tradition veut que le premier explorateur de la Soufrière qui coucha dans cette grotte, en 1806, soit le savant Félix L'herminier, qui a herborisé dans toutes les montagnes de l'île, laissant son nom un peu partout. Il était, paraît-il, lors de son excursion en 1806, accompagné par quatre de ses amis, d'où la dénomination qu'a conservée la grotte.

« Je rassemblai donc dans la chambre que mettait gracieusement à ma disposition la nature, une grande quantité de lycopodes, plantes qui tapissent tout le plateau du volcan. Sur la couche improvisée, je disposai mon mac-farlan, seul vêtement dont j'eusse pris la précaution de me munir, étant venu avec l'idée d'observer ou de contempler plutôt que de dormir. Après ces préparatifs, j'abandonnai à nouveau mon domicile pour une promenade nocturne, et je regagnai le piton du Sud. Je montai à la *Lunette*, petite plate-forme à mi-distance entre la base et le sommet et d'où l'on domine tout le versant au Sud et à l'Ouest. Il est dangereux de chercher à monter plus haut que la *Lunette*. Quelques ascensionnistes s'escriment à gravir la seconde partie du piton pour se mettre à cheval sur le sommet. L'opération est difficile et dénuée d'intérêt, car la vue n'y gagne rien Je ne l'ai faite qu'une fois, tenant à aller partout à la Soufrière ; mais je ne perdrai pas mon temps à la recommencer. »

L'ascension se fait, d'ordinaire, en famille, avec moins d'émotions vives, il est vrai, mais autant de charme et

plus paisiblement. Les enfants accompagnent même
leurs parents jusqu'aux Bains-Jaunes.

Que l'on ne pense pas, pourtant, que le soleil se mette
toujours de la partie. On risque fort, au contraire de le
voir fausser compagnie sept fois sur dix, bien que le
temps soit splendide au départ.

Hélas ! le temps est changeant à la Guadeloupe comme
ailleurs et il est fort difficile d'indiquer une époque.
Voici, toutefois, l'avis de quelques grands amateurs :
avec l'été de la Saint-Michel, au mois de septembre, on
a généralement d'assez longues séries de beau temps.
Janvier offre souvent plusieurs belles journées consécu-
tives, dont le nombre augmente en mars et avril. Elles
sont plus nombreuses en mai et diminuent à partir de
juin. Le reste de l'année, la Soufrière se couvre et se
découvre alternativement, mais les beaux jours sont fort
rares.

Le mieux, c'est de se tenir au Camp-Jacob afin de profiter du premier temps favorable. On peut partir même
de Basse-Terre, ainsi que le font de nombreux jeunes
gens. Regagnant leur demeure vers dix ou onze heures
du soir par un clair de lune comme on n'en trouve
qu'aux Antilles, ils se laissent prendre par la silhouette
complètement dégagée du géant.

Deux chemins conduisent aujourd'hui à la Soufrière :

Le premier, qui est le plus ancien, se dirige vers
l'Ouest, passe par le morne Goyavier, conduit à la Ravine
à déjeuner ou Ravine L'herminier, traverse la Savane à
Mulets et va s'aboucher au nouveau chemin sous la Roche
à Cortez. Abandonné en 1885 par suite de l'ouverture
de celui-ci par M. Rollin qui conduisait au volcan le
comte et la comtesse de Rondy, il fut remis en état par
le Club des Montagnards, vers 1905.

Le second chemin, ou chemin Rollin, a été élargi par
les troupes de l'infanterie de marine, en 1887. Le Club
des Montagnards l'entretint tant qu'il vécut, laissant,

après lui, ce soin aux touristes. Il est beaucoup plus commode, moins long et partant plus fréquenté que l'autre.

Il se dirige vers l'Est, conduit d'abord au Belvédère d'où l'on peut admirer tout le versant Sud de l'île : les collines du Palmiste, les plaines des Trois-Rivières et de la Capesterre. Une cinquantaine de mètres plus haut et c'est le versant Ouest qui se présente aux regards. Saint-Claude se déroule avec ses toits rouges, ses immenses caféières ; Basse-Terre s'allonge sur sa vaste rade, avec le Baillif à sa droite.

Il traverse ensuite la savane Lignières qui descend en pente douce vers le pied du cône où l'on renouvelle connaissance avec la Roche à Cortez, point de jonction des deux chemins. De cet endroit part aussi le sentier qui conduit aux sources du Gallion. Ici, après trois quarts d'heure de marche, on prend cinq minutes de repos et l'on s'engage sur le flanc même de la montagne.

L'ascension n'est pas pénible, au début ; les difficultés ne commencent guère qu'à la hauteur du morne Tarrade, pour ne cesser qu'au pied du piton du Nord, c'est-à-dire à l'entrée du plateau. Là, se dresse un rocher qui permet d'attendre, à l'abri du vent, les compagnons retardataires.

Il a fallu trois nouveaux quarts d'heure pour escalader le cône, mais le plaisir est tel qu'on oublie la fatigue.

La première visite est pour la Grotte des Amis. On revient ensuite sur ses pas et l'on gagne la Porte d'Enfer.

Un ajoupa-abri de cinq mètres de façade sur trois mètres de profondeur, construit en bois dur et recouvert d'aissantes de Wolaba, a été élevé, non loin de ce petit lac, par le Club des Montagnards.

La Grotte des Amis n'est donc plus le seul refuge que l'on trouve à la Soufrière.

On prend la route de la Grande-Découverte. A droite, deux pierres retiennent l'attention par leur forme. L'une

représente assez exactement Louis-Philippe couronné ;
l'autre, une grenouille. Puis vient le Pont-Chinois qu'on
traverse le plus souvent en s'aidant des mains, à cause
de la violence du vent. Il est constitué par un rocher de

La Soufrière. — Jardin l'Herminier.

trois mètres environ de largeur sur six ou sept de longueur, réunissant les bords d'une crevasse profonde de
cinq mètres. C'est, de l'avis d'excursionnistes réputés,
le passage le plus périlleux.

On parvient ensuite au faîte de la Grande-Découverte
qui est le point culminant.

La vue y est splendide.

L'île entière, la partie Sud exceptée, se présente comme
une carte immense. Les plaines du versant Nord de la
Guadeloupe proprement dite, moins rapprochées des
foyers ignivores contrastent avec le versant Ouest, dont
les accidents de terrain offrent l'aspect d'un véritable
désordre.

Dans l'Est, la Grande-Terre étire ses vastes champs de canne à sucre au milieu desquels perce la silhouette des

Portes d'Enfer.

usines. Par un temps serein, vers quatre heures du matin, et à l'époque de la récolte, un touriste a pu les reconnaître toutes. Leurs feux que l'aube ne pâlissait pas encore, leurs donnaient l'aspect de grands navires.

En cas de changement de temps, un rocher « La Roche à Tonnerre » peut abriter une dizaine de personnes.

Quittant la Grande Découverte, on se rend directement au cratère du Nord, en passant sous la Roche-Suspendue.

Ce cratère est formé d'une quantité de fumerolles qui dégagent une vapeur abondante dont l'intensité augmente avec les pluies. Il s'y trouve aussi un gouffre, insondable, disent quelques personnes, du fond duquel s'élève le bruit de matières en fusion. La chaleur qui s'en échappe est telle qu'il n'est guère possible de se pencher sur son orifice. Un peu à l'Est se rencontre le Lac de Soufre, alimenté par les matières provenant du Gouffre.

Vient ensuite le cratère Napoléon, le plus actif de tous. La vapeur s'en échappe avec tant de force, qu'un caillou de quelques centaines de grammes lancé dans son ouverture est violemment rejeté à l'extérieur.

Pour se rendre, enfin, au cratère du Sud, il faut traverser le jardin L'herminier, passer près du petit cratère Le Boucher et entre deux pics assez élevés, appelés les Jumeaux. Ce cratère est presque éteint. Il ne rend plus qu'une fumée légère et pâle et ne présente aucun intérêt.

La promenade terminée, on revient à son point de départ, la Porte d'Enfer, en traversant le Pont-Naturel ou, si on veut l'éviter, en contournant le gouffre Tarrissan et en traversant de nouveau, mais dans un autre sens, le jardin L'herminier.

Tel est l'itinéraire le plus ordinairement suivi.

L'ECHELLE

Le volcan de l'Echelle, situé au Sud de la Soufrière, dans son voisinage immédiat, a 1.367 mètres de hauteur.

Pour être moins majestueux, moins réputé que sa voisine, il ne présente pas moins un intérêt tout particulier. Il est devenu, du reste, le centre de l'activité volcanique de l'île.

Garni autrefois de quelques fumerolles insignifiantes, son importance s'accrut à la suite du tremblement de terre de 1897, qui bouleversa l'île entière et laissa des ruines à la Pointe-à-Pitre.

C'est à cette époque, en effet, qu'apparut sur son flanc Ouest, à 70 mètres environ de sa base, un énorme panache de fumée.

Plus tard, en 1902, lors de l'éruption de la montagne Peléc, à la Martinique, une activité inquiétante s'y manifestait, alors que la Soufrière ne présentait rien d'anormal. Deux bassins de quatre mètres de diamètre s'étaient ouverts, tenant en ébullition une eau grisâtre d'où s'échappait la vapeur dont nous venons de parler.

Autour, et sur une superficie d'un hectare à peu près, une infinité de petits cratères s'étaient fait jour, rejetant des vapeurs sulfureuses. Les choses n'ont pas changé aujourd'hui. Les petits cratères s'ouvrent et se referment, se remplaçant dans ce vaste espace où la végétation a entièrement disparu. Il serait dangereux de s'aventurer pieds nus et seul sur ce terrain brûlant qui n'offre aucune solidité.

Cette recrudescence de l'Echelle, au moment où le mont Pelé menaçait de faire disparaître la Martinique, inquiéta la haute administration de la Guadeloupe. M. le gouverneur de La Loyère établit une surveillance étroite à l'Echelle et à la Soufrière, de façon à être journellement renseigné sur l'état des deux volcans. Des excursionnistes dévoués se rendaient chaque jour, et à

tour de rôle, sur les deux sommets. Ils prenaient la température des eaux et divers cratères et se rendaient
compte de l'envahissement du terrain brûlé au moyen
de poutres indicatrices qui avaient été placées autour.
Ces reconnaissances durèrent tant que la montagne Pelée
resta en pleine éruption. Il est équitable de désigner ici,
ces intrépides excursionnistes. M. Colardeau y allait le
samedi et le dimanche ; MM. Thionville, le capitaine
Noël, Charvet et le caporal Broussous, s'étaient partagé
le reste de la semaine.

Rien de particulier n'a été constaté depuis et l'on peut,
sans danger, excursionner à l'Echelle. Il est pourtant un
phénomène dont le touriste devra se méfier : ce sont les
éboulements fréquents qui s'y produisent. Ses flancs sont
si escarpés, si rapides que les roches se désagrègent parfois et entraînent avec eux, dans une course vertigineuse, plusieurs milliers de mètres cubes de terre.

« Déjà, fort anciennement, dit M. Le Boucher, toute
« une partie du flanc de l'Echelle qui regarde la Capes
« terre, s'est effondré sur la rive droite du Grand Carbet
« et, tout récemment encore, au milieu de ces antiques
« ruines, un nouvel éboulement vient de se produire.
« Dans la nuit du 16 au 17 octobre 1897, toute une
« portion de la montagne, sur une longueur de plus de
« deux kilomètres, s'est détachée pour glisser jusque
dans le lit du Carbet. »

Il fut lui même presque le témoin oculaire d'une de
ces formidables avalanches. « J'entendis, un soir, dit-il,
« vers trois heures, un roulement sourd, assez semblable
« à celui du tonnerre dans le lointain. Subitement, le
« bruit s'accentua, et, en moins de temps qu'il ne faut
« pour l'écrire, devint formidable. Il me sembla que
« j'étais dans le centre d'un formidable déplacement
« d'air. Le sol trembla sous mes pieds. Frappé de
« stupeur par ce phénomène imprévu, j'attendis sans
« bouger. Bientôt, un brouillard m'enveloppa. Les yeux

« grands ouverts, dans l'attente de quelque spectacle
« terrifiant, la respiration haletante, je vécus ainsi
« quelques secondes qui me parurent aussi longues
« qu'une heure. Enfin, l'écho me renvoya un bruit
« auquel je devinai la vérité : un éboulement venait de
« se produire et l'avalanche de matière rocheuse s'effon-
« drait dans la vallée. J'avais eu le bonheur de me
« trouver assez loin de son passage, de n'en subir que
« les effets accessoires. »

Tout récemment encore, au mois d'avril 1912, une
détonation sourde était perçue à la Basse-Terre, vers
11 heures du matin. Une heure plus tard, la rivière
du Galion grossissait subitement, charriant une quantité de boue.

Le Galion a l'habitude de surprendre ainsi les lessi-
vières imprudentes, pendant la saison des pluies. Il a
plu dans les bois, disent elles, le Galion a débordé. L'on
peut constater quelques jours après que ce débordement
sous un ciel serein était la conséquence d'un éboulement qui avait glissé jusque dans les sources de la
rivière.

L'on se rend à l'Echelle de deux façons.

La première consiste à suivre le tracé qui mène à la
grande chute du Galion, situé à environ quarante
minutes des Bains-Jaunes. Ce point d'excursion est tout
particulièrement recommandé aux touristes. Avec sa
cascade d'eau tiède, se déversant dans un bassin fort
commode, c'est l'un des sites les plus attrayants de l'île.
On y a aussi élevé un ajoupa. Ce sentier s'ouvre, nous
l'avons déjà dit, près de la Roche à Castez, à l'embran-
chement des deux routes de la Soufrière. De la grande
chute, on se rend facilement et presqu'en ligne droite
à l'Echelle.

Tout programme d'excursion à la Soufrière comporte
généralement une visite à l'Echelle.

Il eut été fastidieux, la première explorée, de dégrin-

goler le cône pour aller prendre le sentier qui mène au
second par les sources.

Au lieu donc, de revenir sur ses pas, une fois rendu
au cratère du Sud, pour regagner la Porte d'Enfer, le
touriste s'engage sur la pente Ouest, non loin de la roche
à Condeau. La vue est splendide en cet endroit. On peut
y suivre des yeux toute la vallée de la rivière du Galion,
jusqu'au Fort-Richepanse, à Basse-Terre, dont la masse
sombre cache le rivage.

La descente est excessivement pénible jusqu'au col de
l'Echelle. C'est une vraie dégringolade, sans danger
sérieux cependant, au cours de laquelle on rencontre
le petit cratère Lacroix. La pente est si rapide, qu'elle
ne saurait être remontée. On ne pourrait donc, de
l'Echelle, passer à la Soufrière.

C'est la deuxième façon de connaître l'Echelle.

Citons une particularité avant de finir.

Des cratères, on aperçoit à chacune des ouvertures
de la vallée que forment les deux volcans, d'un côté, la
ville de la Pointe-à-Pitre, de l'autre, celle de la Basse-
Terre, sans plus. De sorte, qu'un boulet lancé de l'une
des deux villes et passant directement au-dessus des
cratères, irait certainement tomber dans la seconde.

LA CITERNE

La Citerne située au Sud de l'Echelle, est un volcan
complètement éteint. Complètement éteint?... Le terme
lui convient bien, en raison de sa similitude avec la
montagne Pelée de la Martinique.

Personne n'avait pensé, en effet, avant la catastrophe
de 1902, que le lac aux eaux limpides et froides qui
dormait depuis plus d'un siècle au fond de l'ancien
cratère, lancerait un jour ces jets de vapeurs et de feux
qui transformèrent la charmante ville de Saint-Pierre en
une vaste nécropole. Le lac des Palmistes était un lieu

de plaisir pour les habitants de l'île sœur. On s'y rendait comme ici, sur les bords des rivières pour passer en
familles, d'agréables journées et manger le colombo
indien. Que d'idylles ébauchées sur la verte plaine d'alentour, que de serments emportés par la brise fraîche qui
caressait sa surface ! que de rêves d'avenir, d'existences
éteints par ces feux meurtriers !

Comme sa sœur de la Martinique, la Citerne Guadeloupéenne possède aussi un lac.

« Au fond du cratère, au centre de la cuvette géante,
« au milieu d'un cercle admirable de verdure, apparaît
« l'étang. Un long frisson court à sa surface, frisson
« qui ne finit pas, qui ride les eaux sans cesse ; c'est la
« brutale caresse des vents qui, sans cesse, s'engouffre
« et tournoie dans la vaste citerne.

« Dans la mare, des joncs ont poussé ; leurs bouquets
« s'épaississent par places ; ils tendent à entourer toute
« la pièce d'eau et bientôt ils refermeront sur elle leur
« bruissante ceinture.

« Sur toute la circonférence, les parois de la Citerne
« sont tapissés de belles végétations des hauteurs, avec
« plus de richesse pourtant sur la pente abritée des
« vents régnants qui, toujours, soufflent fort à cette
« altitude... »

L'étang mesure environ quarante mètres de longueur
et est entouré d'une terre mouvante qui en rend l'accès
fort difficile.

L'éruption de la montagne Pelée avait soulevé quelque
prévention contre la Citerne, en raison de la similitude
dont nous avons parlé plus haut.

Les vapeurs blanches qui apparurent à son sommet à
cette époque, et auxquelles on aurait point fait attention en temps ordinaire, jetèrent la panique dans une
partie de la population.

Cette panique s'accrut encore lorsque les sinistrés
venus de la Martinique racontèrent que l'éruption du

mont Pelée avait commencé, le 22 avril 1902, par le jet de vapeurs blanches provenant de l'ébullition du lac des Palmistes.

On attribua, dès lors, une activité à la Citerne et on conclut, sans contrôle aucun, que les eaux de son lac étaient devenues subitement bouillantes. Et l'imagination allant bon train, on voyait déjà des cendres dans l'air.

Deux touristes courageux. MM. Thionville, chef du Service actuel de l'Enregistrement, et Colardeau, chirurgien-dentiste, aujourd'hui décédé, résolurent d'aller constater l'état de la Citerne.

M. Thionville en est à ne plus compter ses excursions. Son enthousiasme est sans bornes et l'on peut dire, à son honneur, qu'il a beaucoup contribué à mieux faire connaître les sites enchanteurs de son beau pays. Elu président du Club des Montagnards en 1903, il s'ingénia à rouvrir les anciennes routes, à en créer de nouvelles, à faciliter en un mot, de toutes les façons, les voyages aux hauts sommets. Depuis la dissolution de cette société, il se tient aimablement à la disposition de tous ceux qui veulent bien s'adresser à lui.

Il est, avec M. Le Boucher, son collègue du Service de l'Enregistrement, aujourd'hui en service à la Guyane, le touriste le plus avisé de l'île. Ils ont tous deux bien mérité de la Guadeloupe.

MM. Thionville et Colardeau se mirent donc en chemin le 27 mai 1902 et voici la relation de leur reconnaissance :

« Passant par les sources du Galion et le flanc de l'Echelle, nous sommes arrivés au sommet de la Citerne à 10 h. 1/4 du matin.

« Nous sommes descendus à une profondeur de 80 mètres environ, au bord du lac que nous avons examiné en détail et où nous avons pu entrer jusqu'à mi-jambe.

« Convaincus alors que son eau était froide et très potable, comme par le passé, nous en avons bu à plusieurs reprises.

« Le baromètre marquait 667 mm. et le thermomètre 20 degrés.

« Le ciel était couvert de nuages ; une brume intense, s'abattant sur le lac, s'élevait plus ou moins rapide dans l'air, selon les caprices du vent, pour faire place à de nouveaux brouillards qui se précipitaient sur l'onde. la carressant, montaient vivement, redescendaient à loisir et remontaient en longs flocons au-dessus de la Citerne pour rejoindre les nuages.

« Cet exercice original de la brume. que nous avons observé maintes fois en cet endroit, offre un spectacle admirable, mais nous a empêché de photographier ce beau lac qui constitue, en définitive, le linceul liquide d'un volcan endormi depuis des siècles...

« Chut ! ne réveillons pas, si possible, ce *monstrum horendum, informe. ingens...*

« Et, puisque ce lac est actuellement innommé, nous l'avons baptisé du nom de Flammarion, voulant rendre un modeste hommage au savant qui honore la France, en se rendant utile à l'humanité entière.

.   .   .   .

« Les amateurs qui se rendent au bord du lac Flammarion y trouveront trace de cette excursion s'ils jettent les yeux sur la souche d'un manglier où est attachée une feuille de notre carnet, que nous remplacerons bientôt par une plaque commémorative.

« Ils reconnaîtront l'entrée du sentier qui mène au lac, à une croix, longue d'un mètre, que nous avons tracée, en creusant la mousse, au Sud-Sud-Est du sommet de la Citerne.

« En somme, tout est normal à ce jour.

« A midi, nous avons quitté la Citerne.

« Après un trajet relativement difficile à cause des

lianes, des mangliers et des herbes coupantes qui entravent une partie du chemin, du flanc Sud de la Citerne à la ravine Boudoute, nous avons atteint le lac de l'As-de-Pique à 1 heure 1/2.

« Son volume a légèrement augmenté, à cause de la pluie qui est tombée la veille.

« L'eau y est froide et potable comme à l'ordinaire ; elle est, selon nous, plus agréable au goût que celle de la Citerne.

« Le baromètre marquait 689 mm. et le thermomètre 23 degrés.

« Des brouillards obscurcissaient par moment la vue du lac. »

Le résultat de ces observations, porté à la connaissance du public par la voie de la presse, enraya la panique.

Le 31 mai suivant, c'est-à-dire quatre jours plus tard. ils reprenaient la route de la Citerne et le temps leur fut si favorable qu'ils purent, au moyen d'une longue-vue puissante, apercevoir une partie des monts de la Martinique, surmontée d'une épaisse colonne de fumée noire qui se dissipa au bout de quelques minutes.

Ils en profitèrent pour prendre les dimensions de la Citerne qui mesure 202 mètres de diamètre.

La Citerne est éclipsée par ses deux voisines, aussi, est-elle, bien à tort, il faut le dire, peu fréquentée.

Elle eut certainement aussi, à une époque reculée sans doute, son heure de célébrité. Mais le monstre est méconnu parce qu'il est endormi.

On est, cependant, bien payé de ses peines, quand, après une heure de marche, à partir du Galion, on peut se pencher au-dessus de son vaste entonnoir et « découvrir le beau mystère que cache, en cet endroit, la nature ».

Un ajoupa — abri des plus convenables — a été placé à ses pieds par le Club des Montagnards.

Non loin coule une ravine, la troisième avant d'escalader la montagne.

Toutes sont munies de ponceaux solides.

LES SOURCES ET CHUTES DU CARBET

Nous ne quitterons pas ces hauteurs sans exhorter le touriste à y revenir pour visiter les sources du Grand et du Petit Carbet et, surtout, pour jouir de la vue grandiose qu'offrent leurs cascades.

Ce n'est certes pas sans beaucoup de difficultés et de grandes fatigues qu'on y parvient. Une journée ne suffit point. Il est donc prudent de porter avec soi de quoi passer, le moins incommodément possible, au moins une nuit sous les hautes frondaisons de la montagne. Un modeste ajoupa est bien vite construit pour se mettre à l'abri de la pluie et de l'humidité. Quatre pieux réunis au sommet par des gaules sur lesquelles l'on étend de larges feuilles de balisiers en font tous les frais.

Dans ces régions sauvages où s'épanouit la végétation intense des tropiques, les chemins sont vites embroussaillés. Il faut donc, à chaque excursion, avoir soin de se munir d'un sabre d'abatis pour se frayer une trace au milieu des mangles et des lianes.

Et les difficultés ne s'arrêtent pas là.

Tantôt, on côtoie des falaises à pic ; tantôt toute l'élasticité des jarrets est nécessaire pour franchir une crevasse ; ici, il faut se glisser au fond d'un ravin et se servir des mains, comme de griffes s'enfonçant dans la terre glaise, pour grimper à la paroi opposée ; là, ce sont des rochers énormes qu'il faut se décider à escalader si l'on ne trouve le moyen de les contourner.

Comme ces ennuis sont vite oubliés, lorsqu'on a atteint le terme du voyage !

LE GRAND CARBET

Les sources du Grand Carbet, au nombre de sept, se

trouvent sur le versant Est de la Soufrière, non loin des fumerolles sèches de l'Echelle. La première, la principale, froide et limpide, jaillit du fond d'un ravin et alimente un large bassin. A peu de distance, sur le versant N.-E.-E., quelques autres, chaudes et sulfureuses viennent grossir les eaux de la première. Et elles se succèdent ainsi, sur le cours de la rivière, tantôt chaudes, tantôt froides, plus ou moins importantes.

A ses origines et sur un parcours de 150 mètres environ, le Carbet est encaissé dans un ravin dont les côtés sont impraticables. Là se jettent les eaux chaudes d'un ravin qui prend sa source près des fumerolles sèches de l'Echelle. Il a été nommé par le Club des Montagnards *Ravine des montagnards*. Ses eaux sont tantôt chaudes, tantôt froides. Les bords deviennent d'un accès plus facile en quittant ce carrefour, mais pour se resserrer ensuite, par endroits, et présenter les mêmes difficultés.

Puis enfin, les accidents se produisent dans le lit même de la rivière. Dès lors, ce sont les cascades qui s'échelonnent, remplissant du bruit de leur chute vertigineuse la forêt tranquille.

C'est d'abord un saut de 12 mètres qui s'offre aux regards et sous lequel la rive s'allonge en se refermant, comme pour empêcher l'accès de la première grande chute.

M. Le Boucher évalue la hauteur de celle-ci à 68 m. environ. Elle est moins imposante que celle de l'étage inférieur, mais son volume d'eau est plus considérable.

Enfin, après des efforts inouïs, on parvient à la deuxième chute.

« Sans parler du plaisir de la difficulté vaincue, dit-
« il, aucun de nous ne regrette sa peine. Un merveilleux
« spectacle s'offre à notre vue. D'une hauteur de 125 m.,
« au moins, le Carbet se précipite d'un seul bond, en une
« nappe unique, sur le flanc poli d'un immense rocher
« qui se dresse à pic, sans aucune aspérité qui retienne

« ,ou ralentisse la masse des eaux. C'est un véritable
« écroulement de la rivière au cours de laquelle le sol
« s'est tout à coup dérobé. Quel saut magnifique ! J'ai
« vu des cascades plus impressionnantes par le volume
« d'eau qu'elles entraînent : aucune plus que celle du
« Carbet n'a excité mon admiration par l'imprévu de la
« chute, le caractère sauvage et grandiose du décor, la
« solennité du lieu où règne le silence de la grande forêt
« que trouble à peine la plainte du torrent... Mais cette
« chute perpendiculaire de 125 mètres n'est point la
« seule dont se forme la cataracte. Il semble que toute
« cette masse d'eau reçue sur une plate-forme de granit
« trop dur pour être entamé et creusé par elle en bas-
« sin, rebondisse sous la violence du choc et se précipite
« d'un nouveau saut pour une nouvelle chute de 25 m.
« Quand l'eau, après cette terrible descente, reprend
« son cours normal et s'enfuit de nouveau dans la pro-
« fondeur du bois, elle apparaît d'un bleu vert qui forme
« plus loin une teinte savonneuse remarquée en mon-
« tant. La température est, en ce moment, de 19°. »

Le Grand Carbet va se jeter à la mer, après avoir traversé le territoire de la commune de la Capesterre. Il a
plus de dix kilomètres de cours.

LE PETIT CARBET

Le Petit Carbet prend sa source au pied de la Citerne.
Il sourd au milieu d'une végétation qui le cache aux
regards et sous laquelle il disparaît complètement pendant la saison sèche. Quelques personnes prétendent
même qu'il se tarit à cette époque.

Le lit du Petit Carbet est beaucoup moins important
et surtout moins accidenté que celui de son frère de la
montagne voisine.

Il coule du N.-O. au S.-E. et présente dans son cours
une succession de cascades qui, tout en n'offrant pas
l'élan majestueux de celles du Grand Carbet, ont aussi

leur genre de beauté. Elles sont aussi difficiles à atteindre et méritent autant l'admiration des touristes.

Après un parcours de 8 kilomètres, il va se jeter à la mer sur le territoire de la commune des Trois-Rivières.

A quelques centaines de mètres de son embouchure se trouve un bain très agréable et fort original en même temps. C'est une rigole d'une trentaine de mètres environ, dans laquelle la rivière passe rapide et va tomber dans un bassin large et profond. Les amateurs, femmes et hommes, vont s'asseoir à la file indienne au haut de cette rigole, dont les parois sont très lisses, et se laissent emporter par le courant. Quelques secondes après le bassin les reçoit. Au milieu du bouillonnement de l'eau, des rires, des cris joyeux éclatent qui remplissent la vallée. On peut se procurer cette distraction à peu de frais et sans fatigue, la route étant carossable jusqu'à vingt minutes du bain. De Basse-Terre, on peut y aller et en revenir dans l'après-midi.

ÉTANGS DES MONTAGNES

A part l'étang de la Citerne dont nous avons déjà parlé, il existe sous les contreforts de la Madeleine et des monts de la Capesterre, trois grands étangs qui sont des lieux d'excursion fort agréables. Ce sont : l'*As-de-Pique*, le *Grand-Etang* et l'*Etang-Zombis* (1).

L'As-de-Pique, prétendent quelques excursionnistes, fut l'une des soupapes du volcan éteint La Madeleine.

C'est une nappe d'eau qui mesure 186 mètres de longueur sur 118 mètres de largeur.

Sa plus grande profondeur est de 12 mètres.

Il est situé à une altitude de 750 mètres environ.

Le Grand-Etang, le plus beau des trois est situé à une altitude de 500 mètres. Il est alimenté par deux ravines

____

(1) Aux Antilles, Zombi signifie diable.

et ses eaux, en se déversant, forment la ravine Bananier qui traverse le hameau de ce nom. Il mesure plus d'un kilomètre dans sa plus grande longueur et six cents mètres de largeur.

Voici la description qu'en fait M. Le Boucher.

« Sur l'étang, de gros rochers noirs, revêtus de
« mousse, sont semés par places comme des îlots, et
« toute une végétation aquatique étale ses larges taches
« vertes, d'un vert pâle lavé par les eaux, sur la surface
« du vaste bassin...

« Parfois un cri bref s'élève ; c'est quelque poule
« d'eau qui prend ses ébats, quelque canard sauvage
« qui passe ; puis, tout retombe dans le silence, et, seul,
« par intervalles, le bruissement des bambous fait enten-
« dre sa note plaintive... Je le répète, le spectacle est
« unique à la Guadeloupe et celui qui l'a une fois con-
« templé en emporte le durable souvenir que laisse les
« choses de la nature après avoir évoqué à nos yeux
« l'image de la parfaite beauté. »

Il n'y a pas que les chasseurs à trouver leur plaisir sur les bords du Grand-Etang. Les pêcheurs aussi peuvent s'y procurer leur part de joie en pêchant l'écrevisse. Il leur arrivera même souvent de tirer au bout de leur ligne d'énormes ouassous présentant les dimensions d'un beau homard. Leur chair est très savoureuse.

L'Etang Zombis, enfin, à 440 mètres d'altitude, est moins étendu que le Grand-Etang et l'As-de-Pique. Il est cependant situé dans un endroit fort pittoresque, au milieu même de la forêt dont les arbres séculaires recouvrent sa surface de leurs branches.

Il est plus aisé de se rendre aux deux derniers étangs en partant de la Capesterre. La visite à l'As-de-Pique est plus commode par le Camp-Jacob. Toutefois, il serait préférable, à notre avis, de suivre le conseil de M. Le Bou-cher.

Voici le programme qu'il préconise : « Le mieux,

« quand on a du temps et des jambes, est de rendre
« visite aux trois étangs le même jour. Il suffit pour cela
« de partir de grand matin du Camp-Jacob, après s'être
« assuré d'un gîte à la Capesterre, où l'on arrive le soir.

  « La fatigue occasionnée par une journée de marche
« aussi complète, est, à mon avis, largement compensée
« par l'avantage d'avoir pu contempler et comparer,
« pour ainsi dire, coup sur coup, les trois étangs qui
« présentent chacun son genre de beauté. »

HOUËLMONT

Il existe, enfin, au sommet du Houëlmont un petit lac
qui, croit-on, s'est formé dans l'ouverture d'un ancien
cratère.

La chose est fort probable puisque le Houëlmont est
aussi un volcan éteint. Ce cratère rempli d'eau fraîche et
potable, resterait le seul vestige de son ancienne activité.
On n'en retrouve, en effet, aucune autre trace sur les
autres parties de la montagne.

Une excursion au Houëlmont n'est pas à dédaigner.
Ici, pas de ces émotions vives, qu'on éprouve ailleurs,
pas de gymnastique non plus, point de difficultés à surmonter. Sa masse énorme se dressant en pain de sucre
est accessible à tous et une demi-journée suffit pour
l'explorer sur toutes ses faces.

Entièrement recouvert de grands arbres séculaires, à
une température exquise, il joint un coup d'œil pittoresque.

De son versant Ouest, on voit se dérouler à ses pieds
toute la partie du rivage s'étendant de la pointe du
Vieux-Fort à l'embouchure de la Rivière des Pères, et,
au milieu, au fond de sa rade magnifique, la ville de la
Basse-Terre dont on distingue les maisons à l'œil nu. Par
un temps calme, on perçoit distinctement la sonnerie
de l'hôtel de ville qu'on distingue fort bien à l'extrémité
Ouest du cours Nolivos.

Dans le Nord, s'étagent les campagnes du Camp-Jacob dont les toits semblent accrochés au flanc même de la Soufrière.

Du N.-E. au Sud, les montagnes du Vieux-Fort l'entourent d'un vaste fer à cheval.

Autrefois, une batterie d'artillerie, établie au faîte du Houëlmont, protégeait la ville de Basse-Terre et gardait l'entrée du détroit appelé le canal des Saintes. On y retrouve encore quelques vieux canons oubliés ou restés inaperçus par une Compagnie qui, il y a quelques années, a acheté pour la refonte, toutes les pièces des forts et batteries déclassés de la Guadeloupe.

GRANDE-TERRE

Si le hasard veut que le courrier qui l'amène entre dans la rade de la Pointe-à-Pitre par une de ces nuits ou la lune brille de cet éclat qui est inconnu en Europe, le voyageur est réellement émerveillé du tableau qu'il a devant les yeux ; on dirait un vrai décor de féerie. Au loin se dressent majestueuses les montagnes *de la Guadeloupe proprement dite*, tout près du courrier, à le toucher presque, ce sont les nombreux « *ilets* » qui se trouvent dans la rade, comme déposés sur la surface de la mer. Si l'arrivée a eu lieu en plein jour le spectacle est tout aussi merveilleux, on peut contempler du bastingage les coquettes villas des îlets. Cette rade de la Pointe-à-Pitre est une des plus belles des Antilles, et par le percement du canal de Panama elle est appelée à jouer un rôle considérable. Le port est vaste et assez bien protégé contre les vents, mais ne pourra être utilisé qu'après de sérieux dragages.

Autrefois un vulgaire *bac* appelé par le peuple « *la gabarre* » mettait en communication la Grande et la Basse-

Terre, depuis 5 à 6 ans un pont à flotteur a été jeté sur la Rivière Salée, pont connu sous le nom de *Pont Gérault-Richard*. Dès qu'on a franchi le pont en venant de la Pointe-à-Pitre, on est dans la Guadeloupe proprement dite, mais quatre des communes de cette partie de l'île (*le Petit-Bourg, la Baie-Mahault, le Lamentin, Sainte-Rose*) sont en communication si fréquente avec la Pointe-à-Pitre qu'au point de vue administratif et judiciaire elles dépendent de *la Grande-Terre* et non de la Guadeloupe proprement dite.

La Guadeloupe est un pays de montagnes, couvert de forêts et arrosé par de nombreux cours d'eau ; la Grande-Terre au contraire est un pays plat renfermant de vastes plaines plantées surtout de cannes à sucre, il n'y a presque pas de rivières. La nature de la Guadeloupe est volcanique ; celle de la Grande-Terre est constituée par des superpositions de couches calcaires.

La Grande-Terre a la forme d'un triangle isocèle dont le sommet serait vers le S.-O. et la base du N.-O. au S.-E. ; elles mesure 48 kilomètres de l'Est à l'Ouest, 28 du Nord au Sud ; elle a une superficie de 65.631 hectares, tandis que celle de la Guadeloupe est de 94.600 hectares. Les côtes offrent dans cette partie un aspect grandiose, de nombreux rochers élevés au-dessus du niveau de l'eau forment des espèces de « *grottes* » dans lesquelles les eaux de la mer se précipitent en bouillonnant et s'élèvent en vagues de 10 à 12 mètres (le Trou-aux-Vaches, la Grande-Vigie, l'anse Sainte-Marguerite, la pointe du Rempart, la pointe des Châteaux, le Souffleur, la Porte d'Enfer, etc., etc).

La Grande-Terre qui forme l'arrondissement de Pointe-à-Pitre comprend les communes suivantes : Pointe-à-Pitre, Abymes, Gosier, Morne à-l'Eau, Moule, Sainte-Anne, Saint-François, Port-Louis, Anse-Bertrand, Petit-Canal, les quatre communes qui géographiquement sont situées dans la Guadeloupe : Lamentin,

Bâfe-Mahault, Sainte-Rose, Petit-Dans, enfin une dépendance, l'île de la Désirade.

LA POINTE-A-PITRE

Placé au fond du vaste estuaire formé par le rapprochement des deux îles que sépare la Rivière-Salée, le port de la Pointe-à-Pitre a deux issues, mais une seule peut être actuellement utilisée

Au Nord et à l'Est, il est délimité par les rives de la Grande Terre, qui se poursuivent vers le Sud et forment avec l'îlet Monroux, l'îlet à Rats et la Caye d'Argent l'un des côtés de sa passe, l'autre côté est formé par les brisants de l'îlet à Cochons.

Au Nord encore et à l'Ouest, il est délimité par les rives de la Guadeloupe proprement dite ; enfin au Sud, il est séparé de la haute mer par une série d'îlets verdoyants où sont construits des chalets servant de sanatoria aux habitants de la ville pendant la période des vacances. Parmi ces îlets, celui tout à fait Est, et à l'entrée du port, est l'îlet à Cochons ou Cosson dont une partie, celle de l'Est, appartient à l'administration. Sur cet îlet se trouve un lazaret, et un sémaphore. Une distance de 800 à 900 mètres sépare l'îlet à Cochons de l'îlet à Boissard placé plus à l'Ouest, cet intervalle forme un haut fond presqu'à sec par les basses marées.

Cette partie réunie à ces deux îles que la nature semble avoir créé spécialement pour compléter les avantages du port de la Pointe-à-Pitre, sert de barrière contre les vents du Sud et les raz-de-marée et maintiennent les eaux tranquilles et calmes par quelque temps qu'il fasse.

Dans la partie Nord, se trouve la Rivière-Salée qui aurait dû être plutôt appelée Canal, puisqu'elle réunit le Petit-Cul-de Sac au Sud au Grand-Cul-de-Sac au Nord, c'est-à-dire l'océan Atlantique à la mer des Antilles, réservant ainsi une sortie au Nord au port de la Pointe-à-Pitre ; sa longueur est de 6 milles environ.

C'est à 2.000 mètres environ à l'Est de l'entrée de la Rivière Salée, qu'est construite la ville de Pointe-à-Pitre.

Sur les rives de l'Est, se trouve l'usine Darboussier, la plus grande usine à sucre de la Colonie, appartenant à la Société Industrielle et Agricole de la Pointe-à-Pitre, outillée pour la fabrication de dix millions de kilogrammes de sucre et trois millions de litres de tafia. Elle est pourvue d'une voie ferrée de vingt kilomètres environ, transportant à la manufacture les cannes de ses nombreuses propriétés des centres des Abymes et du Morne-à-l'Eau ; les cannes des autres centres de la Guadeloupe appartenant à cette même société sont transportées par un matériel nautique.

A l'Est aussi, se trouve Fouillole, établissements de mécanique et de constructions navales appartenant à l'Administration locale ; sur un des points s'élève un phare à feu rouge de 23 m. 20 de hauteur.

Sur la rive Ouest de la Guadeloupe est le Morne-à-Savon, d'où partait anciennement la route de Pointe-à-Pitre-Basse-Terre : les voyageurs étaient transportés de la ville à ce point de la Guadeloupe, au moyen d'une gabarre. Plus tard, cette route a été abandonnée par la création d'une nouvelle traversant la Rivière-Salée. Jusqu'en 1906, la traversée de ce canal se faisait au moyen d'une barque, qui fut avantageusement remplacée par un pont.

Sur cette rive, se trouve la Pointe-de-Jarry. Contrairement aux autres rives qui environnent le port de la Pointe-à-Pitre, celles limitant Jarry, sont formées de calcaire et d'argile, ce qui les rend propres à toutes les constructions, bassin de radoub et dépôt considérable de charbon.

La Société Industrielle, Commerciale et Agricole de la Pointe-à-Pitre y a installé de grands magasins de dépôts pour ses sucre et tafia, provenant de l'usine la Retraite. Elle y a installé aussi la gare terminus de sa voie ferrée. Un bassin de charge creusé par les soins et aux frais de cette société reçoit les cargo de tous tonnages qui viennent embarquer à quai les produits de cette usine.

L'entrée du port de la Pointe-à-Pitre. placée au Sud, donne accès de jour comme de nuit aux grands navires. La passe est balisée par trois bouées lumineuses peintes en rouge, portant des feux rouges, placées à tribord en venant du large. Une bouée lumineuse peinte en noir, portant un feu vert, marque à bâbord la limite des fonds de 7 mètres. Tous ces feux sont éclairés au moyen du gaz hydrogène carburé, comprimé, provenant de l'usine placée à Fouillole. Un autre feu est placé à la sortie de la Rivière-Salée, à l'entrée du Grand-Cul-de-Sac.

La largeur du goulet tortueux, dont l'étroitesse protège la rade contre la lame, est d'environ 91 mètres et sa longueur 1.050 ; on trouve 4 mètres d'eau au pied des quais.

En outre des bouées, il existe deux feux, l'un à l'Ilét-Monroux, à l'entrée de la rade, est élevé de 10 m. 50 au-dessus du niveau des hautes marées et peut être vu à 7 milles au large ; l'autre, placé à Fouillole, donne par le feu de Monroux l'axe du chenal du Mouchoir-Carré par 16°3′36″ Nord, 25°2′24″ Ouest.

Malgré les difficultés que semble avoir l'entrée du port. ce dernier remplira, grâce à de sérieux dragages et à de judicieuses améliorations, les conditions exigées de nos jours par nos amiraux pour faire un port excellent; actuellement, de grands navires de guerre et postaux entrent et sortent de jour comme de nuit, sans l'aide du pilote. tels que : la *Normandie* de la Compagnie générale Transatlantique, l'un de ses plus grands bateaux, la *Marseillaise*, croiseur cuirassé, le *Massachusette* de l'es-

cadre américaine, etc., etc. Les officiers de cette marine,
d'accord avec ceux de nos amiraux qui connaissent le
port de la Pointe-à-Pitre, proclament qu'il est un des
meilleurs de la mer des Antilles. Il est en effet exceptionnellement favorisé par la nature.

Cl. Juvanon.

Rade de Pointe-à-Pitre. — Les Ilets.

Phares et feux

Installé presqu'à l'extrémité orientale de la Terre-de-
Bas, l'un des îlots de la Petite-Terre (Désirade), par latitude 16° 10′ 29″ Nord et longitude 63° 23′ 16″ Ouest,
le feu, qui est fixe, peut être vu à quinze milles de distance. La lanterne du phare se trouve placée à 23 mètres
au-dessus du sol et à 33 mètres au-dessus de la mer.

Le phare de Petite-Terre permet aux navigateurs
d'éviter les écueils qui se trouvent à l'Est et au Sud de la
Désirade.

A peine a-t-on perdu de vue ce phare et qu'on est arrivé au large de la Pointe-des-Châteaux que déjà l'on aperçoit le feu du phare du Gosier qui sert à se diriger le long des côtes de Saint-François et de Sainte-Anne.

Le feu du Gosier installé sur l'îlet du même nom, se relève par 16° 14′ 7″ de latitude Sud et 63° 48′ 54″ de longitude Ouest. Il est placé à 24 mètres au-dessus du niveau de la mer et sa lumière blanche, fixe, éclairant l'horizon du Nord 30° Est, au Nord 30° Ouest, en passant par le Sud, peut être aperçue dans toute la partie éclairée à la distance de douze milles.

Comme nous l'avons dit, le phare de la Petite-Terre ayant une portée de quinze milles et la distance de ce phare à celui du Gosier étant de vingt-cinq milles, les navigateurs trouvent la lumière du phare du Gosier avant d'avoir perdu de vue celle du phare de la Petite-Terre. C'est là un avantage incontestable pour la navigation de nuit.

Après avoir paré l'îlet du Gosier, les navires évitent ensuite le Mouchoir-Carré dont l'emplacement est indiqué par une bouée lumineuse, peinte en rouge, et dont la portée est d'environ huit milles.

LA VILLE

Située par 16° 14′ 22″ latitude Nord et 63° 51′ 32″ longitude Ouest, la ville de la Pointe-à-Pitre (22.664 habitants) est le chef-lieu commercial de l'île. C'est la première ville où puisse débarquer le voyageur qui arrive de France. Actuellement le courrier jette l'ancre dans la rade et s'attache à une bouée; dans quelques mois il abordera *les quais* de la Compagnie Générale Transatlantique et ainsi les passagers n'auront plus le triste avantage de faire connaissance avec les « bomboatiers » : ce sont les marins des « bomboats », larges canots à la voile ou à la rame qui viennent, le long du bord cher-

cher les passagers qui se rendent à terre — le voyage
coûte, par voyageur, 1 fr. pour l'aller, 1 fr. pour le
retour, mais les « *bomboatiers* » essaient toujours d'avoir
la grosse somme et ils ne sont pas toujours polis.

POINTE-A-PITRE. — Rue principale.

C'est du Poyet, Gouverneur de la Guadeloupe de 1728
à 1734, qui eut le premier l'idée de tirer parti de la situation du port à Pitre, nom qu'il tenait d'un marin *Peters*
venu avec les Hollandais en 1654. L'idée reprise dans
un mémoire présenté par le gouverneur de Clieu en 1740
ne reçut une exécution qu'en 1763. Mais la Pointe-à-
Pitre date surtout de 1769, année où un édit du roi en fit
le siège d'une *sénéchaussée* qui comprenait toute la
Grande-Terre et quelques communes au nord de la Guadeloupe. C'est seulement en 1777 que le plan définitif de

la ville fut dressé par le lieutenant-colonel de Talsy. Les rues sont larges, tirées au cordeau, bordées de maisons, avec des balcons, le rez-de-chaussée en mur, les autres étages en bois, quelques-unes avec des jardins.

À la Pointe-à-Pitre se trouvent le Lycée (jadis un hôpital militaire), la Banque, le Cours secondaire des jeunes filles, le Crédit foncier colonial, la Chambre d'agriculture qui a son siège au musée Lherminier — ce musée renferme des spécimens intéressants de la flore et de la faune des colonies, — le musée Schœlcher dont les collections de moulages d'après l'antique, de porcelaines, de bronzes, sont dues à la générosité du philanthrope Victor Schœlcher, on y remarque un fort beau portrait en pied de Gambetta, œuvre de M. Henry Gabriel, professeur de dessin au lycée ; le Tribunal de première instance, la Gendarmerie, le Presbytère (ces trois bâtiments sont sur la place Gourbeyre où a été érigé un buste en bronze de l'amiral Gourbeyre, ancien gouverneur de la Guadeloupe) ; le marché couvert, l'hôtel des Postes et Téléphones, les bureaux du Câble français, ceux du Câble anglais, ceux de la Compagnie Générale Transatlantique, avec des quais et d'immenses magasins s'étendant sur un vaste espace ; plusieurs consulats, les écoles publiques des garçons et celles des filles, de nombreuses imprimeries.

On peut signaler également l'Ambulance, la Caserne, les Loges maçonniques, les Douanes. Non loin de la Halle aux viandes et de la poissonnerie se trouve la place de la Victoire qui est un des plus beaux ornements de la ville ; autrefois appelée *Place Sartine*, elle fut appelée *place de la Victoire* en souvenir de la victoire remportée le 2 juillet 1794 par Victor Hugues sur les Anglais. Les allées de cette place sont ornées de *sabliers* (immenses *ura crepitans*) qui furent plantées à l'époque de Victor Hugues. C'est le rendez-vous de la haute société ; souvent la *Société philarmonique* fait entendre sous un kiosque les plus beaux morceaux de son répertoire. Placée sur le bord de la mer, cette promenade faisant face à la belle rade de la Pointe-à-Pitre offre, le matin, au lever du soleil, un spectacle grandiose. Autrefois s'y trouvait un immense théâtre qui a été brûlé en 1882.

Communications entre Pointe-à-Pitre et les autres communes

D'assez bonnes routes relient la Pointre-à-Pitre à toutes les communes de la Grande Terre et à la plupart de celles de la Guadeloupe proprement dite La route qui mène de Pointe-à-Pitre à Basse-Terre mesure 68 kilomètres, elle traverse le Petit-Bourg, la Goyave, la Capesterre, le Saint-Sauveur. les Trois-Rivières. Gourbeyre et offre un panorama féerique. Sur son plus long parcours on domine la mer et l'on aperçoit sans cesse au loin les *Saintes*, composées de deux îles en forme de dôme. Beaucoup de personnes, qui veulent se rendre à Basse-Terre ou dans les environs (Saint-Claude, Matouba, Gourbeyre, surtout à l'époque « des changements d'air », aiment mieux attendre le passage du courrier de France en rade de Pointe-à Pitre ; on peut voyager, pour 10 francs (première catégorie) ou 5 francs (deuxième catégorie), et le voyage ne dure que trois heures environ.

Il y a aussi des « voiliers » qui mettent Pointe-à-Pitre en communication avec la Basse-Terre et d'autres communes, mais ces voyages sont dangereux pendant la saison de « l'hivernage » (juillet à novembre), et souvent le voilier met un long temps avant d'arriver à destination, quand il arrive. On raconte qu'une fois le gouverneur de la Guadeloupe invita à un bal officiel des fonctionnaires de la Pointe-à-Pitre. ils partirent sur un voilier, les dames en toilette de soirée, c'était un voyage de quelques heures, mais le vent devint tout à coup contraire, le voilier dut gagner le large et relâcha cinq ou six jours après... à Saint-Thomas !...

La Pointe-à-Pitre est reliée par une ligne téléphonique à toutes les communes de la colonie. on peut envoyer de cette ville des messages téléphoniques dans tous les autres centres, le tarif est de *0 fr. 50 pour un minimum de vingt mots* Depuis quelques semaines, le Câble français qui, autrefois, faisait passer ses dépêches officielles ou privées par le téléphone de l'Administration, a installé une ligne entre Pointe à-Pitre et Basse-Terre ; la Compagnie accepte les dépêches taxées à 0 fr. 05 le mot avec un minimum de 0 fr. 50.

La température à la Pointe-à-Pitre est très supportable même pour l'Européen, la moyenne est de 26°. Elle descend à 22° pendant la saison sèche à 8 heures du matin, elle monte à 37° pendant l'hivernage. Certainement il n'y fait pas aussi frais qu'au Matouba, à Saint-Claude, à Gourbeyre ou au Petit-Bourg, mais certaines journées sont plus chaudes à Paris ou dans des villes du Midi de la France qu'à la Pointe-à-Pitre.

A partir de fin juillet, tous ceux qui le peuvent quittent la Pointe-à-Pitre et vont, comme on le dit ici, « en changement d'air » ; ils restent en villégiature pendant les mois d'août, de septembre et d'octobre (1).

Lieux de changements d'air

Dès que commencent les grandes vacances, les familles, même celles de la petite bourgeoisie, quittent la

---

(1) De même qu'on doit prendre à Fort-de-France des précautions contre la fièvre typhoïde, on doit craindre à Pointe-à-Pitre les effets du paludisme.

Ces inconvénients disparaîtront sous peu ; d'importants travaux d'assainissement se font à l'heure actuelle à Fort-de-France, et la ville de la Pointe-à-Pitre va incessamment procéder à des travaux analogues.

Nos compatriotes des Antilles comprennent toute l'importance de ces travaux et sont disposés à tous les sacrifices nécessaires dans cet ordre d'idées. Nous ne saurions trop les en féliciter.

ville pour les endroits plus frais : celles de Basse-Terre gagnent le *Camp-Jacob* (ou *Saint-Claude*). le Matouba, Gourbeyre, d'autres vont aux Saintes, dépendance dont le climat est recommandable aux tuberculeux ; celles de la Pointe-à-Pitre gagnent les hauteurs du Petit Bourg, de Sainte-Thore ou Lamentin, de la baie Mahault. De coquettes villas sont louées à raison de 75, 80, 100, 125 fr. par mois, suivant le nombre de pièces ; les vivres sont aussi faciles à trouver que dans les villes ; du reste, ces campagnes sont en communication quotidienne avec la Pointe-à-Pitre. Des rivières aux eaux limpides et abondantes passent tout près de ces villas, on y va « prendre son bain » trois fois par jour, à 7 heures, à 11 heures et à 4 heures ; on passe des journées entières sur les bords de ces rivières, à l'abri du soleil, on prépare sur les lieux le déjeuner, le plus souvent composé de *mets cuits*, c'est ce qu'on appelle dans le pays *une partie de rivière*. Les villas de Petit-Bourg et de la baie Mahault possèdent près de la maison principale des *bassins* en maçonnerie qu'alimente un canal dont les eaux viennent de rivières larges et profondes, telle la rivière Palmiste au Petit-Bourg. On rencontre encore au Petit-Bourg une très large rivière, la Lézarde, dont la *chute* ou *saut* près de « l'habitation Dubos » offre un coup d'œil admirable. On descend par un sentier tortueux et escarpé, au milieu des fougères ; après 5 ou 10 minutes de marche, on entend tout à coup un bruit étourdissant, et brusquement on arrive devant le *Saut* de la *Lézarde* qui se précipite dans un large bassin avec le fracas d'une cataracte. Quel bain délicieux on prend dans cette eau que l'écume blanchit ! D'autres rivières telles que le Moustique, la Sarcelle, la Rose arrosent ces différentes campagnes. Les diverses sections du Petit-Bourg où l'on va en villégiature portent le nom de : Montebello, Lézarde ou Roche-Blanche, Belle-Vue, Branne, Juston, Bois, Sergent, Faineteau.

On peut à la Guadeloupe « aller aux eaux », tout comme en France. Les eaux minérales sont de deux sortes ici : les eaux sulfureuses et les eaux salines. Dans l'arrondissement de la Pointe-à-Pitre, les eaux salines sont celles de la *Ravine Chaude* (hauteurs du Lamentin), et les eaux sulfureuses, celles de *Sofaya* (hauteurs de Sainte-Rose) ; il y a aussi des eaux avec dépôts ferrugineux.

Ravine-Chaude

La *Ravine-Chaude* est située dans un des sites les plus pittoresques de la Guadeloupe, entourée de *milliers* de cocotiers ; la station balnéaire a vue sur la mer qu'on aperçoit bleue dans le lointain, sur l'usine la Bonne-Mère, sur de nombreux champs de cannes, et elle a pour amphithéâtre les montagnes verdoyantes de la Guadeloupe proprement dite. Des appartements meublés sommairement sont loués 80, 90, 100 francs par mois ; ils sont proches des piscines dans lesquelles les malades peuvent rester des journées entières. On cite même le cas d'un malade qui avait fait fixer aux murs du bassin un hamac où il restait tout un jour, prenant même ses repas dans l'eau.

Il y a, à propos de la vertu curative des eaux de la Ravine-Chaude une fort belle légende :

C'est un chien qui, dit-on, découvrit la source de la Ravine-Chaude.

Son maître était désespéré ; voyant l'animal dépérir d'une façon étonnante et y tenant beaucoup, il tâcha de le distraire en l'emmenant à la chasse avec lui ; ce chien avait perdu sa maîtresse et était d'une tristesse qui le faisait mourir. Il était déjà couvert de gale ; le savon noir ni le soufre ne faisait aucun effet sur lui ; il avait les jambes tordues.

Après plusieurs parties de chasse, le gentleman remarqua que son chien se reprenait à la vie. Il crut d'abord que c'était l'exercice et la distraction qui lui faisaient du bien. Mais un jour en passant près de la Ravine qui en ce moment coulait dans un tapis de curage, il remarqua que son chien prenait plaisir à s'y jeter et y restait fort longtemps. Il voulut savoir pourquoi l'animal se trouvait si bien dans cette eau. Il fut surpris en y plongeant la main de trouver une eau tiède et fut charmé de sa limpidité.

Il se rendit alors compte de la métamorphose de son fidèle compagnon qui se traînait à peine quelques jours auparavant. Son chien s'était guéri de trois maladies dans ces eaux merveilleuses : 1° de la tristesse qui peut s'appeler chez nous neurasthénie ; 2° du rhumatisme puisqu'il marchait avec difficulté ; 3° de la gale, car il était couvert d'ulcères.

La Ravine-Chaude est située à 23 kilomètres de la Pointe-à-Pitre ; on s'y rend facilement en voiture ; les eaux guérissent des rhumatismes, de la goutte, de la gravelle, des coliques hépatiques, de la constipation ; leur analyse a été faite par M. Dupuy, pharmacien de la marine (1842), et par M. Cuzent, pharmacien de la marine impériale.

Il serait à souhaiter que le tourisme fut dirigé de ce côté ; les sites sont charmants, on pourrait établir un chemin de fer dans les vastes terrains qui entourent la Ravine-Chaude (dans l'île il y a de vastes étendues non plantées) on pourrait construire des hôtels avec théâtre, promenades, etc., etc Il est à souhaiter pour la Guadeloupe si riche et si hospitalière que les capitaux français viennent y chercher des placements avantageux.

SOFAYA

Sofaya est située dans les hauteurs de Sainte-Rose, cette station thermale est sur un plateau qui a vue sur la mer ; elle est toute proche de la montagne et à quelques mètres se trouvent d'immenses forêts. Une rivière, « la Grand'Rivière » coule non loin de la station, l'eau courante offre un bain agréable à ceux qui sont en bonne santé, la source chaude et sulfureuse offre la guérison aux rhumatisants. Sur le plateau de Sofaya il y a une source d'eau ferrugineuse où peuvent boire les anémiés, les chlorotiques. Ceux qui vont à Sofaya et qui ne sont pas malades respirent un air pur; ils peuvent chasser, pêcher les grosses écrevisses de l'endroit ; les botanistes trouveront dans les environs beaucoup de plantes rares et curieuses (des fougères variées, des broméliacées, des orchidées, etc., etc.), l'excursion la plus fréquente est celle des *Bois-Couchés* (*Cyrilla antillana*). De coquettes maisons assez bien meublées sont louées à raison de 80, 90, 100 francs par mois. On arrive facilement sur le plateau à cheval, ou en voiture. Les provisions sont aisées à trouver, tout y est en abondance, comme du reste dans toutes les campagnes de la Guadeloupe. Ceux qui, à cause de leurs occupations professionnelles ne peuvent pas quitter la Pointe-à-Pitre, ont le choix entre les « Ilets » situés en pleine rade et les bourgs bâtis non loin de la Pointe-à-Pitre sur la route du Gosier. A deux ou trois kilomètres de la ville, à l'endroit dit le « *Bas-du-Fort* », s'élevaient jadis deux forts dont il ne reste plus que des ruines, et qui défendaient les passes conduisant dans la rade de la Pointe à-Pitre : le Fort « Fleur de l'Epée » et le « Fort de l'Union ».

LES ABYMES

Cette commune (8.552 habitants) est située à cinq kilomètres de la Pointe à-Pitre, la route qui y conduit continue la principale voie de la Pointe-à-Pitre, la rue Frebault, appelée jadis *rue des Abymes*, le peuple ne l'appelle encore que de ce nom. A l'extrémité de cette rue se trouvait autrefois un large canal qui a été depuis comblé, le *canal Vatalle*, la ville s'étend en dehors de cet ancien canal et forme une paroisse qui s'appelle « *Saint Jules* ». C'est dans cette partie de la ville que se trouve le cimetière, remarquable par ses immenses flamboyants aux fleurs d'un rouge très vif et par de longs filaos qui se courbent gracieusement sous la brise.

La route qui conduit aux Abymes est bordée de champs de cannes, et c'est un coup d'œil agréable que ces cannes surtout au moment de la récolte. Aux Abymes il y a un calvaire où l'on va une fois l'an en pèlerinage, *à pied*, de la Pointe-à-Pitre ; les stations du chemin de la Croix se trouvent sur une route en lacets et tout d'un coup après la dernière station on arrive devant une vaste chapelle, tout à fait au bout du morne. Dans une grotte se trouve la vierge de Notre-Dame de Guadeloupe.

GRIPPON OU MORNE-A-L'EAU

La commune de Grippon appelée encore « Morne-à-l'Eau » et Bordeaux-Bourg (9.967) est située à 14 kilomètres 153 de la Pointe-à-Pitre, par mer. C'est à Grippon que s'entrecroisent les routes qui conduisent au Moule, au Port-Louis et à la Pointe-à-Pitre. On y remarque le canal de Rotours où pendant la récolte naviguent des chalands remplis de cannes. Non loin de Grippon est l'usine Blanchet.

PETIT-CANAL

Cette commune (6.880 habitants) est à 22 kilomètres 493 de la Pointe-à-Pitre, par mer. Sa rade est assez sûre. Usine Beauport.

PORT-LOUIS

Située à trente-deux kilomètres de la Pointe-à-Pitre, cette commune, qui compte 6.150 habitants a une vaste rade dont le mouillage est sûr, ses bains de mer sont renommés ; ses rues sont larges, et propres, la température y est agréable surtout quand la brise vient de la mer. Autrefois il y avait de nombreuses usines à sucre au Port-Louis, entre autres l'usine Souques qui fabriquait 4.000 barriques, mais elles ont disparu.

L'ANSE-BERTRAND

Cette commune (6.480 habitants) est à quarante kilomètres de la Pointe-à-Pitre, elle est placée près d'une falaise — du reste les falaises sont nombreuses dans ce quartier — la mer près du rivage est verte comme en plein océan, ce qui donne à cette commune un aspect merveilleux. C'est dans cette commune que se trouvaient jadis les plus belles sucreries.

LE MOULE

Le Moule (14.650 habitants) est à 28 kilomètres de la Pointe-à-Pitre. Il est situé par 63°40'24" longitude Ouest et 16°19'54" latitude Nord. Jadis il avait plus d'importance que la Pointe-à-Pitre, son port fut même un des points les plus importants pour la défense de la Guadeloupe, mais, malheureusement exposé aux coups de mer, il offre de nombreux inconvénients. La mer y est presque toujours déchaînée, les lames s'élèvent jusqu'à trente pieds de hauteur et frappent contre les « *cayes* ». Aux environs de la ville se trouvent les usines Duchassaing, Zevallos, Gardelles. Avant d'arriver au Moule on est frappé par le spectacle féerique qu'offre la large « Baie du Moule » la mer y est bleue, le sable d'une blancheur de neige s'étend à plusieurs kilomètres et des arbres au vert feuillage sont plantés dans les environs. C'est du côté du Moule que se trouve la « *Porte d'Enfer* » qui est un site unique en son genre. Voici comment un écrivain colonial H. Coussin a dépeint la « *Porte d'Enfer* » : « Déchi-« rés dans tous les sens, de hauts précipices d'un jaune

« d'ocre s'élevant du rivage formaient une enceinte semi-
« circulaire tout autour de laquelle les lames se brisaient
« avec fureur. Au pied de ces falaises régnait une grève
« étroite composée de cailloux incessamment roulés par
« les vagues qui les portaient au sein de l'Océan et les y
« reportaient sans cesse, sans jamais leur laisser aucun
« repos. En face de la baie, la nature qui dans ses capri-
« ces bizarres se plaît quelquefois à imiter les ouvrages des
« hommes avait placé un grand portique de la plus for-
« midable apparence. Les deux piliers reposaient sur deux
« gros écueils qui s'élevaient du sein des flots ; ils mon-
« taient d'une manière régulière à près de cent pieds de
« hauteur ; et là ils étaient surmontés d'une arcade sau-
« vage dont la hardiesse et la grandeur semblaient comme
« insulter aux monuments humains du même genre
« dont ma mémoire avait conservé l'image. Une mer
« impétueuse poussée par l'éternel vent d'est, est obligée
« pour arriver au fond de la baie de passer sous cet éton-
« nant portique. Elle s'y enfonce en rugissant, se brise
« avec rage contre ses piliers et fait jaillir en l'air une
« écume dont les flocons voltigent au-dessus de son
« arcade orgueilleuse... »

SAINT-FRANÇOIS

Commune (6.560 habitants) située à 35 kilomètres
de la Pointe-à-Pitre. Autrefois il y avait dans les campagnes environnantes de nombreuses sucreries actionnées
par des moulins à vent dont on peut encore contempler
les murs qui se dressent comme d'énormes géants sur
les mornes, on en voit aussi beaucoup entre le Morne-à-
l'Eau et le Port-Louis. Le bourg se trouve sur le bord de
la mer ; il est très coquet et on peut du rivage contempler la *pointe des Châteaux,* rochers énormes qui s'avancent dans la mer et contre lesquels la mer se brise en
mugissant. C'est dans ce quartier que se trouve l'usine
Pauvert ou Sainte-Marthe.

SAINTE-ANNE

Commune de 10.990 habitants à 20 kilomètres de la Pointe-à-Pitre. Autrefois très prospère, elle était le siège d'une sénéchaussée et d'une amirauté, elle fut troublée par de nombreuses révolutions. Le rivage de cette commune présente un aspéct unique : la mer y est d'un bleu intense, le sable très blanc s'étend sur plusieurs kilomètres et tout le long du rivage sont plantés des raisiniers dont les feuilles sont vertes et rouges et les fruits rouge sombre, dans le pays, on appelle ces arbres *raisins bord de mer* parce qu'ils poussent surtout sur le rivage. Dans les environs s'élèvent les usines Courcelles et Gentilly.

GOSIER

Ce bourg (6.800 habitants) est à 7 kilomètres de la Pointe-à-Pitre, est bâti sur un morne et domine la mer; à quelques kilomètres du rivage se trouve un îlet où habitent les pilotes chargés de faire entrer les navires dans les passes de Pointe-à-Pitre. Les navires s'arrêtent au large de l'îlet et attendent le pilote. Sur cet îlet est un phare dont le feu fixe et blanc est d'une portée de 12 milles.

On pêche au Gosier du délicieux poisson et les bains de mer y attirent de nombreuses personnes de la Pointe-à-Pitre.

PETIT-BOURG

Cette commune (6.790 habitants) située à 16 kilomètres de la Pointe-à-Pitre, dans une des plaines les plus fertiles et dont les sites sont des plus agréables, est appelée à une très grande prospérité. Elle est en relation continuelle avec la Pointe-à-Pitre ; si le bourg lui-même n'est pas très sain, la campagne immense qui compose le territoire de Petit-Bourg est une des plus fraîches et

des mieux arrosées de l'île. Un pont en fer jeté sur la
rivière Lézarde est peint en rouge, il est vu de presque
toutes « les hauteurs » (1) de cette commune.

C'est surtout dans la commune de Petit-Bourg qu'on

Cl. Juvanon.

Pointe Saint-François ou Pointe des Châteaux.

cultive cet arbre aux fruits délicieux, juteux, à la couleur rouge vive, le *letchi* qu'on ne rencontre guère dans
les autres parties de l'île. Autrefois se trouvait dans ce
centre la vaste usine de Duqueny dont il ne reste que des
ruines ; à un kilomètre du Petit-Bourg est l'immense
rhummerie Rougeolle actionnée par une roue en fer
gigantesque actionnée par l'eau d'un large canal.

(1) On appelle *les hauteurs* les parties de bourg situées au-
dessus de ces derniers et en pleine campagne.

LA BAIE-MAHAULT

Ainsi que son nom l'indique, cette commune est située sur la mer, à 8 kilomètres de la Pointe-à-Pitre. Elle compte 6.080 habitants, elle est assez coquette. D'immenses champs de cannes environnent le bourg, qui donne son nom à la commune, ils commencent à l'habitation *Destreilan*, et leur production alimente l'usine *La Retraite*. Chose étrange quand on arrive à ce bourg, jamais on ne peut s'imaginer qu'il est sur la mer, c'est après l'avoir traversé dans toute sa largeur, et après l'avoir quitté depuis quelques minutes, que tout d'un coup on aperçoit la mer, et au loin de nombreux îlots, parmi lesquels l'îlet *Fajou*, habité par des pêcheurs. C'est à la Baie-Mahault qu'est né en 1821 le général marquis de la Jaille qui fut sénateur de la Guadeloupe de 1876 à 1885.

LAMENTIN

Cette commune (5.600 habitants) située à 15 kilomètres de la Pointe-à-Pitre est malsaine, la fièvre paludéenne y règne toute l'année, mais les campagnes environnantes sont très fraîches et très saines. C'est de la grande rivière du Lamentin, dans les « hauteurs » de *la Ravine Chaude* que part la conduite d'eau qui alimente la Pointe-à-Pitre, les travaux en maçonnerie faits dans le lit de la rivière elle-même sont admirables. Il y a dans les campagnes beaucoup de plantations de cafés, cacaos, vanille, manioc ; autrefois le bourg était très prospère par ses nombreuses sucreries. Du Lamentin dépend le hameau de la Boucan où est l'usine Bonne-Mère.

SAINTE-ROSE

La commune de Sainte-Rose compte 5.460 habitants et se trouve à 28 kilomètres de la Pointe-à-Pitre. C'est sur son territoire que débarquèrent à la Pointe du Vieux-Fort, le 28 juin 1635, les premiers colonisateurs de l'île.

Un panorama splendide s'offre aux regards quand on arrive au bourg de Sainte-Rose par mer, il est placé au fond d'une baie dont le rivage est couvert de beaucoup d'arbres et de nombreux cocotiers. C'est dans les hauteurs de Sainte-Rose que se trouve la source chaude de *Sofaïa* (eaux sulfureuses). Bois de construction. Scierie mécanique à la Ramée.

C'est à Sainte-Rose que naquirent le poète Campenon qui fut membre de l'Académie française et le chirurgien-romancier Privat-Danglemont.

DÉPENDANCES

MARIE-GALANTE (1)

Située dans le Sud de la Grande-Terre par 16° latitude Nord et 63°30' longitude Ouest, Marie Galante en est éloignée de six lieues. Cette île, qui fut occupée par nous le 8 novembre 1648, est d'origine calcaire, de forme circulaire, elle a environ 83 kilomètres de circonférence, et sa superficie est de 14 927 hectares (2). Son noyau central, formé de deux plateaux superposés, n'atteint pas 200 mètres d'altitude.

Christophe Colomb la découvrit le 3 novembre 1493 et lui donna le nom de la caravelle qu'il montait. Propriété des Compagnies, elle fut réunie au domaine royal en 1674. Prise par les Anglais en 1691 et abandonnée, elle retomba en leur pouvoir en 1703 et passa au nôtre en

(1) *Annuaire Guadeloupe.* 1912.
(2) A peu près la superficie de la forêt de Fontainebleau.

1706. Redevint anglaise en 1754 et nous fut rendue en 1763 en même temps que la Guadeloupe. De nouveau anglaise en 1794, elle redevint française grâce à Victor Hugues qui l'enleva aux Anglais en novembre de la même année. Anglaise en 1808, indépendante, puis réunie à la Guadeloupe, elle revint à la France au traité de Paris (1814). Une dernière fois anglaise en juillet 1815, elle redevint définitivement française en 1816.

Marie-Galante comprend trois communes : Grand-Bourg, Capesterre et Saint-Louis. Cette dernière localité, qu'entourent des marais, est un des points les plus malsains de la colonie. Les deux autres sont, au contraire, assez salubres.

La dépendance n'est arrosée que par de petits cours d'eau.

L'un d'eux, la rivière du Vieux-Fort, est navigable sur un parcours de 6 kilomètres. Sa culture pricipale est celle de la canne à sucre.

Comme dans le reste de la colonie, les moulins à vent qui servaient à fabriquer du sucre brut, ont été remplacés par des usines. On en compte deux fort importantes ; l'une située à Folle-Anse (commune de Grand-Bourg) appartient à M. de Betz ; l'autre située sur le territoire de la Capesterre est la propriété du Crédit foncier : installée sur le littoral, elle reçoit, à l'aide d'un câble automatique, en tête duquel aboutit un chemin de fer qui sillonne les plantations, les cannes du plateau du centre de l'île.

Les propriétés du Nord de Marie-Galante, bien que situées sur des zones d'une rare fertilité, sont médiocrement cultivées. Cela tient à plusieurs causes, entre autres à leur éloignement de tout centre et au mauvais état des chemins qui desservent ces propriétés. La création de l'usine Doro permettra la mise en valeur du quartier de Vieux-Fort.

C'est avec la Pointe-à-Pitre que Marie-Galante entretient le plus de rapports. Un service régulier de bateaux à vapeur se fait six fois par mois. De nombreuses goélettes et plusieurs bateaux sont employés au transport des sucres. La dépendance est reliée à la Pointe à-Pitre par un câble téléphonique sous-marin.

La ville principale de Marie-Galante, le Grand-Bourg, a été, en partie, détruite par un incendie le 19 août 1901. Sa rade est entourée de rochers qui en rendent l'accès difficile.

La population de l'île entière atteint 15.182 habitants.

DÉSIRADE

La Désirade (2.735 habitants) fut la première terre que Christophe Colomb découvrit à son second voyage (3 novembre 1493), et dut son nom à cette circonstance.

De formation calcaire comme Marie-Galante et la Grande-Terre, la Désirade est située à deux lieues au Nord-Est de la Pointe-des-Châteaux par 16°57' et 16°31' latitude Nord, 63°32' et 64°9' longitude Ouest. Cette île a trois lieues de long sur à peine trois kilomètres de large, sa superficie est de 2.720 hectares ; elle est hérissée de collines, dont la plus élevée a 278 mètres de hauteur. Son sol sablonneux et aride convient surtout à la culture du coton. Les principales industries de la Désirade sont : la pêche, la fabrication des cordes en karata et l'élevage. On y élève des moutons dont la chair rappelle le pré-salé de France. On y a installé depuis 1728 une léproserie qui est confiée à des sœurs de charité, sous la direction d'un médecin civil.

Un petit voilier fait, une fois par semaine, le service postal entre la Désirade et Saint-François (distance : 11 kilomètres).

Dans le Sud-Ouest de la Désirade, à 9 kilomètres environ dans le Sud-Est de la Pointe-des-Châteaux, on rencontre une terre d'une contenance de 343 hectares formée de deux îles : Terre-de-Haut et Terre-de-Bas (1), séparées par un canal d'une largeur minimum de 200 mètres, élevées à 12 mètres au-dessus du niveau de la mer. Sur Terre-de-Bas, on a installé un feu fixe, blanc, élevé de 36 mètres et ayant une portée de 15 milles ; il fait vis-à-vis à celui du Gosier.

LES SAINTES

Au Sud-Est de la Guadeloupe et à cinq lieues environ de la Basse-Terre, un groupe d'îlots formant un coquet petit archipel, surgit des flots bleus par 15°55' latitude Nord et 64°1' longitude Ouest. Leur superficie est de 1.422 hectares. Ce sont les îles des Saintes : Terre-d'en-Haut, dans l Est, entouré de l'Ilet-à-Cabris, du Grand-Ilet, de la Coche, des Augustins et de la Redonde, ces quatre dernières inhabitées ; dans l'Ouest, la Terre-d'en-Bas, flanquée du gros rocher Le Pâté. Les Saintes furent découvertes par Christophe Colomb le 4 novembre 1493 et tirèrent leur nom de la fête de la Toussaint. Occupées pour la première fois par les Français, le 18 octobre 16.8, elles ont subi toutes les viscissitudes de la Guadeloupe. C'est dans leurs eaux que le comte de Grasse fut battu par Rodney en 1782.

Elles forment deux communes distinctes, séparées par un bras de mer de deux milles.

TERRE-D'EN-HAUT

Le rapprochement des îles du premier groupe a fait de Terre-d'en-Haut une rade sûre, un vaste bassin qui sert d'abri aux voiliers côtiers pendant la saison de l'hiver-

---

(1) Ces îles doivent leur nom à leur situation au vent et sous le vent de l'Archipel. Les mots Capesterre ou Basse-Terre, signifient que les endroits désignés sont *au vent* ou *sous le vent.* De même, lorsqu'un marin dit que son bateau descend ou monte, il entend que celui ci se dirige dans le sens des vents alizés ou qu'il se dirige contre eux.

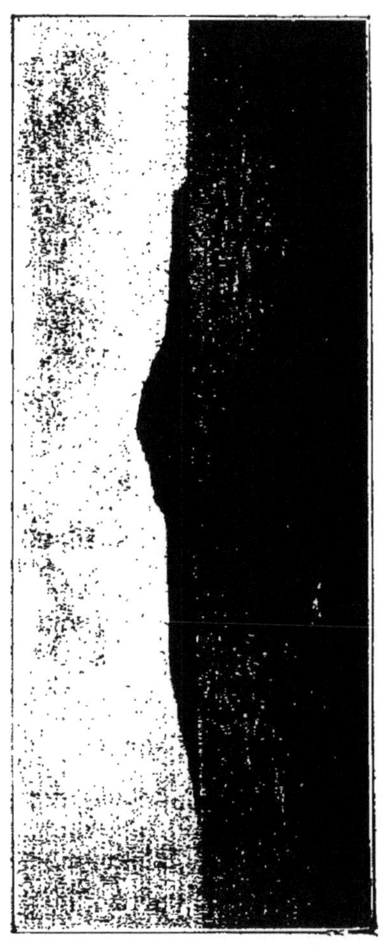

La Désirade.

Cl. Juvanon.

nage et où les navires de guerre vont effectuer leur tir et ont ordre de se réfugier, en cas de mauvais temps, à la Guadeloupe. Sa profondeur varie entre 15 et 25 mètres.

On y accède par deux passes : celle du Sud-Est, entre Terre-d'en-Haut et Terre-d'en-Bas, celle du Nord, dite Passe-des-Vaisseaux, entre la première et l'Ilet-à-Cabris.

La passe du Nord, mesure 850 mètres d'ouverture et est d'un accès plus facile, malgré les deux cayes énormes, dénommées les Baleines, qui semblent obstruer son entrée. La baleine de Terre émerge franchement des eaux tandis que la baleine du large s'y cache sournoisement et ne peut être reconnue que par la teinte plus pâle des ondes qui l'entourent. Un espace de 325 mètres les sépare : c'est le passage habituel.

Quand, après la traversée du canal des Saintes auquel on a fait, à tort, un mauvaise réputation, le boat poussé par une brise légère glisse sur les eaux tranquilles de la rade, un sentiment d'admiration vous pénètre. Là, un petit village a été bâti : ses maisons bien peintes, ses rues propres, la blancheur de ses boats mouillés à quelques mètres du rivage, brillent au soleil et lui donnent un air de gaieté qui gagne de suite le voyageur.

Une série de mornes traversant l'île dans toute sa largeur et l'entoure complètement. Ils sont si élevés, comparativement à leur étendue, que, de leur sommet, l'œil embrasse tout le littoral où le flot ne cesse de creuser des baies de toute beauté.

Chacun de ces mornes était autrefois garni d'une batterie. Il y a une vingtaine d'années à peine, l'on restait étonné devant les ouvrages fortifiés qui hérissaient les Saintes. Il reste encore de nos jours assez de vestiges du passé pour se faire une idée de la force militaire que fut le Gibraltar des Antilles. Au haut du morne à Myr, à 110 mètres au-dessus du niveau de la mer, se dresse le fort Napoléon. Cette forteresse commandait tout le canal des Saintes, de la pointe de Sainte-Marie à la pointe du Vieux-Fort.

A l'extrémité Sud, au sommet du Chameau qui a 311 mètres d'altitude, on retrouve la tour modèle, élevée d'une vingtaine de mètres.

Bien que les feux de ces deux forts eussent suffi à la défense de l'île, des batteries avaient été dressées sur le morne Morel (130 mètres), le morne Rouge, petit monticule situé au pieds du Chameau, le Piton (140 mètres).

L'Ilet-à-Cabris, à l'Ouest de Terre-d'en-Haut protégeait en plus les deux passes et la rade avec la batterie du morne Cabris (170 mètres), celle du morne Joséphine (90 mètres) et la Bombarde.

La valeur de cette position militaire n'avait point échappé aux Anglais, dès le début des guerres qui désolèrent la colonie au cours des premières années du siècle dernier.

Prise et reprise par l'ennemi, dont elle était devenue le point de mire, elle eut beaucoup à souffrir, fut le théâtre de bien des misères et d'actes de courage qui tiennent une belle place dans l'histoire de la Guadeloupe.

L'héroïsme du modeste pilote Jean Collot, par exemple, est encore dans toutes les mémoires.

La division navale composée de trois bateaux et commandée par le capitaine de vaisseau Troude était bloquée dans la rade. Toutes les croisières ennemies s'étaient réunies dans le canal des Saintes, interceptant les communications avec la Guadeloupe. Quelques jours plus tard vingt-deux nouvelles voiles anglaises étaient en vue, se dirigeant vers les Saintes.

A 11 heures elles débarquaient des troupes à l'Anse du Figuier et l'ennemi se rendait maître de la garnison en peu de temps, grâce à l'indécision du lieutenant-colonel Madier, commandant militaire de l'île.

Troude qui n'avait pu obtenir l'ordre écrit de faire

descendre l'équipage des vaisseaux pour faire tête à l'ennemi, jugea dès lors qu'il ne lui restait qu'à mettre à
la voile, de nuit, pour éviter d'être capturé par l'ennemi.

« Le soir venu, dit Lacour, Troude fit appeler Jean
Collot. Cet habile et intrépide pilote promit de mettre
les vaisseaux dehors. Les vents étaient près. Les navires
étaient déjà retenus à l'avant par leurs ancres, Jean
Collot les fit maintenir à l'arrière par des croupières.
Cette opération terminée, les voiles furent hissées et
orientées. Les trois vaisseaux frémissaient sous leur frein
et faisaient des efforts pour bondir en avant. Câbles et
croupières furent coupés en même temps, et ils s'élan-
cèrent, comme des coursiers fougueux que l'on retient et
auxquels tout à coup on lâche les rênes, en leur enfonçant des éperons dans le flanc. La passe fut franchie.

« La division dehors, on n'avait plus besoin de pilote.
Jean Collot demanda à Troude la permission d'aller à
terre. On était loin et le commandant ne pouvait mettre
en mer une embarcation qui aurait été dans l'impossibi-
lité de revenir à bord. Pourquoi me quitter, dit-il au
pilote ? Venez avec nous en France, je dirai votre conduite : vous serez récompensé. — Abandonner ma femme,
mes enfants, mes amis, mon pays ! Non, non, cela n'est
pas possible. Vous n'avez plus besoin de moi, laissez-moi
aller. — Parlant ainsi et prenant l'autorisation qu'on
ne lui accordait pas, mais qu'on ne lui refusait pas non
plus, Jean Collot s'élança dans la très petite pirogue avec
laquelle il était venu sur le vaisseau. Bientôt, il disparut
dans l'obscurité. Le sang-froid, l'habileté, et la résolu-
tion du pilote furent, durant le voyage, un objet d'en-
tretien pour les officiers. Ils craignaient que ce brave
marin n'eût été englouti dans les flots. Mais Collot avait
gagné le rivage. Il continua à vivre aux Saintes obscur
et pauvre, ne pensant pas avoir fait un trait qui pût un
jour trouver place dans l'histoire. »

Les points d'excursion sont le fort Napoléon et la tour
modèle du Chameau.

Le fort Napoléon est une construction ancienne dont la visite est fort intéressante. On y accède par une route large et à pente douce, ouverte par la compagnie de discipline qui y casernait. A mi-chemin, on rencontre une sorte de petit hameau composé de quelques maisons peintes en blanc qui servaient autrefois de logement aux officiers de la garnison. C'est la maison Blanche. A trente mètres environ du pont-levis de la forteresse, a été bâti une grande prison distribuée en cellules profondes où le jour pénètre à peine.

De la plate-forme, la vue s'étend sur les plaines de la Capesterre, dont on aperçoit les usines, sur les collines des Trois Rivières et du Vieux-Fort piquées de toits blancs qui scintillent au soleil. A ses pieds, dans l'Est, la baie plate du Marigot, au milieu de laquelle émerge un énorme rocher, la Roche-aux-Mauves, étend ses eaux dormantes ; puis, dans la même direction, la baie de Pont-Pierre calme aussi, fermée par les Roches Percées. Enfin, c'est la Grand'Anse qui présente, un peu plus loin, son rivage où bouillonne l'écume des vagues furieusement poussées du large par le vent d'Est.

Dans l'Ouest, les baies de l'Anse-Myr, de l'Anse-du-Bourg, de la Petite-Anse, de l'Anse-Galet, de l'Anse-du-Pain-de-Sucre, de l'Anse-à-Cointre, se succèdent jusqu'aux pieds du Chameau.

Celui-ci est moins facile à escalader à cause du mauvais état de la route, ouverte aussi par les disciplinaires. Au sommet de la tour, le panorama n'est pas moins beau que de la plate-forme du fort napoléon. L'air y est du reste plus frais, et le thermomètre descend, parfois la nuit, jusqu'à 15 et 16°.

La petite église paroissiale divise le bourg en deux parties. Celle du Nord, dénommée le Mouillage, est habitée par la population aisée ; l'autre, le Fond-Curé, est occupée par les pêcheurs. A cet endroit, l'île se resserre, elle n'y mesure plus que 600 mètres, tandis qu'ailleurs sa plus grande largeur est en moyenne de 2 kilomètres.

Sa longueur est à peu près de 6 kilomètres. Il n'y a point de ravines ni de sources proprement dites. L'on remarque bien des filets d'eau au *Saut d'eau* de l'Anse-Figuier, au *Courbaril* à l'Anse-du-Vent, aux Souffleurs, et en face de la Redonde, que l'on a dénommés sources, mais qui sont, en réalité, les filtrations qui glissent le long des mornes. Aussi les eaux pluviales sont-elles recueillies dans les citernes pour les besoins de la population et dans des mares, la plupart artificielles, pour l'abreuvage des animaux.

L'Ilet-à-Cabris. — Cet ilet placé à l'Ouest de Terre-d'en-Haut. dont il est distant de 800 mètres environ, aide à la formation de la Rade. Ses côtes très découpées présentent des baies splendides.

Un lazaret important a été établi. La distribution des quatre bâtiments qui le composent permet d'y recevoir 150 ou 200 quarantenaires.

Le Grand-Ilet. — Situé au Sud de Terre-d'en Haut, il a une superficie de 1.200 mètres et est assez élevé au-dessus du niveau de la mer. Son point culminant, sur le morne La Grosse-Pointe, a 168 mètres d'altitude.

Son sol inexploité est fécond, et produirait certainement les vivres qu'on trouve sur les autres points de la colonie ; mais il est resté inhabité depuis la disparition d'une famille qui s'occupait de l'élevage. Les animaux abandonnés sont devenus sauvages, au grand avantage de ceux qui organisent des parties de plaisir sur son rivage.

Dans la partie Nord se trouve un vaste étang qui ne s'épuise jamais, même par les sécheresses les plus intenses. De là l'idée de beaucoup de personnes, qu'il est alimenté par une source qui donne une centaine de litres en 24 heures.

La Coche, les Augustins, la Redonde ne sont que de

gros rochers séparés par des passes étroites dont les principales sont la Passe-des-Dames, et la passe dangereuse des Soufleurs. Ils présentent, cependant, quelques plages sablonneuses très appréciées pour les bains de mer.

TERRE-D'EN-BAS

La Terre-d'en-Bas mesure 3.300 mètres dans sa plus grande largeur et 3.600 mètres du Nord au Sud.

Le bourg, composé de la mairie, de l'église et de quelques maisonnettes, a été bâti à 60 mètres au-dessus de la mer. Le reste de la population est disséminé dans la montagne, où se trouve le hameau de la Grande-Anse, au vent de l'île.

Le point de débarquement officiel est sur le rivage opposé. Un chemin en part, conduisant au bourg et de là au hameau après avoir franchi un morne de 300 mètres environ. Il est très difficultueux, étant composé la plupart du temps, de rochers placés en marches d'escalier.

La terre est fertile et on y cultive des denrées qui ne pourraient l'être, ou qu'avec beaucoup de difficultés, à Terre-d'en-Haut. Le café, la canne à sucre, les vivres du pays, par exemple, y viennent très bien. Elle n'est cependant pas mieux arrosée que la Terre-d'en-Haut. Elle a l'avantage d'être plus boisée et partant plus humide.

Les deux îles produisent un raisin parfumé et d'une saveur délicieuse. Aucun soin cependant n'est donné à la vigne, qu'on se contente de tailler deux fois l'an pour avoir deux récoltes. En mars et en septembre, elle se couvre d'une quarantaine de grappes pesant chacune environ un kilogramme et dont le prix varie entre trois et quatre francs. Le muscat des Saintes n'est pas inférieur au raisin de France, de l'avis même des connaisseurs. Il y aurait certainement là une source de revenus pour les habitants, aussi bien que dans la culture du tabac et du coton. Mais le Saintois de Terre-d'en-Haut

est pêcheur, sans plus. S'il pense à son bout de terrain,
c'est seulement à l'époque de l'hivernage où il ne voyage
pas. Les champs sont alors ensemencés, la récolte se fait
peu attendre, sans exiger aucune fatigue.

Les mornes de Terre-d'en-Bas sont recouverts de
grands arbres qu'on retrouve aussi à Terre-d'en-Haut,
mais en quantité moindre et qui fournissent des bois de
construction et d'ébénisterie.

Les principaux sont : le courbaril et le mancelinier
dont on fait de très beaux meubles. Le premier est très
dur, le second vénéneux, d'où une certaine difficulté
dans leur façonnage.

Le poirier (*Tecoma pentaphylla*), le plus répandu de
tous, et la savonnette sont employés dans les constructions et servent principalement à faire la membrure des
embarcations. Enfin le bois d'Inde (*Amomis caryophyl-
lata*), dont on tire une huile essentielle fort appréciée
dans le monde entier, mais dont l'extraction ne se fait
malheureusement pas dans la colonie : les feuilles recueillies sont vendues à certains négociants de Basse-Terre
qui en font un commerce avec l'Amérique.

Au point de vue minéralogique, il est surprenant de
constater que chaque morne, à peu près, est de composition différente. Ici l'on trouve du sulfate de fer, de
baryte, de chaux ; là, des terres argileuses produisant de
l'argile blanche, et les trois ocres. Le morne à craie
pourrait parfaitement être exploité. Mais ces terres
ne sont pas utilisées, et si à une époque peu éloignée
les Saintes fabriquaient des poteries et des briques, cette
industrie a disparu aujourd'hui. Les derniers vestiges
qui en restent se trouvent à Terre-d'en-Bas, et consistent
en des fours délabrés.

La chaux même qui serait une sorte de richesse pour
l'île, grâce aux madrépores dont les côtes sont entourées,
est fabriquée en très petite quantité.

La principale, l'unique industrie du pays dire, est la

pêche. Elle varie avec les saisons et rapporte plus de fatigues que de revenus. Pendant les premiers mois de l'année, la pêche à la ligne aux grands bancs est en honneur. Les hommes partent dès minuit sur les frêles embarcations et se tiennent au milieu du Canal de Marie-Galante ou de la Dominique. Deux se livrent à la pêche tandis que le troisième *soutient* le canot avec les avirons. Vers deux heures de l'après-midi, selon la quantité de poissons capturés, ils vont offrir leur marchandises sur le marché de Basse-Terre, de la Pointe-à-Pitre ou des Trois-Rivières.

Au mois de mai, avant l'hivernage, ils se livrent à la traîne. Ce genre de pêche consiste à louvoyer pendant toute la journée dans le Canal des Saintes ou celui de la Dominique avec deux lignes filées à l'arrière de l'embarcation. Il arrive souvent que le succès ne répond pas aux espérances, mais souvent aussi les embarcations reviennent avec des thons, des thazards, des dorades dont le poids varie entre 25 et 100 kilos.

Pendant l'hivernage, nous l'avons dit, le Saintois s'éloigne peu des côtes. Il fait alors la pêche aux petits fonds, aux nasses ou casiers, à la bouée, pour prendre l'orphie, au filet pour le balarou, et à la senne.

Il serait facile aux Saintois de tirer un meilleur profit de leur industrie. Mais ils la font consister à revendre à des prix parfois dérisoires sur les marchés désignés plus haut le fruit de leurs fatigues et des dangers courus. Les prises sont cependant assez abondantes pour assurer l'existence d'un établissement de conserves de poissons. La sardine blanche, à elle seule, fournirait déjà un appoint considérable à cette industrie.

Une Compagnie métropolitaine a dernièrement demandé à l'Administration locale des renseignements sur ce point. Les capitaux qu'elle y emploierait ne resteraient sûrement pas improductifs.

La chasse offre aussi une bonne distraction dans la

dépendance ; mais, en dehors du passage de quelques ramiers vers juillet et août, on ne rencontre que la tourterelle et l'ortolan. Quelques gibiers marins apparaissent aussi pendant l'hivernage, époque à laquelle les étangs sont aussi fréquentées par la bécassine et la poule d'eau.

COMMUNICATIONS

Les communications sont journalières avec la Pointe-à-Pitre, la Basse-Terre et les Trois-Rivières par des bateaux mesurant jusqu'à quinze pieds de largeur. Les Saintois vont y vendre le produit de leurs pêches et en rapportent les légumes et vivres nécessaires à l'alimentation locale.

Le service postal est, en outre, assuré par un boat subventionné qui se rend deux fois par semaine au chef-lieu, en touchant à la Terre-de-Bas, le mercredi et le samedi. Il prend les passagers à raison de 2 francs pour l'aller et 3 francs pour le retour. Il effectue son voyage le même jour, quittant les Saintes à cinq heures du matin et la Basse-Terre à une heure de l'après-midi.

Afin de s'affranchir des heures réglementaires de départ et d'éviter le retard qu'occasionne l'arrêt de Terre-de-Bas, on peut, pour 15 francs, affréter un boat à la journée.

Les touristes de Pointe-à-Pitre et de Basse-Terre se réunissent parfois et, pour cinq francs par place, vont passer une journée agréable aux Saintes. Moyennant une somme de cinq cents francs, la Compagnie des Bateaux à Vapeur ou la Compagnie Générale Transatlantique met un petit vapeur à leur disposition.

Depuis quelques années, un courant s'est produit en faveur des Saintes, comme lieu de changement d'air. Ce mouvement s'accentuerait davantage si ce n'était la mauvaise réputation, qu'on a faite, injustement, au canal des Saintes, et si les Saintois eux-mêmes s'occupaient à mieux faire connaître leur petit pays et à l'approvisionner convenablement en en faisant une station balnéaire, même secondaire.

Les Saintes ont, en effet, tout ce qu'il faut pour attirer et retenir les étrangers : site des plus pittoresques, température exquise, 20 à 21° dans la saison fraîche, 29 à 30° pendant la saison chaude ; bains de mer agréables et faciles ; climat sec que rend encore plus sain la brise de mer.

« A mon point de vue, dit M. le docteur Sauzeau de
« Puyberneau, médecin des troupes coloniales, qui y a
« fait un séjour de plus d'une année, le sanatorium de
« la Colonie n'est pas le Camp-Jacob que protègent des
« siècles d'officielle consécration, ni Gourbeyre, ni les
« autres hauteurs bien connues. Le sanatorium de la
« Guadeloupe est aux Saintes. Et je ne veux, pour me
« soutenir, que les personnes qui n'ont pas cédé au clas-
« sique entraînement vers des régions couramment
« recommandées et qui ont accompagné un malade cher,
« presque mourant ou déclaré incurable, aux Saintes, et
« s'en sont retournées avec ce même malade, deux mois
« après, complètement rétabli, transformé, guéri. »

La longévité des habitants est encore un fait légendaire.

Il y existe un dépôt de pharmacie et un médecin vient, chaque semaine, donner ses soins à la population.

On ne trouve point d'auberges aux Saintes, mais des maisons propres et bien tenues que les habitants meublent, du plus strict nécessaire, il est vrai, pour un loyer mensuel de trente à quarante francs.

La vie matérielle est, en outre, facile.

Le lait s'y vend entre 0 fr. 30 et 0 fr. 40 le litre, le poisson qu'elle qu'en soit la qualité, de 0 fr. 15 à 0 fr. 40 le demi-kilo ; les œufs 0 fr. 10, parfois 0 fr. 05 pièce, le le mouton 0 fr. 60 et le cabri 0 fr. 50 la livre. Depuis le retrait des troupes la viande de boucherie est rare. On ne tue un veau ou deux par semaine qu'aux époques des changements d'air. En temps ordinaire, on fait venir de la Basse-Terre.

A Terre-de-Haut, résident un percepteur-centralisateur, un distributeur des postes, une brigade de gendarmerie. Deux écoles, une de filles, l'autre de garçons, sont tenues par des instituteurs laïques. La Terre-de-Bas possède trois écoles dont deux au bourg et l'autre au hameau de la Grand'Anse.

POPULATION

Comme à Saint-Barthélemy, l'origine de la population remonte aux peuples du Nord venus en corsaires dans la mer des Antilles. Les Saintois se rapprochent principalement du type breton, et la race blanche, conservée par le croisement avec l'élément européen représenté par la garnison, domine encore. Il n'en est pas de même pour Terre-d'en-Bas qui n'a pas eu le bénéfice des troupes.

Les Saintois sont d'intrépides marins, de bons pêcheurs de père en fils, et de fins charpentiers de marine. Leurs petites embarcations fines et solides, dirigées par des marins habiles affrontent le gros temps avec indifférence.

Ils sont hospitaliers et d'un caractère doux.

SAINT-MARTIN

L'île de Saint-Martin appartient partie à la France et partie à la Hollande. Elle est située par environ 18° 5' de latitude Nord et 65° 23' de longitude Ouest.

Elle a 18 lieues de circuit, 6 lieues de longueur et 5 de largeur.

Elle est placée à 45 lieues au N.-N. O. de la Guadeloupe ; à 2 lieues au N.-O. de l'île anglaise Anguille ; à 6 lieues au S.-O. de Saint Barthélemy ; à 20 lieues au N.

de Saint-Christophe ; à 15 lieues au N.-N.-E. de Saint-Eustache et à 12 lieues au N.-E. de Saba.

Ce fut en 1638 qu'un sieur Saint-Martin prit possession de l'île, en vertu d'une Commission de Louis XIII, que lui délivra M. de Poincy, alors Gouverneur général des îles d'Amérique, dont la résidence était à Saint-Christophe.

Il lui donna son nom.

Le Père Dutertre rapporte qu'à la même époque, quelques sujets hollandais s'y établirent par surprise et construisirent un petit port, qui existe encore, à l'endroit appelé Philipsbourg, chef-lieu, depuis, de la partie hollandaise.

Mais peu après, des Espagnols abordèrent en grand nombre, s'emparèrent du fort et expulsèrent les premiers habitants auxquels s'étaient joints quelques Français.

L'île n'offrit sans doute pas aux envahisseurs, les avantages qu'ils espéraient en tirer. Ils l'abandonnèrent bientôt, après l'avoir incendiée, afin sans doute d'empêcher l'établissement d'une nation étrangère. Elle resta dès lors, pendant un certain temps inhabitée.

Le commandant de l'île hollandaise de Saint-Eustache apprenant l'inoccupation de Saint-Martin y envoya un officier à la tête de trente soldats, pour en prendre possession au nom de la Hollande.

De son côté, de Poincy, toujours Gouverneur général des îles d'Amérique, instruit de ces faits et pensant que la légitimité des droits de la France ne pouvait être contestée, les premiers occupants ayant été les Français, qui n'avaient cédé qu'à la force brutale qui les éloignait de leur pays, y envoya un détachement de soldats commandés par M. de la Tour, avec l'ordre de l'occuper entièrement.

Les Hollandais prétendirent que l'île était inhabitée lors de leur installation et que par ce fait elle leur appartenait.

L'officier français rendit compte à de Poincy de ce qui se passait. Celui-ci ordonna à son neveu, M. de Louvillois de se rendre sur-le-champ à Saint-Martin avec 300 hommes de troupe et d'avoir raison de cette poignée d'hommes qui disputaient à la France ses droits de souveraineté.

M. de Louvillois débarqua dans l'île le 17 mars 1648 et somma les Hollandais de reconnaître le drapeau français ou de se retirer immédiatement. Ceux-ci cédant à la force, laissèrent les Français s'établir dans l'île.

Peu de jours après, sur de nouvelles instructions reçues de leurs gouverneurs respectifs, les deux chefs firent le partage de l'île entre la France et la Hollande, et le 23 mars 1648 signèrent un traité dont presque toutes les clauses ont encore force d'exécution. C'était le premier partage entre la France et la Hollande.

Les possesseurs n'en jouirent pas longtemps. Trois ans après, en 1651 exactement, Français et Hollandais s'entendirent pour vendre l'île à l'Ordre de Malte. En 1665, n'en pouvant rien tirer, cet Ordre la vendit, à son tour, à la 2e Compagnie des Indes occidentales. Neuf années plus tard, en 1674, celle-ci, à bout de ressources, embarrassée de Saint-Martin en fit la cession au domaine de la Couronne de France, qui l'annexa au Gouvernement de la Guadeloupe, et y entretint des troupes.

Après la prise de Saint-Christophe par les Anglais, ces troupes furent enlevées ainsi qu'à Saint-Barthélemy, sa voisine, parce que « ces îles n'étant pas fortifiées, étaient trop sujettes à être insultées en temps de guerre », disent les instructions données à ce sujet. Jusqu'en 1794 Saint-Martin fut prise et reprise par les Anglais et les Français. Elle suit alors le sort de la Guadeloupe.

Mais, lorsqu'en 1796 Victor Hugues reprit définitivement l'île des mains des Anglais, il en fit, de sa propre autorité, un nouveau partage.

Il donna aux Hollandais, tolérés jusque-là, un tiers

de la partie méridionale, qu'ils ont continuellement occupée jusqu'à aujourd'hui et garda la partie septentrionale, soit les deux tiers.

La ligne de démarcation part de l'Etang-aux-Huîtres, passe au pied du Morne-Lotrie, suit la crête des mornes Marigot-Hill, Concordia ou Morne-des-Accords, longe l'habitation Mont Fortune et se termine au cul de Picard.

L'île, en général n'est composée que de collines, dont presque toutes se prolongent jusqu'à la mer. La plus élevée est le Mont Paradis, qui atteint 584 mètres.

Les côtes présentent des baies profondes qui offrent d'excellents mouillages aux navires. Mais le seul port où les bâtiments puissent hiverner est la baie de l'Etang-aux-Huîtres, située sur la Côte sud du Colombier. Elle a 3 m. 89 de profondeur et environ 180 mètres de largeur. Un quart du bassin appartient aux Hollandais. La nature a formé sur la partie française des rochers où l'on amarre les bâtiments lorsqu'on veut les virer en carène. On y est à l'abri de tous dangers.

Mais ce port est peu fréquenté à cause de l'étroitesse de son entrée qui est parsemée d'écueils. Il pourrait recevoir une quarantaine de navires de 100 tonneaux au plus.

La partie française a pour chef-lieu le Marigot, et se divise en quatre quartiers : le Marigot, le Colombier, le plus fertile, la Grand'Case et Orléans.

Du Marigot part une route vicinale qui conduit à la Grand'Case (7 kilomètres), en passant par le hameau du Pont, le Colombier, le quartier d'Orléans (15 kilomètres), et aboutit à Philipsbourg (30 kilomètres). La même route a une bifurcation qui traverse les hameaux de Saint-James, passe près de l'habitation Mont-Fortune, près du quartier hollandais Colbay pour aller aboutir aussi au chef-lieu hollandais. Il existe enfin un ancien chemin qui, partant du Marigot, traverse le Morne du même nom pour descendre à Philisbourg. Il est beaucoup plus court que les autres; mais n'est accessible qu'aux piétons.

Saint-Martin est formée d'une terre principale, dite Grande-Terre, et d'une autre, moins importante, désignée sous le nom de Terres-Basses.

Le bras de mer qui les sépare est entouré, au Nord et au Sud, par deux langues de sable qui émergent de la mer et en font un vaste bassin appelé Étang de Simson's-Bay. L'une de 38 m. 98 de largeur, unit les deux terres à la hauteur de la ville du Marigot ; l'autre s'avance des Terres-Basses vers la côte hollandaise dont elle est séparée par une large passe. Quelques rochers surgissent au milieu.

L'étang de Simson's-Bay a au moins 3 lieues de circonférence. Ses eaux sont très profondes en certains endroits et s'écoulaient, autrefois, par un chenal, dans la baie du Marigot.

Ce chenal permettait aux navires de passer de la baie dans l'étang. En 1791, un bateau de 60 tonneaux vint y hiverner. Mais l'année suivante, à la suite d'un ouragan, un banc de sable obstrua l'embouchure.

C'est au Marigot que les habitants des îles voisines, de l'île anglaise Anguille, en particulier, viennent s'approvisionner. Ils apportent en échange du charbon, des patates, de la canne à sucre, des balais en latanier, du maïs et même des animaux.

Saint-Martin est pierreux et sec. On y a trouvé des phosphates de chaux, du manganèse et du fer.

Il n'en est pas moins très fertile, surtout lorsqu'il est arrosé par des pluies abondantes et régulières.

Son climat est tempéré. On n'y éprouve pas dans les saisons, ces changements brusques de températures qui se font remarquer dans les îles plus grandes. L'air y est pur et l'on peut dire que c'est l'une des îles les plus saines de l'archipel.

Le pays n'est pas sujet aux épidémies. Les Européens, s'y acclimatent très facilement et sans danger.

On n'y rencontre point, comme à la Guadeloupe du reste, de reptiles dangereux ; la piqûre même du scorpion n'entraîne qu'une fièvre légère et éphémère qui disparaît sans aucun soin.

Il n'y a pas de cours d'eau proprement dit, mais des sources et quelques canaux aujourd'hui taris, qui se grossissaient par les eaux pluviales pendant la saison des pluies.

L'île est exposée à des sécheresses fréquentes qui rendent les revenus de la culture très aléatoires. L'eau potable ne fait cependant pas défaut car les habitants ont construit de vastes citernes pour recueillir les eaux de pluies. Les plus grandes peuvent contenir jusqu'à 60.000 litres d'eau. Des puits ont, en outre, été creusés, qui fournissent à la population pauvre qui en fait l'usage journalier une eau potable. Sur les habitations, enfin, on a de vastes mares qui reçoivent et conservent une grande quantité d'eau pour l'abreuvage des animaux. A l'îlot Tintamarre et à l'endroit appelé cul-de-sac de la Barrière, les habitants, en creusant le sable, à la main, à quelques mètres du rivage, font surgir une eau pure, douce et agréable, provenant de l'infiltration des eaux pluviales.

Le sol de Saint-Martin est surtout propre à la culture de la canne et du coton.

Le cotonnier, autrefois cultivé avec intensité, a été abandonné, en raison des bas prix. Cette culture pourrait être reprise aujourd'hui avec avantage.

Comme bois de constructions, on peut citer l'acajou et le mancenilier.

Les fruits sont : la noix de coco, l'orange, en petite quantité ; le limon, la mangue, la goyave, la sapotille, la pomme de liane, la pomme canelle et le corrossol, en abondance. On trouve aussi la banane et la figue au quartier du Colombier. Les tubercules plantés avec le plus de succès sont : la patate, l'igname, le manioc, et l'arrov-root. Le gros et le petit maïs y viennent aussi en assez grande quantité quand la saison est favorable.

Les légumes sont fort abondants dans la saison pluvieuse, c'est à-dire depuis le mois de juillet jusqu'au mois de janvier.

On rencontre aussi beaucoup de terres en friches et des pâturages pour l'élevage du bétail. Les viandes qu'on peut se procurer régulièrement dans la commune de Marigot sont : le veau à 0 fr. 50 la livre, le mouton à 0 fr. 65, le cabri et le porc à 0 fr. 50. Le mouton de la Grand'Case surtout a une saveur exquise. Le porc est nourri exclusivement avec des racines et le corrossol. Aussi sa chair est elle agréable et fort saine. Les éleveurs éprouvent cependant des pertes cruelles à la suite des grandes sécheresses.

La volaille y est abondante. Le poulet se vend de 0 fr. 50 à 0 fr. 75, les poules de 1 à 2 francs ; une dinde de belle grosseur, entre 9 et 10 francs ; une paire de pintade 3 fr. 50. Les œufs sont fort communs et on les paie parfois 0 fr. 05 pièce.

Saint-Martin produit aussi un beurre blanc qui ne le cède en rien aux meilleurs beurre d'Europe. Il est vendu 2 francs le kilogramme.

Les côtes sont peuplées d'une quantité prodigieuse de poissons de toutes qualités. En dehors de la consommation locale, Saint-Martin exporte plus de cent barils de poissons salés par année.

Elles sont aussi visitées par une grande variété d'oiseaux aquatiques : pélican, paille-en-queue, frégate, héron, martin-pêcheur, etc.

Dans les étangs, on rencontre la bécassine, l'alouette, le flamand, la poule d'eau, la sarcelle et différentes espèces de canards sauvages.

Les bois abondent également en excellents gibiers. La

tourterelle et l'ortolan s'y trouvent toute l'année ; le ramier, de juillet à octobre ; la grive de fin août à fin septembre. Dans les plaines, on tire le pluvier doré et le pluvier à tête noire.

Les amateurs peuvent donc donner, dans cette dépendance, libre carrière à leurs goûts cynégétiques.

Une grande industrie du pays est la poterie. Avec une dextérité et une facilité étonnantes les habitants, à l'aide d'une simple palette de bois, façonnent des gargoulettes de tous genres ; des pots à fleurs variés, des jarres.

On exporte par an deux mille douzaines de potiches, mille cinq cents jarres et autant de pots à fleurs.

Beaucoup de jeunes gens gagnent aussi leur existence à tresser des paillassons.

L'exploitation de salines occupe un grand nombre de bras. Cette industrie, la plus importante de la dépendance, est pratiquée à l'aide d'un outillage perfectionné et fournit une moyenne annuelle de quarante à cinquante mille barils de sel, qui sont exportés tant à la Guadeloupe que dans les îles avoisinantes. Elle est souvent éprouvée par les variations brusques que subit le prix du produit.

Il y a plusieurs salines dans la partie française, dont deux seulement sont exploitées. La première est située à la Grand'Case. Son exploitation a été cédée à une société franco-hollandaise qui possède déjà l'une des salines de la partie hollandaise, en arrière de la ville de Philipsbourg.

La seconde, concédée aux héritiers Beauperthuy, est placée au quartier d'Orléans. Elle a deux lieues de circuit.

Enfin la fabrication de la chaux vive avec les madrépores relevés sur certaines parties de la côte et principalement à l'Anguille, augmente dans des proportions sensibles les revenus de l'île.

En vue de faciliter le commerce de la dépendance, un

décret du 10 octobre 1878 a autorisé l'introduction des marchandises de toutes provenances, sous tous pavillons, avec exemption du droit d'octroi de mer et de la plupart des taxes en vigueur à la Guadeloupe. Tous ses produits sont, en outre, admis en franchise sur tout le territoire de la colonie.

Il n'y a donc pas de douane; un représentant de ce service délivre simplement des certificats d'origine aux denrées et produits du cru.

Le culte catholique possède deux églises, l une au bourg du Marigot, l'autre de l'Orient. Le vicaire du premier bourg dessert, en outre, une chapelle au quartier de la Grand'Case.

Le culte réformé, ou plutôt Wesleyien, est représenté par un ministre. Il entretient un temple au Marigot.

Des instituteurs laïques dirigent au Marigot deux écoles recevant deux cents élèves en moyenne. Au hameau de la Grand'Case il en existe deux autres fréquentées par une centaine d'enfants.

Un hospice dont la commune est redevable à Mme Mauras, la même bienfaitrice qui fit don à la fabrique du Marigot de son presbytère, peut recevoir trente malades, principalement des vieillards infirmes. Il est dirigé par des sœurs de Saint-Paul et se compose de bâtiments bien aérés et séparés par de vastes cours. L'une des salles est réservée aux fonctionnaires de la localité.

La colonie a créé à Saint Martin une station sanitaire dont le maintien est rendu nécessaire par l'éloignement de cette dépendance. Elle n'est meublée et outillée qu'en cas de besoin avec les ressources mises à la disposition de l'agent de la santé par l'hospice municipal

Les quarantenaires qu'il a à recevoir proviennent presque tous des équipages de voiliers de petit tonnage appartenant à Saint-Martin ou aux îles voisines. Quinze ou vingt personnes peuvent à la rigueur être internées.

En dehors de la pharmacie de l hospice, un dépôt de

médicaments, tenu par un habitant, suffit aux besoins de la population.

Le service médical était assuré autrefois par un docteur du service de santé des colonies. Ce poste a été supprimé depuis la réduction du cadre, en sorte que les habitants s'adressent, en cas de besoin, au médecin-hospitalier de la partie hollandaise, qui montre, en toutes circonstances, la plus grande amabilité, le plus entier dévouement.

Les communications avec Saint-Martin ont lieu, régulièrement, deux fois par mois, par une goélette subventionnée par la colonie pour le transport de la correspondance et des passagers. Elle quitte la Pointe-à-Pitre le 8 et le 23, et la Basse-Terre le 9 et le 24 de chaque mois.

En cas d'urgence, l'Administration se réserve le droit d'anticiper ou de retarder les départs. La correspondance est, en outre, confiée aux nombreux caboteurs qui relèvent pour l'île, entre les passages du bateau postal.

Pour éviter les aléas d'un voyage à la voile, les touristes, ainsi que cela s'est fait déjà, peuvent, en se cotisant, affréter un vapeur de la Compagnie des bateaux à vapeur ou le côtier *Marie-Galante* de la Compagnie Générale Transatlantique. Le déplacement, avec arrêt à Saint-Barthélemy, coûte mille francs.

Ils ne trouveront pas d'hôtels, mais des pensions de famille où ils paieront 1 franc ou 1 fr. 50 chaque repas et 1 franc la chambre.

L'île entière de Saint-Martin a été peuplée par les Anglais dont les descendants forment encore les trois quarts de la population.

Elle a conservé les mœurs et la langue de ses premiers occupants, surtout dans les campagnes, où les grands-parents ignorent encore la langue française, plus en honneur dans les villages.

Les habitants jouissent d'un tempérament calme, tranquille, d'un caractère facile ; mais ils sont d'une nonchalance qui frise la paresse. L'hospitalité est l'une de leurs principales qualités.

SAINT-BARTHÉLEMY

L'île de Saint-Barthélemy est située sous 17°54' de latitude Nord, et 65°10' de longitude Ouest ; à une distance de trente lieues dans le N.-N.-O. de la Guadeloupe, et de quatre lieues dans le S.-E. de Saint-Martin.

Au début de la colonisation, elle subit le même sort que sa voisine française. Occupée en 1648 par Jacques Gente, sur les ordres de de Poincy, gouverneur général des îles de l'Amérique, elle fut vendue à l'ordre de Malte, en 1651, et occupée de nouveau par les Français en 1659. Elle appartenait depuis plus d'un siècle à la couronne de France, lorsqu'en 1784, Louis XVI la céda à la Suède, en échange du droit accordé à la France d'établir à Gothenbourg, un entrepôt de marchandises françaises.

Saint-Barthélemy échappa ainsi aux guerres franco-anglaises, qui paralysèrent l'essor des autres îles de l'archipel des Antilles. Elles passaient, en effet, alternativement au pouvoir des nations belligérantes. La neutralité de la métropole lui permit d'accroître son commerce, et cette période désastreuse pour les autres, fut l'âge d'or de sa prospérité.

Mais les guerres terminées, elle eut à souffrir de son éloignement, malgré les efforts incessants de la paternelle administration de la Suède. La difficulté d'administrer une possession lointaine et isolée, les dépenses improductives de compensation suffisante que provoquait l'envoi chaque année d'une frégate pour le maintien des rapports officiels, décida le gouvernement suédois à renoncer à la possession de l'île en faveur de la France. Ces difficultés n'existaient point pour celle-ci qui possédait une administration coloniale complète à la Martinique et à la Guadeloupe, et entretenait une divi-

sion navale dans la mer des Antilles. Le roi de Suède
Oscar II, proposa donc à la France de lui faire la rétrocession de l'île à la seule condition que cet acte fut
subordonné à l'assentiment de la population intéressée.

Les habitants de Saint-Barthélemy furent appelés à
déposer leurs votes et sur 351 suffrages, 350 se pronon-
cèrent en faveur de la nationalité française. Le 31 octobre 1877, le traité de rétrocession était signé par les
ministres des deux gouvernements.

Cet acte déliait les habitants de la sujétion envers la
couronne de Suède, tout en leur laissant la faculté de
conserver la nationalité suédoise sur une simple déclara-
tion et sans obligation de transport de domicile, sauf les
cas où leur présence offrirait des inconvénients pour
l'ordre public.

Les propriétés domaniales furent évaluées, d'un commun accord, à 80.000 francs. Mais dans une pensée de
généreux désintéressement, le roi Oscar II, fit don de
cette somme à ses anciens sujets, pour la création et l'en-
tretien d'un établissement de bienfaisance. Cette œuvre
rend encore d'appréciables services à la partie besogneuse
de la population

Enfin la situation personnelle des fonctionnaires de
l'île fut assurée. Quelques-uns restèrent au service de la
France, d'autres demandèrent à se retirer en Suède.
Pour ces derniers qui avaient été privés de leur emploi
sans avoir démérité, la France versa entre les mains du
gouvernement suédois une somme de 320.000 francs

L'éloignement de Saint-Barthélemy de sa métropole,
avait obligé la Suède à en faire un gouvernement com-
portant une administration indépendante, malgré le peu
d'étendue de son territoire. La France l'annexa simplement à la Guadeloupe comme au temps où elle faisait
partie des possessions de la monarchie française aux
Antilles.

La prise de possession eut lieu le 16 mars 1878, au

milieu d'une joie délirante. Alors que le pavillon suédois flottait encore sur les édifices publics, les habitants arboraient les couleurs françaises, comme pour devancer la cérémonie officielle qui les rendait à leur ancienne patrie.

Le gouverneur de la Guadeloupe, M. Couturier, accompagné des autorités locales, s'était rendu dans la dépendance pour cette formalité. Il avait pris passage sur le croiseur *Victoire* battant pavillon du contre-amiral Maudet, qu'escortait les avisos *Guichen* et *Magicien*.

Dès son débarquement, le représentant de la France remit au gouverneur suédois M. Bror Ulrich, les insignes d'officier de la Légion d'honneur. Celui-ci, profondément ému, exprima en termes choisis toute sa reconnaissance et ses remerciements au gouvernement français.

Puis, la présentation des fonctionnaires faite, le cortège se rendit dans la salle préparée pour la signature du procès-verbal dont lecture fut donnée dans les deux langues.

Au moment où les représentants apposaient leurs signatures sur cet acte qui rendait à la France une de ses plus anciennes colonies, le pavillon suédois, après avoir été salué une dernière fois, fut lentement amené, et le pavillon français hissé sur les monuments publics au milieu du bruit des canons, de la musique des équipages et de l'enthousiasme général.

L'île de Saint-Barthélemy a huit lieues de tour et 2.140 hectares de superficie. Elle est de formation volcanique et paraît de prime abord souffrir de l'absence de grands arbres.

Cette impression disparaît au fur et à mesure que l'on pénètre dans le port de Gustavia, petite ville bâtie par les Suédois au pied d'un demi-cercle de collines gracieuses, au faîte desquelles les anciens possesseurs avaient élevé trois batteries dont l'une, la batterie Gustave III, sert aujourd'hui d'asile pour les vieillards infirmes.

Gustavia était autrefois très riche et très peuplée. Elle devait son opulence à la présence des corsaires français et anglais qui en avaient fait leur entrepôt et entretenaient un commerce actif avec les colonies espagnoles. On y retrouve encore les caves immenses qu'ils avaient construites pour recevoir leurs prises et les marchandises importées de l'étranger.

Cette prospérité dura jusqu'en 1851, époque à laquelle un incendie détruisit la partie la plus importante de la ville. Saint-Barthélemy ne se releva jamais de cette catastrophe.

Abandonné des gros navires qui fréquentaient son port et accostaient à quai, son commerce périclita peu à peu et lorsqu'en 1878 la France en reprit possession son aisance avait complètement disparu.

Sa situation ne s'est pas améliorée de nos jours, malgré les facilités qui lui ont été accordées. Par décret du 10 octobre 1878, son port fut d'abord ouvert à l'importation des marchandises de toutes provenances sous tous pavillons. Les denrées du cru et celles importées de l'étranger peuvent être exportées à toute destination sur un simple certificat d'origine délivré par le représentant du service des douanes. De plus, les habitants ont été exemptés du droit d'octroi de mer et de la plupart des autres taxes en vigueur à la Guadeloupe.

Le sol de Saint-Barthélemy est aride et n'est guère propre qu'aux cultures qui demandent un terrain léger et sablonneux. L'ananas, par exemple, y vient très bien et constituait, autrefois, la principale industrie de l'île. Un certain nombre de navires américains venaient, chaque année, en faire un approvisionnement important. Mais la Barbade lui enleva sa clientèle et l'ananas disparut peu à peu. Le cotonnier qui donnait aussi un revenu appréciable subit le même sort.

La facilité d'écoulement et les prix actuels de ces produits ont poussé les habitants à reprendre ces cultures depuis quelques années. Ils s'y sont remis avec espoir, tout en cultivant le manioc et le maïs dont la faible quantité ne peut suffire qu'aux besoins de la population.

Les légumes et les vivres proviennent de la Guadeloupe et des îles voisines. Saint-Barthélemy étant complètement dépourvue du cours d'eau, l'arrosage n'est facile qu'aux environs des mares dont l'eau sert aussi à l'abreuvage des animaux. Pour les habitants, les eaux pluviales sont recueillies dans des citernes.

D'autre part, à cause des sécheresses intenses qui désolent l'île et brûlent les pâturages, elle fournit relativement peu de bétail. Ses animaux sont cependant fort appréciés sur le marché guadeloupéen, au point que l'Administration locale a introduit, des modifications essentielles, au profit de l'industrie pastorale du pays, dans les cahiers des charges relatifs aux fournitures de viande fraîche à ses divers établissements. Tout en assurant ainsi un débouché au gros bétail de sa dépendance, la colonie s'exonère, au moins en partie, du lourd tribut qu'elle payait annuellement à l'île de Porto-Rico.

Saint-Barthélemy produit aussi beaucoup de volailles et des œufs qui se revendent à bas prix à la Pointe-à-Pitre et à la Basse-Terre.

Ses côtes offrent de nombreuses plages sablonneuses et sont très poissonneuses. En dehors de la consommation locale il est exporté, tous les mois, une grande quantité de poissons salés

On y chasse la tourterelle et l'ortolan. Pendant l'hivernage l'alouette et le pluvier.

La population s'adonne aussi à la confection de chapeaux en paille de latanier, à la pêche et à la fabrication d'ouvrages émaillés en coquillages et écailles de poissons montés sur fil d'argent. L'exploitation de salines nombreuses assurait autrefois l'existence de beaucoup de familles. Elles ont été malheureusement abandonnées, sauf celle du quartier de Lorient qui a été achetée par l'Administration locale, et occupe un certain nombre de bras.

Il y a également à Saint-Barthélemy une mine de plomb et une mine de zinc, non exploitées jusqu'à nos nos jours, faute de capitaux.

Les habitants de la dépendance se feraient certainement des revenus appréciables, s'ils voulaient tirer parti des avantages naturels qu'elle offre. Mais ils n'ont pas su réagir contre la misère grandissante, et se contentent aujourd'hui d'aller demander aux îles voisines des moyens d'existence. Ils s'expatrient surtout à la Guadeloupe, où on les emploie comme domestiques. Ce sont des serviteurs sûrs et honnêtes qui s'attirent en peu de temps la sympathie et la confiance de leurs employeurs.

Les communications sont assurées, comme pour Saint-Martin, par une goélette postale subventionnée par la colonie, par des goélettes, bateaux et embarcations françaises et anglaises. Le prix du passage varie entre huit et vingt francs, selon qu'on se fasse nourrir ou non. car le voyage par les temps calmes peut durer trois ou quatre jours. Par contre, lorsque le vent est favorable, douze heures suffisent.

De Gustavia, part une route, longue de quatre kilomètres qui conduit à Lorient. Les autres quartiers de l'île communiquent entre eux par des sentiers plus ou moins bien entretenus.

Le service médical est assuré par un médecin de la colonie. Il est chargé, en outre, du service sanitaire et de la surveillance d'un dépôt de médicaments tenu par un particulier.

Les autres services publics sont représentés par un juge de paix à compétence étendue, un receveur de l'enregistrement, conservateur des hypothèques, un percepteur, chargé du service des douanes, un distributeur des postes, une brigade de gendarmerie.

Il y a, à Gustavia, une église catholique, une église

anglicane et une chapelle Wesleyienne ; ces deux dernières sont fréquentées par deux cents personnes environ.

Il n'existe point d'auberges à Saint-Barthélemy. Les étrangers ont recours à des pensions de famille, qui leur procurent en même temps le logement, pour une rémunération relativement peu élevée.

On retrouve à Saint-Barthélemy la physionomie, les qualités, en même temps que les traditions de langage et de costume de la race normande, dont descendent les habitants. La race noire y est très peu répandue.

Chose assez rare dans nos colonies des Antilles, le patois créole est fort peu en honneur à Saint-Barthélemy.

On n'y parle que le français, fort mal, il est vrai, et l'anglais.

NOTICE HISTORIQUE

La Guadeloupe fut découverte par Christophe Colomb le 4 novembre 1493 lors de son deuxième voyage en Amérique. Une reconnaissance hâtive permit aux hommes de son équipage de se rendre compte qu'elle était peuplée de cannibales. En 1496, Colomb revint aux Antilles et débarqua à Marie-Galante, Il ne prit encore cette fois qu'un contact très peu prolongé avec les indigènes, qui le reçurent à coups de flèches.

Ce ne fut guère qu'en 1515 que l'Espagne songea sérieusement à coloniser les petites Antilles. Une expédition de trois navires, commandée par Ponce de Léon, eut peu de succès. Les Caraïbes s'opposèrent au débarquement et Ponce de Léon malade abandonna la Guadeloupe pour l'île Saint-Jean.

Une mission religieuse envoyée eu 1523 n'eût pas plus de succès, les missionnaires furent massacrés.

En 1625, le capitaine d'Esnambuc, parti de Dieppe sur un vaisseau à lui, débarqua à Saint-Christophe, puis revint en France et obtint de Richelieu, le 31 octobre 1626, des lettres patentes pour créer la « Compagnie des Iles d'Amérique » avec un monopole de 20 ans ; il repartit pour Saint-Christophe où il trouva des Français et des Anglais, puis peu 'après des Espagnols. Ceux-ci furent vite vaincus et se rembarquèrent. Les Anglais, avec lesquels il avait traité soulevèrent des difficultés; on recourut aux armes et d'Esnambuc les chassa à leur tour. La Guadeloupe, qui dépendait de la « Compagnie des Iles », fut cédée par contrat pour 10 ans aux capitaines L'Olive et Duplessis ainsi que la Dominique et Antigoa en 1635. L'essai de colonisation des nouveaux concessionnaires ne fut pas bien accueilli par les indigènes. Duplessis mourut assez vite et L'Olive dut faire la guerre aux Caraïbes pour assurer la sécurité de ses colons, déjà exposés à la famine et aux maladies.

En 1640, Aubert est nommé gouverneur; il inaugure une politique de paix et de confiance avec les indigènes qui donna rapidement les plus heureux résultats. Aubert fut remplacé en 1643 par Houël qui fit venir de France une certaine quantité de filles à marier pour les colons célibataires et encouragea avec succès la culture de la canne à sucre, exemple qui ne devait pas tardé à être suivi dans les autres îles.

Mais en 1646 la Compagnie des Iles, mécontente de Houël envoie le général de Thoisy pour le remplacer. Houël refuse de lui céder la place et fomente une révolté contre le nouveau gouverneur. Le père Armanel, supérieur des missionnaires intervient et le danger d'une guerre civile est écarté. Mais Houël, d'accord avec de Poincy, gouverneur général des îles, réussit à éloigner de Thoisy. Celui-ci après avoir débarqué à la Martinique est emprisonné par de Poincy, puis rappelé par la Compagnie qui l'avait cependant envoyé avec la mission d'établir des impôts impopulaires. Cette mesure n'ayant pas pu être adoptée, la Compagnie vendit les quatre îles de la Guadeloupe, la Désirade, Marie-Galante et les Saintes à Houël et au marquis de Boisseret son beau-frère.

En 1654 arrivèrent des navires chargés de familles hollandaises chassées du Brésil par les Portugais pour causes religieuses ; ces familles sollicitèrent l'autorisation qui leur fut accordée, de s'établir dans l'île comme colons.

En 1656 eut lieu un soulèvement d'esclaves. Les deux promoteurs furent pris et écartelés vifs. On prouva ainsi aux populations qu'elles devaient endurer leurs souffrances avec résignation pour assurer toutes les jouissances à des maîtres peu nombreux, mais énergiques. Mais ces maîtres eux-mêmes subissaient les exactions des seigneurs propriétaires et leur mécontentement devint assez vif pour que Colbert proposât le rachat des îles à Louis XIV. Ce rachat eut lieu en 1663 et en mai 1664 un édit du roi créait la « Compagnie des Indes occidentales » avec privilège de commerce et de navigation aux Antilles pour une durée de 40 ans.

Les colons changèrent de maîtres mais ne virent point l'avantage de la substitution. La rapacité et l'incapacité des administrateurs de la nouvelle Compagnie menèrent celle-ci à sa dissolution en 10 ans et en 1674 les îles furent rattachées au domaine de l'Etat. Cette mesure en amenant la liberté du commerce produisit les plus heureux effets.

En 1685 parut le « Code noir » qui réglait les relations du maître et des esclaves

En 1690 les Anglais s'emparent de Marie-Galante et attaquent la Basse-Terre ; le lieutenant du roi Malmaison leur résiste 35 jours avec 60 hommes, ce qui permit l'arrivée de secours de la Martinique. Après quelques

combats heureux. de Ragny, gouverneur de la Martinique, obligea les Anglais à se rembarquer.

La paix de Ryswick (1700) ramène une ère de tranquillité.

En 1703 nouveau débarquement d'Anglais sous la
conduite de l'amiral Benbow Walker. Après une défense
héroïque de la Basse-Terre les Français prirent la campagne et firent une guerre de tirailleurs ; 800 hommes
arrivèrent de la Martinique et les Anglais durent
s'éloigner.

En enlevant une partie de ses colonies à la France la
paix d'Utrecht (1713) rendit celle-ci plus attentive à
celles qui lui restaient et c'est de cette date que commence
la prospérité de nos colonies à sucre et à café. De Peng-
nières fut nommé (1717) gouverneur général des Iles-
sous-le Vent, il résida à la Martinique, dont la Guadeloupe devint une dépendance. Une période de paix d'une
quinzaine d'année permit au commerce des îles de
prendre un développement inconnu jusqu'alors.

En 1740 nouvelle période de lutte contre les Anglais
qui ne se termine qu'en 1748 à la paix d'Aix-la-Chapelle
pour reprendre en 1756. Le commerce et les transactions
deviennent presque nuls.

L'expédition anglaise de l'amiral John Moore, repoussée de la Martinique, vint en 1759, débarquer près
de la Basse-Terre et réussit à s'emparer du fort qui
défendait la ville.

Le gouverneur, Nadeau-Duteil, à la tête de 2.000 hommes, et aidé par les habitants et leurs esclaves fit une
guerre d'escarmouche meurtrière pour l'envahisseur.
Mais isolé et privé de secours il dut rendre l'île.

Celle-ci ne revint à la France qu'en 1763. Une période
de paix jusqu'en 1776 amena une nouvelle ère de prospérité. En 1776 les hostilités reprirent et se manifestèrent
surtout par des combats maritimes entre l'amiral anglais
Rodney et le Français Guichen.

Dix ans de paix furent encore favorables à nos colonies des Antilles. En 1789 les blancs de la Guadeloupe demandent à la Constituante le droit de représentation. Ils obtinrent deux députés.

Le général de Clugny, gouverneur en 1790, eût à assumer la tâche délicate d'apaiser les fermentations produites par des émeutes de soldats, par les réclamations des commerçants, par les exactions des planteurs.

En 1791 la Constituante octroie le droit de vote aux gens de couleurs nés de père et mère libres. Les blancs protestèrent, d'accor davec le gouverneur, et s'opposèrent sous toutes les formes à l'exercice du nouveau droit et à l'application du régime républicain.

La Convention preserivit une enquête. Le contre-amiral Lacoste qui en fut chargé, rapporta à sa barre et déclara que les gouverneurs et les assemblées coloniales se prononçaient contre la Révolution.

Deux nouveaux gouverneurs, Rochambeau pour la Martinique et Gollot pour la Guadeloupe, furent envoyés. De Béhague, gouverneur général, refusa de laisser débarquer Rochambeau.

Le capitaine Lacrosse et de nouveaux commissaires parvinrent cependant à convertir les récalcitrants, de Clugny s'embarqua pour la Trinité espagnole.

En 1793 les Antilles subissent la répercussion des grands événements de la Révolution. Collot et Rochambeau reviennent de Saint Domingue à la Basse-Terre et y organisent le gouvernement républicain qui assure aux gens de couleurs et aux noirs libres les mêmes droits qu'aux blancs. Les colons exilés rentrèrent.

En 1794, après s'être emparés de la Martinique, les Anglais vinrent attaquer la Guadeloupe. L'amiral John Jervis débarque au Gosier un corps de troupe qui se rend maître du fort de Fleur d'Epée, du fort Saint-Louis, de la Pointe-à-Pitre et le 21 avril de la Basse-Terre que

Collot rendit, n'ayant pas le concours des colons, qui n'aimaient pas la République.

Emue de ces pertes la Convention envoya deux frégates et cinq transports qui portaient à bord deux commissaires de la Convention Victor Hugues et Chrétien, les généraux Aubert, Cartier, l'adjudant général Rouyer et 1.200 hommes de troupe, nouvelles recrues. Les Anglais avaient 8.000 hommes et une forte escadre. Victor Hugues débarqua par surprise le 2 juin à la Pointe du Gosier, repoussa les Anglais et se retrancha dans de fortes positions. Cartier et Rouyer enlevèrent le 6 juin à minuit le fort de l'Epée défendu par 900 hommes, puis s'emparèrent de la Pointe-à-Pitre et de 87 bâtiments anglais dans le port. Aubert fut tué en repoussant une contre-attaque anglaise. Lessegues, capitaine de notre escadre, bloqua le port en coulant des bâtiments.

L'amiral Jervis revint alors avec six vaisseaux, douze frégates, cinq cannonières et seize transports chargés de troupes. Il débarqua au Gosier, tenta de s'emparer du fort de l'Epée et bombarda le fort et la ville pendant un mois. Cartier, Chrétien et Rouyer avaient péri ; la maladie, le climat et le feu de l'ennemi, allaient forcer les Français, qui manquaient de munitions, à se rendre. Victor Hugues, réfugié au morne du Gouvernement, fut en butte à une attaque générale des Anglais. Il les prit entre ses feux et ceux d'une mitrailleuse du port et les mit en déroute en les chargeant à la baïonnette.

L'amiral Jervis s'éloigna alors avec les débris de ses troupes et les colons qui avaient combattu avec lui contre la République.

Victor Hugues à la tête de l'administration civile et militaire organisa la colonie, leva 2.000 hommes de couleur, rassembla les patriotes des autres îles, et résista au blocus anglais. Il chassa les Anglais qui étaient restés dans la colonie et les força à se rembarquer en laissant derrière eux 38 canons, 2.000 fusils, des munitions et

800 hommes qui les avaient servis et dont 400 furent fusillés d'après les ordres de la Convention sur les émigrés. Les Anglais furent enfin chassés également de la Basse-Terre par le général de Pélardy.

Les 1.200 hommes avec lesquels Victor Hugues obtint ces résultats étaient des réquisitionnaires bretons.

Après les victoires, les nègres et les mulâtres, qui avaient servi Victor Hugues, ne voulurent plus travailler et se révoltèrent. Le commissaire de la Convention marcha contre eux, les réduisit et les assujettit à une discipline militaire. Sans distinction de couleur, il châtia durement les rebelles et réussit à former une armée de 10.000 hommes exercés et aguerris. Il rétablit également la prospérité agricole. Victor Hugues évita un retour offensif des Anglais qu'il avait pénétrés de terreur et reçut de la Convention un renfort de 1.520 hommes ainsi que la notification de la loi abolissant l'esclavage.

En 1795 Victor Hugues envoya Goyraud à Sainte-Lucie que celui-ci reprit aux Anglais. Il poursuivit activement ces derniers sur mer par une guerre de course sans merci.

Victor Hugues avait exercé un pouvoir dictatorial ; il fut l'objet de nombreuses dénonciations qui le firent rappeler par le Directoire (1796).

Cet homme a fortement marqué son passage dans cette colonie qu'il arracha aux Anglais et qu'il organisa si brillamment qu'on retrouve encore aujourd'hui des traces de son œuvre (1). Il fut parfois dur, inexorable, mais il représenta dignement la Convention dont il partagea la grandeur et les passions.

Il fut remplacé par le général Desfourneaux qui se consacra aux réformes agricoles et fut lui même remplacé par de Pélardy.

En 1798 le Directoire envoya trois agents, Jeannet,

____

(1) Voir notice annexe. *Chemin* de Victor Hugues.

Baco de la Chapelle et le général Lavaux qui furent con-
firmés, en 1799, par Bonaparte, dans leurs fonctions.
Lavaux fut rembarqué par ses collègues, Baco mourut
et Jeannet fut remplacé par le contre-amiral Lacrosse.
Ces agents exercèrent le pouvoir avec une certaine modé-
ration. Lacrosse s'aliéna rapidement la sympathie des
gens de couleur. Il provoqua une révolte au cours de
laquelle il fut enfermé en prison puis rembarqué de
force pour la France,

L'armée noire à la suite de ce coup de force accepta le
gouvernement de Pélage, colonel, qui sut protéger les
habitants contre les excès. Ceux-ci lui en furent peu
reconnaissants et cherchèrent à détruire son gouvernement provisoire.

En 1802 le général Richepanse fut envoyé à la Guadeloupe. Il y fut reçu avec allégresse. Son premier acte fut
de faire embarquer sur ses frégates les troupes noires qui
l'avaient acclamé, puis une fois à bord de les désarmer
et de les mettre à fond de cale. Pélage fut, à tort, accusé
de trahison par ses hommes. Delgrès, ancien aide de
camp de Lacrosse, commandant à la Basse-Terre, se mit
à la tête de la révolte. La prise de la Basse-Terre fut
extrêmement pénible et des combats acharnés eurent
lieu. Pélage resté avec les troupes françaises se conduisit
vaillamment et humainement.

Mais les noirs avaient été amenés à un tel état d'exci-
tation qu'aucun traité ne fut possible et on n'arriva à les
réduire qu'en les décimant.

L'ordre rétabli, le général Richepanse fit réintégrer
tous les anciens émigrés dans leurs biens, fit déporter
3.000 noirs en pays étrangers et en fit fusiller un grand
nombre. Ce fut sa manière de prouver à cette population la reconnaissance que la France lui avait de l'avoir
aidée à déloger les Anglais de la Guadeloupe.

Les émigrés rentrés exercèrent la plus atroce réaction,
sous forme d'assassinats, d'incendie et de vengeance de

toute nature contre les noirs. Ils firent arrêter les membres de l'ancien conseil, dont le brave Pélage, et ceux-ci furent détenus 16 mois prisonniers en France.

Enfin le 20 mai 1802 l'esclavage était rétabli.

Richépanse mourut le 3 septembre 1802 et Lacrosse lui succéda.

C'est à cette époque qu'un corps de chasseurs volontaires, composés d'anciens émigrés, fut créé, pour chasser les noirs dans les bois.

De nouvelles révoltes eurent lieu. Elles furent réprimées, et Lacrosse qui n'avait été jusqu'alors que ridicule se rendit odieux en faisant rompre vif et expirer sous la roue les rebelles prisonniers.

Le calme fut rétabli avec le régime de cette terreur, mais les haines de race, qui ne devaient plus disparaître, étaient fortement imprimées dans l'esprit des populations.

Le général Ernouf nommé capitaine général le 8 mars 1803 remplaça le contre-amiral Lacrosse. Il arriva le 8 mai 1803 et reçut un accueil chaleureux. C'est à cette époque que fut organisée la Chambre d'agriculture, un tribunal d'appel et deux tribunaux de première instance.

Le calme allait renaître lorsque survint la rupture du traité d'Amiens. L'Angleterre s'empara de Saint-Domingue, de Sainte-Lucie et de Tabago. Le gouverneur mit la Guadeloupe en état de défense; il accorda une amnistie aux noirs fugitifs qui rentrèrent tous chez leurs anciens maîtres. Une attaque sur Antigoa faite par le capitaine général échoua et l'expédition française fut dispersée.

En 1804, le capitaine Lamarque s'empara d'une frégate anglaise, la *Lily*, que l'ennemi chercha vainement à reprendre.

En 1805, l'escadre de l'amiral Missiessy éloigna les Anglais des côtes françaises des Antilles. Ils tentèrent un retour qui fut empêché par l'escadre de Villeneuve. Une guerre de course assez active suivit le départ de ce dernier. Ernouf tenta une expédition pour s'emparer de bâtiments marchands anglais à la Dominique; mais ce furent ses bateaux qui furent pris et l'équipage fait prisonnier. Il tenta également sans succès de s'emparer du Venezuela où il était appelé par Miranda. En résumé, ses offensives ne lui réussirent point. Il prit cependant Saint-Barthélemy aux Suédois, mais laissa prendre Marie-Galante par l'amiral Cochrane qui s'empara aussi de la Désirade et fit le blocus de la Guadeloupe.

Les efforts faits pour reprendre Marie-Galante furent insuffisants; la troupe de 150 hommes envoyée contre 400 Anglais fut faite prisonnière.

Les Anglais qui continuaient le blocus furent combattus par le capitaine Fronde, qui ne put cependant les empêcher de s'emparer des Saintes et de persister à menacer la colonie. Le cabotage d'un port à l'autre était devenu impossible. La défense fut concentrée à la Basse-Terre. Les Anglais en profitèrent pour s'établir à Port-Louis, à la Pointe-à-Pitre et au Port-du-Moule.

L'amiral Cochrane débarqua le 27 janvier 1810 au Gosier et ne trouva pas une grande résistance. Ernouf n'utilisait pas ses moyens de défense, il laissa la confusion augmenter parmi les troupes et se rendit le 6 février avec 4 200 Français qui furent faits prisonniers de guerre et envoyés sur les pontons anglais. Ernouf fut mis en jugement, après avoir été échangé contre un officier anglais, en 1812. sortit de prison en 1814, et obtint de Louis XVIII, le 25 juillet 1814, une ordonnance d'indulgence.

Ce n'était plus le régime de la Révolution ; on perdait les colonies mais on sauvait les généraux incapables.

Il est juste de constater que l'administration anglaise fut humaine et libérale. Cependant les chefs s'enrichissaient par des moyens qui n'étaient pas toujours avouables. Les habitants, malgré les avances anglaises, restèrent attachés à la France et refusèrent de s'enrôler ; ils préférèrent payer l'amende de 128 francs par tête

En 1814 (30 mars), la Guadeloupe est rendue à la France par traité, et le contre-amiral Linois envoyé comme gouverneur avec l'adjudant-général Boyer de Peyrelau comme commandant en second.

Le nouveau gouvernement chercha à restaurer les anciennes institutions monarchiques. Il y eût quelque peine. Le calme et la prospérité semblaient renaître lorsqu'arrive 1815 et le débarquement de Napoléon de l'île d'Elbe Decrès, ministre de la marine, envoyé en mission aux Antilles, débarque à la Basse-Terre avec un pavillon blanc à son navire et une cocarde tricolore à son chapeau. Il fut mal reçu par Linois qui refusa de reconnaître le gouvernement impérial.

Boyer de Peyrelau força cependant sa volonté et fit reconnaître le nouveau régime. Mais les Anglais envoyèrent des troupes pour conserver l'île aux Bourbons, et Linois fut destitué par le gouverneur général, le comte de Vaugirard, qui résidait à la Martinique et était d'accord avec les Anglais. Ceux-ci s'emparèrent des Saintes et de Marie-Galante. Linois s'apprêta à résister. Les Anglais débarquèrent le 8 août 1815 et la garnison capitula troublée par la nouvelle de la défaite de Waterloo. Les Anglais gouvernèrent l'île comme alliés du légitime gouvernement de la France.

A leur retour en France, Linois et Boyer passèrent devant un conseil de guerre. Linois fut acquitté et Boyer condamné à 20 ans de détention.

Le général Leith, gouverneur anglais, céda la place au comte de Lardenoy (1816), envoyé par le gouvernement français. Leith laissa le souvenir d'un homme loyal, humain et doux.

Lardenoy profita de la paix pour réorganiser la colonie si éprouvée.

On eut à combattre la fièvre jaune qui sévit à nouveau.

C'est à cette époque 1821 qu'un conseil consultatif fut créé pour chaque colonie. Un député, choisi par le roi, fut envoyé à Paris pour siéger au comité des colonies.

En 1823, le vice-amiral Jacob succède à Lardenoy. Il eut à sévir contre des employés des douanes accusés de malversations et de fraudes.

Le 26 août 1825, un terrible ouragan ravage la Guadeloupe.

En 1826, le contre-amiral des Rotours est nommé gouverneur. Il y reste jusqu'en 1830, époque à laquelle il est remplacé par le général Valable.

La révolution de 1830 eut sa répercussion aux Antilles. Les noirs qui souhaitaient l'abolition de l'esclavage se soulevèrent, mais leurs révoltes partielles n'aboutirent point. Cependant des libérations d'esclaves se firent de plus en plus nombreuses.

On peut dire que depuis cette époque l'histoire de la Guadeloupe rentre dans la phase administrative et politique. Divers gouverneurs se succédèrent dont la tâche consista surtout à s'efforcer d'apaiser les conflits sans cesse renaissants entre blancs, noirs et mulâtres.

Le 4 mars 1848, l'esclavage est supprimé. Schœlcher, nommé président de la commission chargée de l'abolition de l'esclavage, s'appliqua à rendre celle-ci possible en ménageant tous les droits acquis et en créant une nouvelle organisation du travail.

Depuis cette époque, la Guadeloupe est rentrée dans la vie politique de la France et a participé à ses revers et à ses succès.

APPENDICE

Extraits d'un rapport du chef de bataillon d'infanterie de marine, Martin, commandant des troupes de la Guadeloupe sur la reconnaissance de la route, dite des travaux, reliant le Matouba au Petit-Bourg par les montagnes (1).

HISTORIQUE

L'utilité d'une route stratégique reliant directement la Basse-Terre et la Pointe-à-Pitre, à travers le massif montagneux de la Guadeloupe, a été reconnue par tous les Gouverneurs et par les militaires qui se sont occupés de la défense de cette colonie.

Dans leurs premières attaques contre cette île, les Anglais n'avaient porté leurs efforts que sur la Basse-Terre. L'amiral Codrington père en 1691, Codrington fils en 1703, débarquent sous le vent de cette ville et sont, au bout de quelques mois, obligés de se rembarquer, avec des troupes réduites de moitié par la maladie et par la vigoureuse résistance des colons.

Au mois de janvier 1759, le commodore Moore, après avoir bombardé et incendié la ville de la Basse-Terre, débarque à la Rivière-des-Pères 6 000 Anglais et 2.000 noirs, sous les ordres du général Hopson ; mais la maladie se met bientôt dans les rangs ennemis, Hopson lui-même meurt sans avoir pu forcer la position du Dos-d'Ane où le gouverneur Nadau s'est retiré avec les quelques troupes régulières de la garnison et les colons, qui se défendent avec fureur.

Le général Barrington, qui succède à Hopson, laisse

(1) *Journal Officiel de la Guadeloupe*, n° 100, du 14 décembre 1891.

quelques forces pour occuper la Basse-Terre et contenir Nadau, rembarque la plus grande partie de ses troupes, incendie et dévaste la Grande-Terre, et, suivant la route du littoral, vient prendre Nadau à revers et le force à capituler le 1er mai 1759.

La Guadeloupe reste pendant quatre ans entre les mains des Anglais qui la restituent à la France le 4 juillet 1763.

Pendant leur occupation, ils avaient mis à exécution le projet conçu vingt ans auparavant par le gouverneur de Clieu, en fondant à la Grande-Terre la ville de la Pointe-à-Pitre, dont le port est un des plus beaux et en même temps un des plus sûrs des Antilles ; il est abrité des vents et des raz-de-marée par une ceinture d'îlots laissant entre eux et la Côte-Ferme une passe de 180 mètres de largeur avec des fonds de 9 à 10 mètres.

La création de la Pointe-à-Pitre rendait impérieuse la nécessité d'une communication sûre entre cette ville et la Basse-Terre. D'autre part, l'usage fait de la route du littoral par le général Barrington prouvait qu'elle pourrait être funeste en cas d'invasion ; battue sur la plus grande partie de son parcours par le feu des vaisseaux ennemis, elle pouvait, en outre, être coupée par un débarquement effectué à Sainte-Marie, à Saint-Sauveur, au Bananier ou aux Trois-Rivières.

Il était donc urgent de chercher une route stratégique intérieure qui réunit les deux grandes villes administrative et commerciale hors des vues et du feu de l'ennemi.

En 1765, le gouverneur comte de Nolivos prescrit dans ce but l'ouverture d'un chemin entre le Matouba et le Petit-Bourg ; il déclare ce travail d'utilité publique, et son ordonnance astreint tous les habitants de la colonie à concourir à la dépense au moyen de corvées ; en 1772, celles-ci sont supprimées et remplacées par un impôt en argent ; ce dernier est lui-même supprimé à partir du 1er janvier 1775, le Roi n'ayant pas encore sanctionné l'ordonnance du gouverneur Nolivos, et il n'est plus question de la route jusqu'à 1794.

En cette année, les Anglais, sous les ordres du général Grey, s'étaient emparés de la Guadeloupe. Après les avoir expulsés, le conventionnel Victor Hugues ordonna l'ouverture immédiate d'une route entre le Matouba et le Petit-Bourg. Les travaux, commencés des deux côtés à la fois par deux équipes de 300 hommes, furent interrompus en 1798, au départ du célèbre commissaire de la Convention, et, d'après le capitaine du génie Soulé, ce chemin ne fut jamais terminé.

Pendant leur occupation, de 1810 à 1815, les Anglais rouvrirent, pour tenir les deux villes en communication constante, la partie de la route de Victor Hugues, depuis le Matouba jusqu'à la Grande-Découverte, au pied du Morne-Trouvé ou Carmichaël : ils y établirent un camp où on pouvait se rendre à cheval de la Basse-Terre, et dressèrent au sommet du morne un mât de signaux qui était visible de la Pointe-à-Pitre.

La Guadeloupe une fois rendue à la France, la route fut de nouveau complètement abandonnée.

En 1829, le gouverneur baron des Rotours voulut la faire rouvrir. Un nommé Jacquet, dit Martial, intrépide chasseur, déclara connaître tout le tracé de la route de Victor Hugues et s'offrit pour la retrouver.

Depuis cette époque jusqu'en 1859, on ne fit aucune tentative officielle pour retrouver ou rouvrir la route.

En 1859, on en est toujours au même point, c'est-à-dire que, de la Savane-à-Mulets au col de l'Incapable, on n'a retrouvé aucune trace de la route de Victor Hugues.

M. Touchard partit en mars 1859, mais son successeur intérimaire, le commissaire général Bontemps, fit entreprendre cette étude, qui fût commencée au mois de juillet de la même année par les capitaines du génie Maréchal et Soulé.

Le capitaine Maréchal partit le premier du Matouba, et rapporta les renseignements suivants :

La route de Victor Hugues s'embranchait sur celle du Grand-Matouba, à 250 mètres au delà du pont de la Rivière-Rouge, et remontait la rive droite de cette rivière dans la direction du Nord-Est, sur une longueur de 4 kilomètres ; elle tournait ensuite au Nord pour franchir, à une altitude de 1.200 mètres, un col situé à l'Est de la Grande-Découverte, entre cette montagne et le morne Trouvé ou Carmichaël.

Après avoir suivi la direction Nord pendant 2 kilomètres et passé près de leur source les deux principales têtes de la rivière Class, la route entrait dans la Savane-à-Mulets, dont elle suivait, sur une longueur de 4 kilomètres environ, le bord extérieur, dominant de 200 à 250 mètres le cours de la Class ; pendant cette partie du chemin, on décrit un demi-cercle, passant du Sud à l'Ouest pour revenir au Nord. Toute trace de la route disparaît brusquement à l'endroit appelé « le Sanglot ». Ce point est en face du Morne-à-Mitre, à la côte de 900 mètres, et à 250 mètres au-dessus du lit de la rivière, qui coule au pied de falaises présentant des pentes de 60 à 80 degrés, couvertes par places de mangles impénétrables ; dans d'autres, complètement dénudées par les éboulements.

M. Maréchal a pourtant réussi à descendre d'une centaine de mètres, sur le flanc de ces falaises, à travers des escarpements effrayants, en se laissant descendre avec des cordes, et il a retrouvé plusieurs éboulis empierrés qui avaient glissé en bloc avec le terrain végétal ; grâce à l'escarpe qui bordait ces empierrements, il a cru avoir affaire à des fragments de la route de Victor Hugues, et il en a déduit que celle-ci descendait par une pente assez rapide le long de la falaise pour traverser la Class au-dessous de l'endroit appelé « L'Eboulement des Terres-Fondues ».

Le capitaine Soulé, dont les reconnaissances sont un peu postérieures à celles du capitaine Maréchal, explique ainsi l'erreur dans laquelle était tombé son devancier :

« Après le départ de Victor Hugues et la révolte de Delgrès, les noirs ayant de nouveau subi l'esclavage, il se forma au commencement de notre siècle des camps de marrons, dont les principaux étaient : le camp des Mocachis, sur le versant Sud-Est du Matéliane, et celui des Kellers, sur le Madéclaire.

« Ils plantèrent des champs de cannes, de madères, etc., que les halliers étouffèrent par la suite, mais dont on voit encore des restes. Des pierres disposées alors pour faciliter le passage des noirs, et figurant aujourd'hui d'anciens pavés, ont fait croire à des fragments du chemin de Victor Hugues, qui aurait été continu mais que le temps et les tremblements de terre auraient interrompu ou détruit. Cette supposition est démentie à la fois par l'histoire et par la tradition. »

On comprend dès lors aisément que jamais personne n'ait pu découvrir par où la route remontait de la Class sur le Matéliane, dont les falaises, présentant également des pentes de 60 à 80 degrés, atteignent jusqu'à 400 et 500 mètres de hauteur.

Ici encore, c'est-à-dire sur la rive gauche, le capitaine Maréchal estime que tout le bassin de la Class a été profondément bouleversé par le tremblement de terre de 1843, et que le chemin tout entier a été entraîné dans le lit de la rivière.

Mais, en serrant la question de plus près, on remarque les difficulés énormes que Martial a eu à surmonter en 1829, c'est-à-dire 14 ans avant ce cataclysme, pour ouvrir, dans ces parages, une trace qui ne correspond même pas à la direction prêtée par la tradition au chemin de Victor Hugues. On remarque également qu'il n'existe aucun vestige de la route du Conventionnel au col de l'Incapable, où on ne rencontre pourtant pas de traces de bouleversement, et on est logiquement amené à conclure comme M. Soulé.

La route de Victor Hugues a été commencée à la fois au Nord et au Sud, et ouverte : d'une part, de la rivière Lézarde jusqu'au passage de la branche inférieure de la Rose, et de l'autre, du Matouba jusqu'au « Sanglot » dans la Savane-à-Mulets. En ces deux points, elle cesse brusquement.

Les falaises de la Savane-à-Mulets, au Sud, celles du Matéliane au Nord étant reconnues impraticables, il fallait renoncer à l'idée de relier directement les deux rives de la rivière Class par cette voie.

Les capitaines Maréchal et Soulé furent alors chargés d'étudier un tracé présentant des pentes partout accessibles et passant non à l'Est, mais à l'Ouest de la Grande-Découverte, pour atteindre directement le massif des Sans-Toucher par la Savane-aux-Ananas, et passer du Sans-Toucher au Matéliane sans avoir à traverser la rivière Class, qu'on laisserait complètement dans l'Est.

Ce tracé devait servir à la construction, soit d'une route carossable de 4 mètres de largeur, soit d'un chemin muletier de 2 m. 50. Il fut complètement achevé en 1861, et des devis furent établis par le génie. On estimait à 1.200.000 francs les dépenses à prévoir pour la route carossable et à 640.000 francs celles qu'exigerait le chemin muletier.

* * *

RENSEIGNEMENTS COMPLÉMENTAIRES

Nous apprenons que le chemin de fer dont il est question à la page 215 (Guadeloupe) ne sert qu'à des besoins industriels au même titre qu'un certain nombre de chemins de fer d'usines dont il n'a pas été fait mention.

TABLE DES MATIÈRES

TROISIÈME PARTIE

GUADELOUPE

TABLE DES VUES

TABLE DES CARTES

LAVAL. — IMPRIMERIE L. BARNÉOUD ET Cⁱᵉ.

Le **Livret-Chaix Colonial**, Guide officiel pour Transport des Passagers et des Marchandises à destination des Colonies françaises et dans l'intérieur de ces Colonies, publié sous le haut patronage du Ministère des Colonies.

Conçu dans la forme pratique des Indicateurs de Chemins de fer, le **Livret-Chaix Colonial** se subdivise en six parties contenant pour chaque colonie les services complets par eau et par terre, des renseignements sur les monnaies, l'expédition des télégrammes, le transport des colis postaux, etc.

    I. — **Amérique** : 1° Iles Saint-Pierre et Miquelon ; — 2°. Martinique ; — 2° Guadeloupe et dépendances ; — 4° Guyane française.

    II. — **Afrique Occidentale** : 1° Sénégal et dépendances, Haut Sénégal et Niger, Mauritanie ; — 2° Guinée française ; — 3° Côte d'Ivoire ; — 4° Dahomey ; — 5° Afrique équatoriale française (Gabon, Moyen-Congo, Oubangui, Chari-Tchad).

    III. — **Afrique Orientale** : 1° Côte française des Somalis ; — 2° Madagascar et dépendances ; — 3° Mayotte, les Comores ; — 4° La Réunion.

    IV. — **Océanie** : 1° Nouvelle-Calédonie et dépendances, Nouvelles-Hébrides ; — 2° Etablissements français de l'Océanie (Iles de la Société, Iles Sous-le-Vent, Iles Marquises, Iles Tuamotu, Iles Gambier, Iles Tubuai ou Australes).

    V. — **Extrême-Orient** : 1° Etablissements français dans l'Inde ; — 2° Cochinchine, Cambodge, Laos ; — 3° Annam, Tonkin, Quang-Tchéou-Wan) ; — 4° Le Transsibérien ; — 5° Chemins de fer chinois.

    VI. — **Méditerranée** : 1° Corse ; — 2° Algérie ; — 3° Tunisie ; — 4° Maroc.

Le **Livret-Chaix Colonial** paraît deux fois par an, en janvier et en juillet ; il est vendu : 1° en un seul volume : **2 fr. 50 c.** (port en plus, **0 fr. 25 c.**) ; 2° les six parties séparées : **0 fr. 50 c.** pour les Ire, IIIe, IVe et VIe parties ; **1 franc** pour les IIe et V^e parties (port en plus, **0 fr. 10 c.**). Les frais de port sont doubles pour les envois à l'étranger. — Adresser les demandes à la **Librairie Chaix**, 20, rue Bergère, Paris.